Suchmaschinen:

Google:
www.google.de

Yahoo:
http://de.yahoo.com

Metager:
www.metager.de

Umrechnungstabelle für die wichtigsten Mengenangaben:

Es misst:

1 l	=	1000 ml	=	1000 ccm	=	1 kg
3/4 l	=	750 ml	=	750 ccm		
1/2 l	=	500 ml	=	500 ccm		
3/8 l	=	375 ml	=	375 ccm		
1/4 l	=	250 ml	=	250 ccm	=	2 Tassen oder 1 Suppenteller
1/8 l	=	125 ml	=	125 ccm	=	1 Tasse oder 8 Esslöffel
		15 ml	=	15 ccm	=	1 Esslöffel
		5 ml	=	5 ccm	=	1 Teelöffel

Es wiegt:	1 TL gestr.	1 EL gestr.
Butter/Margarine	5 g	15 g
Öl	3 g	12 g
Mehl	3 g	10 g
Zucker	5 g	15 g
Speisestärke	2 g	8 g
Salz	5 g	15 g
Grieß	3 g	12 g
Reis	5 g	15 g
Kakao	2 g	6 g

1 kg	=	1000 g	=	2 Pfund
1/2 kg	=	500 g	=	1 Pfund
1/4 kg	=	250 g	=	1/2 Pfund

praxis
Hauswirtschaft

Herausgeber
Hans Kaminski

Autorin
Ursel Imhof

westermann

Symbolerklärung

Auf der zweiten Seite eines jeden Kapitels steht eine **Grafik,** die durch das jeweilige Thema leitet.

INFO In **Infokästen** werden Begriffe erklärt oder weiterführende Hinweise gegeben.

Arbeitsaufträge stehen immer unten auf einer Seite und sind durchnummeriert.

B In **Beispieltexten** werden alltägliche Situationen beispielhaft dargestellt.

M Auf extra gekennzeichneten **Methodenseiten** findet ihr die Arbeitstechniken, die euch helfen sollen, die Aufgaben zu lösen.

L Am Ende eines jeden Kapitels findet ihr zwei **Lernbilanzseiten** mit denen ihr den Inhalt des Kapitels noch einmal nachvollziehen könnt.

In den ersten vier Kapiteln findet ihr viele **Rezepte,** die ihr zum Üben nutzen könnt.

Q **Quellentexte** wurden bereits woanders veröffentlicht. Die zugehörige Quellenangabe steht immer in der Randspalte.

Am Ende des Buches stehen ein **Glossar** sowie ein **Stichwortverzeichnis.**

Druck A 2 / Jahr 2012
Alle Drucke der Serie A sind im Unterricht parallel verwendbar.

Redaktion: Marion Martens
Herstellung: Andreas Losse
Umschlaggestaltung: Jürgen Kochinke, Holle
Satz: Media-Service Schmidt, Hildesheim
Druck und Bindung: westermann druck GmbH, Braunschweig

ISBN 978-3-14-**116168**-7

I Lebensmittelzubereitung 6

Ernährung und Gesundheit 36

I Lebensmittelqualität und Konsumentscheidungen 60

IV Lebensstile und Essgewohnheiten 86

V Ökonomie, Ökologie und Soziales 116

Rezepte

I Lebensmittelzubereitung

In diesem Kapitel lernt ihr den Arbeitsbereich Küche durch gemeinsames Arbeiten in der Schulküche kennen. Ihr lernt euren Arbeitsplatz übersichtlich einzurichten, die Arbeiten zu planen, durchzuführen und auszuwerten. Ihr erlernt grundlegende Arbeitstechniken für die Zubereitung von Mahlzeiten und bereitet vielseitige Speisen nach grundlegenden Rezepten zu. Ihr deckt den Esstisch geschmackvoll nach bestimmten Regeln.

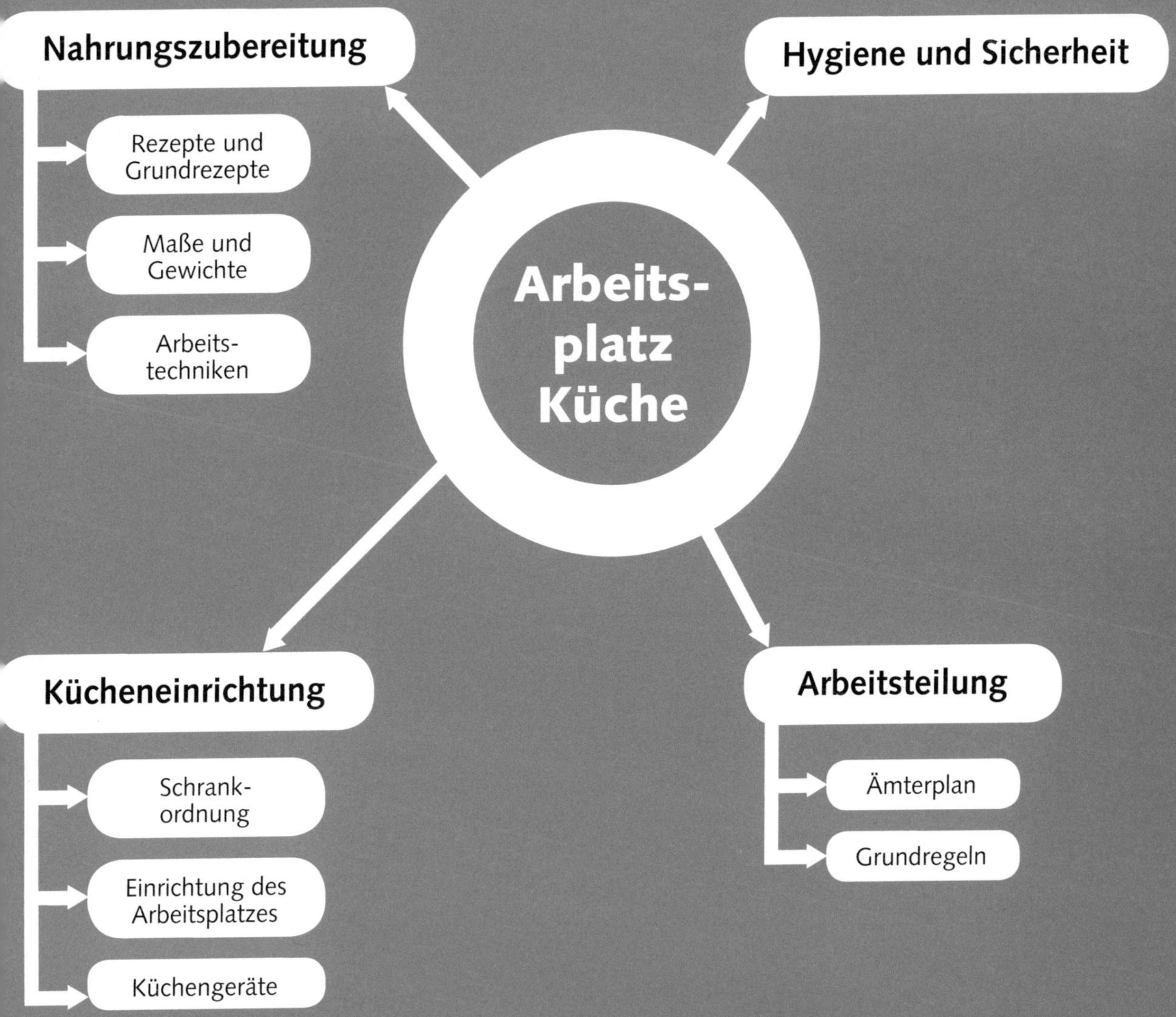

1 Arbeitsplatz Küche

Wir lernen die Schulküche kennen

Die Küche ist der wichtigste Arbeitsplatz im Haushalt. Von einer sinnvollen Einrichtung der Küche hängt ab, wie viel Zeit, Kraft und Weg für die Zubereitung von Mahlzeiten benötigt werden. In jeder Küche befinden sich die Küchenbereiche: Kochbereich, Arbeitsbereich, Spülbereich. Im privaten Haushalt gibt es Wohnküchen mit Essecke und reine Arbeitsküchen.
Welche Bedeutung die richtige Anordnung der Möbel und Geräte für den übersichtlichen Arbeitsablauf hat, zeigen zwei Arbeitsstudien, die von der Arbeitsgemeinschaft „Die moderne Küche" durchgeführt wurden: In beiden Küchen wurde von derselben Person die gleiche Mahlzeit zubereitet. In der unzweckmäßig eingerichteten Küche benötigte sie zur Zubereitung 69 Minuten und lief 174 Meter, in der zweckmäßig eingerichteten Küche benötigte sie lediglich 51 Minuten und lief 70 Meter!

Die Schulküche unterscheidet sich von den Haushaltsküchen, weil in einer Kücheneinheit (auch Koje genannt) Arbeitsplätze für mehrere Schülerinnen und Schüler vorhanden sein müssen. Meist gibt es einen gesonderten Essraum. Trotzdem finden wir auch hier alle Arbeitsbereiche wieder. Das reibungslose Zusammenarbeiten hängt dabei wesentlich von der zweckmäßigen Anordnung und der sinnvollen Unterbringung der Arbeitsgeräte ab.

INFO

Merke: Die vorhandene Schrankordnung muss von allen beachtet werden, damit die Arbeitsgeräte immer griffbereit sind und es zu keinem Ärger mit nachfolgenden Lerngruppen kommt.

Für findige Küchendetektive: In welchen Küchenbereichen sind die Arbeitsgeräte sinnvoll untergebracht? Kochbereich (1), Arbeitsbereich (2), Spülbereich (3), Essbereich (4): Kochtöpfe, Arbeitsschüsseln, Rührlöffel, Litermaß, Spülmittel, Teelöffel, Kuchenrolle, Schäl- und Schneidemesser, Essteller, Arbeitsbretter, Abfalleimer, Abwaschbürste, Pfannen, Küchenwaage, Bratenwender, Auflaufformen, Salatbesteck, Schneebesen, Gemüseschüsseln, Gläser, Gabeln, Löffeltopf, elektrisches Handrührgerät, Esslöffel.

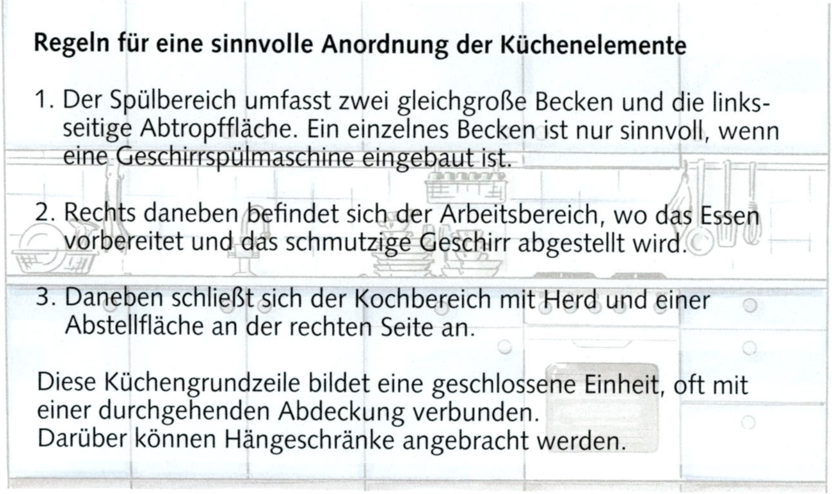

Regeln für eine sinnvolle Anordnung der Küchenelemente

1. Der Spülbereich umfasst zwei gleichgroße Becken und die linksseitige Abtropffläche. Ein einzelnes Becken ist nur sinnvoll, wenn eine Geschirrspülmaschine eingebaut ist.
2. Rechts daneben befindet sich der Arbeitsbereich, wo das Essen vorbereitet und das schmutzige Geschirr abgestellt wird.
3. Daneben schließt sich der Kochbereich mit Herd und einer Abstellfläche an der rechten Seite an.

Diese Küchengrundzeile bildet eine geschlossene Einheit, oft mit einer durchgehenden Abdeckung verbunden.
Darüber können Hängeschränke angebracht werden.

1. Vergleicht die beiden Arbeitsstudien. Wodurch kann der große Unterschied von Zeit und Weg zustande gekommen sein?

2. Erkundet eure Schulküche und stellt fest, wo die Arbeitsgeräte und das Essgeschirr untergebracht sind. Merkt euch die Geräteunterbringung.

3. Bereitet eine Zwischenmahlzeit in Partnerarbeit zu, z. B. Quarkspeise.

Möglichkeiten der Arbeitsteilung und Zusammenarbeit in der Schulküche

Bei der partnerschaftlichen Herstellung eurer Zwischenmahlzeit habt ihr festgestellt, dass Zusammenarbeit abgesprochen werden muss. Um eine gerechte Arbeitsteilung und einen reibungslosen Arbeitsablauf zu gewährleisten, muss man sich überlegen,

- **was** die Arbeitsaufgabe beinhaltet. Man muss wissen, welche Speise zubereitet werden soll und sich über das Rezept informieren.
- **womit** die Arbeitsaufgabe durchgeführt werden soll. Die Zutaten (Arbeitsmittel) und Arbeitsgeräte müssen ausgewählt werden.
- **wie** die Arbeitsaufgabe ausgeführt werden soll. Die Arbeitsanleitung muss genau gelesen werden.
- **wer** die Arbeit machen soll und ob eine oder mehrere Personen für die Vor- und Zubereitung sinnvoll sind sowie wer was macht.
- **wann** die Arbeit gemacht werden soll. Arbeitsbeginn und -ende müssen geplant werden, damit die Arbeit rechtzeitig fertig ist.

Gemeinsam in der Schulküche arbeiten

Der „Ämterplan"

Folgende Arbeiten sollten gerecht verteilt werden:

- Nach dem Essen den Esstisch abräumen und abwischen.
- Schmutziges Geschirr und Arbeitsgeräte zusammenstellen und abwaschen.
- Gesäubertes Geschirr und Arbeitsgeräte abtrocknen und wegräumen.
- Geschirr und Arbeitsgeräte nachzählen und mit der Schrankordnung vergleichen.
- Spülbecken und Abtropfroste säubern und abwischen.
- Wischlappen und Handtücher zum Trocknen aufhängen.
- Herd gründlich reinigen.
- Koje und den Essraum ausfegen und evtl. wischen.
- Arbeitsflächen und Schränke abwischen.
- Abfall trennen und entsorgen.

All diese Arbeiten können in einer Arbeitsgruppe auf festgelegte Ämter verteilt werden. Mit der Übernahme des Amtes tragt ihr die Verantwortung für einen Aufgabenbereich. Deshalb muss es gewissenhaft ausgeführt werden, um die Küche sauber und geordnet für die Nächsten zu hinterlassen. Die Ämter können nach einiger Zeit wechseln, sodass jeder einmal jedes Amt übernimmt.

Herdamt

Abwaschamt

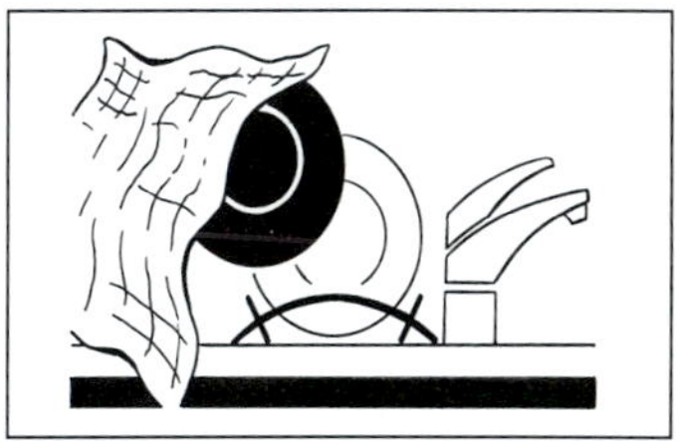

Abtrockenamt

Ordnungsamt/Bodenamt

1. Erstellt einen „Ämterplan", der die anfallenden Arbeiten in eurem Hauswirtschaftsunterricht sinnvoll und gerecht verteilt. Neben den genannten Arbeiten gibt es noch weitere, die vor, während und nach der Nahrungszubereitung zu erledigen sind. Die Abbildungen zeigen eine mögliche Aufteilung.

Chaos am Arbeitsplatz in der Küche

Grundregeln zur Zusammenarbeit und Arbeitshygiene

Hättest du Lust, an so einem unordentlichen Arbeitsplatz zu arbeiten? Da muss doch etwas schief gehen! Zur reibungslosen Arbeit im Haushalt und vor allem bei der Zusammenarbeit in der Schulküche müssen grundlegende Regeln eingehalten werden:

Verhaltens- und Arbeitsregeln

- Richte dir deinen Arbeitsplatz übersichtlich ein.
- Wichtig ist, dass du dich bei der Arbeit auf deine Aufgabe konzentrierst und nicht herumalberst oder andere ärgerst.
- Vermeide hektisches und unüberlegtes Arbeiten.
- Hör genau zu, wenn Geräte und Arbeitstechniken erklärt werden und beachte die Anweisungen.

Regeln für Arbeitshygiene

- Vor der praktischen Arbeit Hände waschen nicht vergessen.
- Haare zusammenbinden, Schmuck ablegen.
- Obst und Gemüse vor der Verarbeitung gründlich waschen.
- Abfälle während der Arbeit in eine Tischabfallschüssel bzw. sofort in den Abfalleimer geben.
- Löffeltopf bereitstellen, Probierlöffel verwenden.
- Arbeitsplatz zwischendurch aufräumen und abwischen.
- Saubere Tücher verwenden.
- Schmutziges Geschirr an die Spüle stellen.
- Nicht verarbeitete Zutaten gut verschließen und in den Vorrats- oder Kühlschrank zurückräumen.

1. Was könnte bei dem abgebildeten Arbeitschaos alles schief gehen?

2. Warum ist es wichtig, die Verhaltens- und Arbeitsregeln bei der Zusammenarbeit in der Schulküche einzuhalten? Begründet die einzelnen Regeln.

3. Wieso spielt die Arbeitshygiene eine wichtige Rolle bei der Speisenzubereitung? Begründet die einzelnen Regeln.

4. Schreibt die grundlegenden Regeln auf ein Plakat, damit sie bei der Arbeit beachtet werden.

5. Stellt in Partnerarbeit einen Milchmix oder Obstsalat her (siehe S. 28) und beachtet die Regeln.

Arbeitssicherheit bei der Hausarbeit

B Als Karin mittags von der Schule nach Hause kommt, humpelt ihr die Mutter entgegen. „Ich bin heute ganz fürchterlich vom Drehstuhl gefallen, als ich mal eben vom Schrank einen Karton herunterholen wollte. Ich glaube, ich gehe damit lieber heute Nachmittag zum Arzt."

Damit unsere Arbeit in der Schulküche sicher und unfallfrei durchgeführt werden kann, müssen wir mögliche Gefahrenquellen beim Umgang mit Geräten und Arbeitsmitteln kennenlernen und Maßnahmen zur Unfallverhütung berücksichtigen.

Vermeidung von Stürzen
- Keine Nahrungsmittel auf den Fußboden werfen, Abfälle aufheben.
- Fettspritzer und Verschüttetes sofort aufwischen.
- Keine Elektrokabel von der Arbeitsfläche herunterhängen lassen.
- Keine Gegenstände im Weg herumstehen lassen.

Vermeidung von Schnittwunden und Verletzungen durch Geräte
- Zweckmäßige Arbeitsgeräte verwenden, z. B. Dosenöffner statt Schere.
- Krallengriff beim Schneiden von Nahrungsmitteln anwenden.
- Schneidegeräte nicht herumliegen lassen.
- Beschädigtes Glas und Porzellan wegwerfen, Splitter auffegen.

Vorsicht beim Umgang mit Elektrogeräten
- Nach dem Arbeiten sofort den Stecker herausziehen.
- Elektrogeräte nur abwischen, niemals im Spülwasser abwaschen.
- Beim Umgang mit dem elektrischen Handrührgerät unbedingt lange Haare zusammenbinden und Halstücher ablegen.

Vermeidung von Verbrühungen und Verbrennungen
- Heiße Flüssigkeiten vorsichtig abgießen. Topflappen verwenden.
- Kein kaltes Wasser und Gefrorenes in heißes Fett geben.
- Keine Pfannengriffe über den Herd hinausragen lassen.

1. Berichtet über Unfälle im Haushalt, die bei euch zu Hause passiert sind oder von denen ihr gehört habt.

2. Bildet Arbeitsgruppen zu den verschiedenen Unfallbereichen im Haushalt. Demonstriert die Gefahrenquellen mit entsprechenden Küchengeräten und Arbeitsmitteln in den Kojen.

3. Schreibt die wichtigsten Regeln zur Unfallverhütung in der Schulküche auf und veranschaulicht sie durch Zeichnungen oder Bilder.

Sturzgefahr!

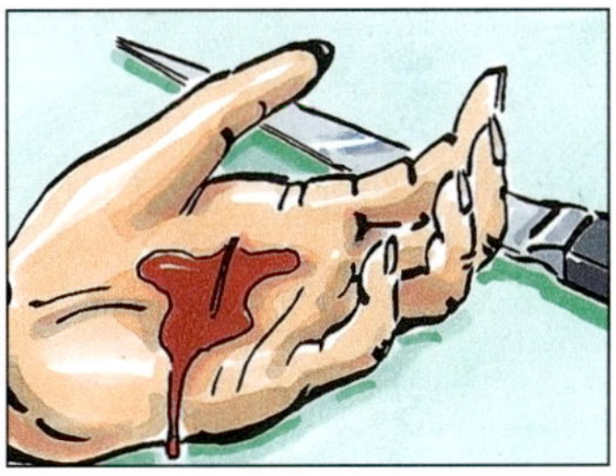
Schnittwunde durch unsachgemäßes Schneiden mit dem Messer

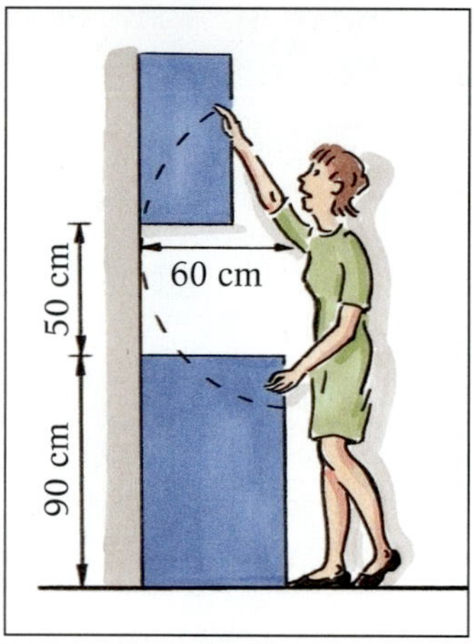

Der vertikale Greifraum

Der innere und der äußere Greifraum

Zweckmäßige Einrichtung des Arbeitsplatzes

Einrichtung des Arbeitsplatzes für die Nahrungszubereitung
Auf dem Foto S. 10 seht ihr einen chaotischen Arbeitsplatz. Bei so einem Durcheinander sind eine reibungslose Zusammenarbeit und ein geordneter Arbeitsablauf unmöglich. Wir haben die grundlegende Arbeitsregel kennengelernt: „Richte dir deinen Arbeitsplatz übersichtlich ein". Was bedeutet das?
Jede Arbeit, die sachgerecht und zügig ausgeführt werden soll, muss vorher geplant werden. Um eine Arbeitsaufgabe ausführen zu können, braucht man einen **Arbeitsplatz**, **Arbeitsmittel** und **Arbeitsgeräte**. Ein gut durchdachter Arbeitsplatz ist Voraussetzung dafür, dass die Arbeit mit dem geringsten Aufwand an Zeit und Kraft getan werden kann.

Jeder Arbeitsplatz besteht aus innerem und äußerem Greifraum:
- Der **innere Greifraum** ist der Platz, an dem gearbeitet wird, z. B. etwas geschält, zerkleinert oder gerührt wird.
- Der **äußere Greifraum** ist der Abstellplatz, an den Schüsseln, Töpfe und Arbeitsgeräte gestellt werden, aus denen etwas genommen oder in die etwas hineingegeben wird bzw. die nicht mehr benötigt werden.
- Zum Arbeiten haben beide Hände unterschiedliche Aufgaben. Bei Rechtshändern ist die linke Hand die Greifhand, die rechte Hand die Arbeitshand. Bei Linkshändern ist es umgekehrt.

Merkregeln für die Einrichtung eines Arbeitsplatzes
- Alle Zutaten und Arbeitsgeräte sollen vor Beginn der Arbeit griffbereit und geordnet hingestellt werden.
- Gegenstände, die häufig benötigt werden, gehören in den inneren Greifraum. Sie sind mit gebeugtem Arm erreichbar.
- Weniger oft benötigte Gegenstände gehören in den äußeren Greifraum. Sie sind mit gestrecktem Arm erreichbar.
- Arbeitsgeräte so anordnen, dass die Hände arbeiten können, ohne sich zu kreuzen. Das sorgt für einen flüssigen Arbeitsablauf.
- Auf eine richtige Arbeitshöhe und Körperhaltung achten.

1. Ihr sollt euch in Partnerarbeit jeweils einen Arbeitsplatz einrichten
a) für das Schälen und
b) für das Würfeln von Obst und Gemüse.
Wählt die entsprechenden Messer und andere Arbeitsmittel aus.
Überprüft, ob die Zutaten und Arbeitsgeräte entsprechend den Merkregeln auf dem Arbeitsplatz angeordnet sind.
Probiert die sachgerechten Arbeitstechniken zum Schälen und Würfeln aus, wie sie auf Seite 19 aufgezeigt sind.
Rezeptvorschlag: Kartoffelsuppe, Apfel-Birnen-Salat, siehe Rezepte S. 29.

Je fettiger das Geschirr, desto später gehört es ins Abwaschwasser.

Einrichtung des Arbeitsplatzes für den Abwasch

Geschirr spülen ist eine Hausarbeit, zu der man selten Lust hat. Selbst wenn eine Geschirrspülmaschine vorhanden ist, müssen die Arbeitsgeräte, Töpfe und Pfannen noch mit der Hand abgewaschen werden. Zum Abwaschen brauchen wir Spülmittel, Wischlappen, Scheuerschwamm, Spülbürste und saubere, trockene Geschirrhandtücher.

Arbeiten vor dem Abwaschen

- Speisereste entfernen.
- Stark verschmutztes Geschirr unter fließendem Wasser vorspülen.
- Geschirr ordnen.
- In das rechte Spülbecken heißes Wasser und Spülmittel,
- in das linke Spülbecken nur heißes Wasser zum Nachspülen geben.

Reihenfolge während des Abwaschens

- Im rechten Spülbecken Geschirr sorgfältig spülen.
- Im linken Spülbecken Geschirr nachspülen.
- Geschirr abtropfen lassen.

Arbeiten nach dem Abwasch

- Spülbecken gründlich reinigen, Wischlappen gut ausspülen.
- Speisereste aus dem Ausguss entfernen.
- Spüle trockenreiben, Spülmittel wegräumen.
- Arbeitsgeräte und Geschirr abtrocknen.
- Sauberes Geschirr wegräumen, mit Schrankordnung vergleichen.
- Geschirrhandtuch aufhängen.

1. Wascht die Arbeitsgeräte und das Essgeschirr von euren Speisen entsprechend den Arbeitsschritten ab.

2. Warum ist die Arbeitsrichtung des Abwaschens immer von rechts nach links? Begründet. Denkt dabei an die Regeln zur Arbeitsplatzgestaltung.

INFO

Umweltbewusst handeln!
Sparsam mit Wasser und Spülmittel umgehen.

INFO

Merke:
Gläser immer einzeln spülen – Bruchgefahr!

Messer nie im Wasser liegen lassen – Verletzungsgefahr!

Die Arbeitsrichtung des Abwaschens ist von rechts nach links.

Grundgedeck für ein Mittagessen

Einfach, aber geschmackvoll gedeckter Tisch

Tisch decken – leicht gemacht

Das Auge isst mit!

Essen soll Freude machen. Ein appetitlich zubereitetes Essen allein genügt nicht, ein ansprechend gedeckter Tisch und ordentliche Tischmanieren gehören dazu.

Grundregeln für einen einfach gedeckten Tisch

- Unter das Gedeck ein gut waschbares oder abwischbares Set legen, um die Tischdecke vor Speiseflecken zu schützen. Sets dienen auch als Tischschmuck. Nach dem Essen die Sets abwischen und trocken nachreiben, sonst kleben sie beim Aufbewahren aneinander oder fangen an zu riechen.
- Das Set wird bündig mit der Tischkante aufgedeckt.
- Den Teller deckt man 1 cm von der Tischkante entfernt auf das Set.
- Das Messer legt man, mit der Schneide nach innen, rechts neben den Teller, die Gabel links davon. Wird kein Messer benötigt, liegt die Gabel rechts.
- Die Serviette liegt neben der Gabel.
- Der Teelöffel liegt oberhalb des Tellers mit dem Griff nach rechts.
- Wird ein Esslöffel oben eingedeckt, so liegt der Teelöffel dem Teller am nächsten. Der Esslöffel kann auch neben dem Messer gedeckt werden.
- Nachtischschälchen werden links eingedeckt, Salatschälchen ebenfalls, es sei denn, die Gabel liegt rechts. Dann wird es rechts eingedeckt.
- Gläser stehen oben rechts neben dem Teller.
- Das zuerst benötigte Besteck liegt außen. Alles, was mit der rechten Hand genommen wird, steht oder liegt rechts.
- Speisen nicht im Topf oder in der Pfanne auf den Tisch stellen, sondern in einer Schüssel oder auf einer Platte anrichten. Zweckmäßig sind feuerfeste Formen, in denen etwas gegart und anschließend serviert werden kann.
- Auf Tischschmuck achten: Blumen, farbige Sets, Servietten.

Wichtige Benimmregeln bei Tisch

- Warten, bis sich der Letzte an den Tisch gesetzt hat. Erst dann von den Speisen nehmen und gemeinsam mit dem Essen anfangen.
- Leise miteinander reden, den anderen in Ruhe essen lassen.
- Warten, bis der Letzte fertig ist, erst dann abräumen.
- Kleine Portionen auffüllen, jede(r) kann nachnehmen.

1. Begründet den Sinn der Grundregeln für einen einfach gedeckten Tisch.

2. Deckt zur Veranschaulichung ein Grundgedeck für ein Mittagessen.

3. Welche Benimmregeln bei Tisch sind dir besonders wichtig? Findest du noch weitere? Begründe.

Es gibt besondere Anlässe, bei denen ein festliches Essen angebracht ist. Innerhalb der Familie oder mit Gästen werden z. B. Geburtstage, Kommunion oder Konfirmation, Feste wie Weihnachten oder Ostern, das Opfer- oder Zuckerfest gefeiert. Neben einem besonderen Essen mit mehreren Gängen und besonderen Getränken wird der festliche Anlass durch eine außergewöhnliche Tischdekoration gewürdigt. Hier sind der Fantasie keine Grenzen gesetzt. Anregungen kann man sich im Internet, in Kochbüchern oder in Zeitschriften holen.

Grundgedeck für ein festliches Essen

Der festlich gedeckte Tisch

- Zu einer festlichen Tafel gehört immer eine Tischdecke, z. B. ein weißes Tischtuch mit Damastmuster oder eine besondere farbige Tischdecke, die auch als Überdecke gut aussieht. Tischbänder aus farbigen Stoffstreifen oder Krepppapier sind ebenfalls dekorativ.
- Oft gibt es im Haushalt neben dem alltäglichen Geschirr noch ein besonderes Tafelgeschirr für festliche Anlässe. Das kommt hierbei gut zur Geltung. Aber auch mit einfachem Geschirr kann man liebevoll einen festlichen Tisch herrichten, man muss nur Ideen haben!
- Grundsätzlich gelten beim festlich gedeckten Tisch die gleichen Regeln wie beim alltäglichen Essensgedeck, nur wird das Gedeck durch zusätzliches Geschirr und Besteck erweitert.
- Zusätzlich wird auf den Essteller ein Vorspeisenteller oder ein Suppenteller bzw. eine Suppentasse gedeckt.
- Wenn eine Vorspeise serviert wird, können noch Messer und Gabel neben die Bestecke für das Hauptgericht außen angelegt werden.
- Wenn für die Gänge verschiedene Getränke gereicht werden, sollten auch entsprechende Gläser dazugestellt sein, z. B. für Weißwein, Rotwein und Mineralwasser. Diese werden rechts oben hingestellt.
- Das Decken einer Serviette, möglichst hübsch zusammengefaltet und farblich zur Tischdekoration passend, ist ein absolutes Muss. Hierzu gibt es viele Anregungen in Kochbüchern oder Zeitschriften.
- Kerzen und Blumenschmuck sind das i-Tüpfelchen der Tischgestaltung. Es brauchen nicht immer teure Blumengestecke zu sein, die Natur bietet zu jeder Jahreszeit vielfältige Pflanzen, aus denen man selbst hübschen Blumenschmuck herstellen kann. Aber auch aus farbigem Krepppapier und Schleifenband kann man wirkungsvolle Tischdekorationen zaubern.

Festlich gedeckter Tisch

1. Deckt einen Tisch für ein festliches Essen (Vorsuppe, Hauptgericht, Salat, Nachspeise, Getränke). Beachtet dabei die Grundsätze.

2. Bereitet für einen festlichen Anlass kalte Platten zu, garniert und dekoriert sie fantasievoll, z. B. belegte Häppchen mit Käse, Wurst, Salaten, Gurken, Tomaten, gefüllte Eier etc. Holt euch Anregungen aus Kochbüchern. Deckt den Tisch festlich und schmückt ihn nach euren Vorstellungen.

Kalte Platte

2 Planvolle Nahrungszubereitung

Um eine Speise sachgerecht zuzubereiten, benötigt man ein Rezept. Dabei ist es gar nicht so einfach, ein Rezept zu lesen und das Gelesene auch richtig in die Praxis umzusetzen. Rezepte finden wir z. B. in Kochbüchern und Zeitschriften, auf Verpackungen und in Schulbüchern. Die Schreibweise von Rezepten kann sehr unterschiedlich sein:

Schreibweise von Rezepten in Kochbüchern und auf Verpackungen
Hier sind in der Regel zunächst alle Zutaten und ihre Mengen angegeben. Danach erfolgt eine Anleitung über die Zubereitung in einem fortlaufenden Text oder einer schrittweisen Beschreibung 1., 2., 3., 4. usw.

Schreibweise von Rezepten in Schulbüchern
Links stehen die Mengen und Zutaten, rechts sind dazu die Arbeitsschritte sehr genau beschrieben, evtl. mit Angaben von Geräten und Schaltstufen des E-Herdes.

Bildliche Darstellung eines Rezeptes

B

Beispiel: Vanillepudding oder -flammeri
Anleitung im Schulbuch

Menge/Zutaten	Arbeitsschritte
1/2 l Milch 1 P Puddingpulver 40 g Zucker (2 geh. EL)	Von der Milch ca. 5 Esslöffel abnehmen, mit und im Schüttelbecher oder Schälchen mit einem Schneebesen anrühren.
	Die übrige Milch in einem Topf ohne Deckel zum Kochen bringen auf Normalkochplatte 3 / 9, Automatikplatte 6 / 4. Vorsicht! Milch kocht sehr leicht über!
	Die Milch von der Kochstelle nehmen, das mit Zucker angerührte Puddingpulver mit dem Schneebesen hinzugeben. Kräftig unterrühren, damit sich keine Klümpchen bilden.
	Den Topf wieder auf die Kochstelle geben und bei Stufe 0 nochmals unter ständigem Rühren aufkochen lassen bis Kochblasen entstehen und der Pudding dick wird.

1. Besorgt euch eine Puddingpulver-Verpackung. Lest euch beide Rezepte genau durch. Vergleicht den Rezeptaufbau und die Beschreibungen der Zubereitung. Nennt Vor-und Nachteile beider Darstellungen.

2. Es gibt auch Kochbücher mit einer bildlichen Darstellung der einzelnen Arbeitsschritte (siehe Abbildungen links). Welche Vorteile haben sie?

Die Arbeitsaufgabe

Ihr sollt lernen, einfache Gerichte planvoll herzustellen und die Ergebnisse zu bewerten. Die typischen Verlaufsphasen der Methode sind auf alle anderen Arbeitsaufgaben des Haushalts übertragbar.

Typische Verlaufsphasen

1. **Zielsetzung:** Es soll in der Arbeitsgruppe eine Mittagsmahlzeit, bestehend aus Hauptgericht und Nachspeise, zubereitet werden.
   Beispiel: Risi-Bisi, Vanillepudding mit Schokoladensoße (siehe Rezeptteil S. 31 und Anleitung auf der Verpackung).

2. **Information:** Ihr müsst euch die entsprechenden Rezepte beschaffen und sie genau Schritt für Schritt durchlesen.

3. **Planung:** Ihr müsst euch überlegen,
- welche Zutaten in welcher Menge benötigt werden,
- wie die Reihenfolge der einzelnen Arbeitsschritte ist,
- welche Arbeitsgeräte gebraucht werden,
- wer was wann wie mit wem in eurer Arbeitsgruppe macht,
- wie viel Zeit für die einzelnen Arbeitsschritte benötigt wird,
- womit zuerst angefangen werden muss, d. h. welches Nahrungsmittel die längste Garzeit hat,
- wo eine Wartezeit zum Garen oder Ausquellen oder Erstarren usw. eingeplant werden muss,
- wie die Wartezeit sinnvoll überbrückt werden kann, um Leerlaufzeiten zu vermeiden und alles rechtzeitig fertig zu haben.

Macht euch einen Arbeitsablaufsplan und Zeitplan!

Speise: ...

Zeit/Min.	Arbeitsschritte	Überbrückung der Wartezeit
5	...	...
10 usw.	...	...

4. **Durchführung:** Jetzt heißt es, den Plan umzusetzen.
- Teilt euch die anfallende Arbeit in der Gruppe partnerschaftlich auf.
- Holt die Zutaten und Arbeitsgeräte her und richtet euch euren Arbeitsplatz entsprechend den Regeln auf S. 12 ein.
- Führt die Arbeitsschritte entsprechend eurer Planung durch.

5. **Bewertung:** Bewertet die Arbeitsdurchführung und das Ergebnis.
- Wo gab es in der Zusammenarbeit Probleme?
- Was könnte das nächste Mal besser gemacht werden?

Zielsetzung

Planung

Durchführung

Auswertung

Federwaage, Digitalwaage, Liter-Maß, Messbecher, Tasse, Teelöffel, Esslöffel

Maße und Gewichte

In jedem Rezept sind Mengen angeben, die abgemessen oder abgewogen werden müssen. Es ist nicht immer einfach, diese Angaben zu verstehen. Oder wisst ihr vielleicht, wie 3/8 l Milch abzumessen sind?

30 g Zucker auf der Digitalwaage abzuwiegen, verlangt große Genauigkeit. Da ist es schon günstiger zu wissen, wie viel Esslöffel Zucker man stattdessen nehmen kann. Um die Küchenpraxis zu erleichtern, werden in vielen Rezepten Grammangaben durch Teelöffel-, Esslöffel- oder Tassenmengen ersetzt. Diese können allerdings nicht ganz genau sein, da es unterschiedlich große Löffel und Tassen gibt, die einmal gehäuft und einmal gestrichen voll verwendet werden können. Bei kleinen Gewürzmengen wird oftmals die Angabe in Messerspitze oder Prise gemacht, z. B. bei Salz und Zucker. Richtiges Messen und Wiegen muss bei einer Nahrungszubereitung beherrscht werden, sonst gelingen die Speisen nicht richtig.

INFO

Abkürzungen:

EL	=	Esslöffel
TL	=	Teelöffel
kg	=	Kilogramm
g	=	Gramm
l	=	Liter
Pers.	=	Person
Std.	=	Stunde(n)
Min.	=	Minute(n)
Pr.	=	Prise
Msp.	=	Messerspitze

Umrechnungstabelle für die wichtigsten Mengenangaben

Es misst:

1 l	=	1000 ml	=	1000 ccm	=	1 kg
3/4 l	=	750 ml	=	750 ccm		
1/2 l	=	500 ml	=	500 ccm		
3/8 l	=	375 ml	=	375 ccm		
1/4 l	=	250 ml	=	250 ccm	=	2 Tassen oder 1 Suppenteller
1/8 l	=	125 ml	=	125 ccm	=	1 Tasse oder 8 Esslöffel
		15 ml	=	15 ccm	=	1 Esslöffel
		5 ml	=	5 ccm	=	1 Teelöffel

Es wiegt:	1 Teelöffel gestrichen	1 Esslöffel gestrichen
Butter/Margarine	5 g	15 g
Öl	3 g	12 g
Mehl	3 g	10 g
Zucker	5 g	15 g
Speisestärke	2 g	8 g
Salz	5 g	15 g
Grieß	3 g	12 g
Reis	5 g	15 g
Kakao	2 g	6 g

1 kg	=	1000 g	=	2 Pfund
1/2 kg	=	500 g	=	1 Pfund
1/4 kg	=	250 g	=	1/2 Pfund

1. Miss in einem Messbecher 125 g Zucker ab. Anschließend wiege die Portion auf der Waage nach. Was stellst du fest?

2. Wiegt bzw. messt verschiedene Nahrungsmittel ab und vergleicht die Ergebnisse, z. B. 250 g Mehl, 3/4 l Wasser, 125 g Margarine, 30 g Zucker, 10 g Salz

Sachgerechte Arbeitstechniken und Arbeitsgeräte zur Verarbeitung von Lebensmitteln

In vielen Rezepten beginnen die Arbeitsschritte mit der Vorbereitung der Zutaten. Frische Nahrungsmittel müssen in den meisten Fällen vor dem Garen bearbeitet werden.

Waschen von Gemüse unter fließendem Wasser

Waschen: Obst und Gemüse müssen vor der Bearbeitung zunächst gründlich gewaschen werden, um Schmutz und Rückstände von Pflanzenschutzmitteln zu entfernen. Dies sollte unter fließendem, kaltem Wasser erfolgen.

Putzen von Gemüse

Putzen: Ungenießbare Bestandteile wie welke Blätter, Wurzeln, Stiele, holzige Teile usw. werden entfernt.

Schälen: Viele Obst- und Gemüsesorten müssen vor der Zubereitung geschält werden, z. B. Kartoffeln, Möhren, Gurken, Äpfel, Zwiebeln. Da sich wertvolle Vitamine und Mineralstoffe unter der Schale befinden, sollte das Schälen möglichst dünn erfolgen.

Schälen einer Möhre mit dem Sparschäler

Waschen: Nach dem Schälen müssen Nahrungsmittel, die aus der Erde kommen, nochmals gewaschen werden, da beim ersten Waschen und Schälen meist nicht alle Schmutzteile entfernt werden konnten, z. B. bei Kartoffeln, Möhren, Sellerie.

Zerkleinern: Durch Schneiden, Raspeln, Hobeln oder Hacken werden Nahrungsmittel zerkleinert. Sie sollen dadurch in eine verzehrgerechte Form gebracht werden, die je nach Rezept und persönlichen Vorstellungen ganz unterschiedlich ausfallen kann.

Schneiden – sicher und sachgerecht

Das Schneiden ist die gebräuchlichste Zerkleinerungsform. Ob in Scheiben, Ringe, Würfel, Stifte oder Streifen, beim Schneiden kommt es auf ein gutes, gleichmäßiges Arbeitsergebnis an – ohne Schnittverletzungen! Um das zu erreichen, sollte man

- ein ausreichend großes Brett mit Griff als Schneideunterlage verwenden. Das Schneidegut soll flach aufliegen,
- ein Küchenmesser mit glatter Klinge bzw. ein Gemüsemesser mit abgerundeter Spitze verwenden,
- den „Tunnelgriff" anwenden, d. h. das Schneidegut zwischen Daumen und übrige Finger legen, um es längs in Scheiben oder Streifen zu schneiden,
- den „Krallengriff" anwenden, d. h. das Schneidegut so festhalten, dass die Fingerspitzen nach innen gekrallt sind, um es quer in feine Scheiben zu schneiden. Das Messer sollte dabei leicht schräg von den Fingern weg geführt werden, um Schnittverletzungen zu vermeiden.

Küchenmaschine

Gurken hobeln mit einem Gemüsehobel

Möhren raspeln mit einer Flachreibe

Zeit- und kraftsparender Einsatz von Küchengeräten bei der Nahrungszubereitung

Reiben, Raspeln, Hobeln mit Handgeräten

Bei kleinen Mengen gibt es für das Zerkleinern von Nahrungsmitteln einfache Reiben, z. B. Flachreibe, Gemüsehobel oder Kastenreibe. Die Auswahl der Reibeflächen richtet sich nach den Angaben im Rezept und nach den persönlichen Vorstellungen.

Vorteile: preiswert, schnell griffbereit, einfache Handhabung.

Nachteile: hoher Kraft- und Zeitaufwand, Verletzungsgefahr, nur für kleine Mengen geeignet.

Reiben, Raspeln, Hobeln mit der Küchenmaschine

Bei größeren Mengen lohnt sich für das Zerkleinern von Obst und Gemüse der Einsatz eines elektrischen Schnitzelwerkes.

Vorteile: geringer Kraft- und Zeitaufwand beim Zerkleinern.

Nachteile: Kostenaufwand bei der Anschaffung, Platzbedarf, längere Auf- und Abbauzeiten, mehr Abwasch.

1. Führt eine Arbeitsstudie durch: Raspelt 250 g Möhren
   a) mit der Handreibe,
   b) mit der elektrischen Reibemaschine.
   Vergleicht
   - den Zeitaufwand für Auf- und Abbau und für das Reiben,
   - den Kraftaufwand,
   - das Arbeitsergebnis (Aussehen).

2. Bereitet aus den geraspelten Möhren eine **Möhrenrohkost** zu (siehe Rezept S. 30).

Rühren und Schlagen mit Handgeräten

B Großmutter berichtet: „In meiner Kindheit gab es nur einen Kochlöffel, einen Rührlöffel mit Loch, einen Schneebesen und einen Holzquirl. Wenn ein Rührkuchen gebacken werden sollte, musste ich den Teig mit dem Rührlöffel 20 Minuten immer in eine Richtung rühren, um genügend Luft unter den Teig zu arbeiten. Dann mussten noch die Eiweiße mit dem Schneebesen zu steifem Eischnee geschlagen werden. Diese wurden zum Schluss unter den Teig gehoben, damit er schön locker wurde."

Schlagen mit dem Schneebesen in einer Schüssel

Rühren und Schlagen mit Handgeräten wird heute nur noch selten beim Kuchenbacken angewendet. Wohl aber bei kurzzeitigen Zubereitungsarbeiten wie Verrühren einer Quarkspeise, Einrühren von Puddingpulver in die kochende Milch, Umrühren von Suppen oder Gemüse, Verschlagen von Eiern. Die Auswahl des Gerätes sollte wohlüberlegt sein, um ein gutes Ergebnis zu erreichen.

Vorteile: preiswert, schnell griffbereit, einfache Handhabung.

Nachteile: höherer Kraft- und Zeitaufwand.

Rühren, Schlagen, Kneten mit elektrischen Rührgeräten

a) In den meisten Haushalten gehört ein elektrisches Handrührgerät mit Rühr- und Knethaken zur Grundausstattung dazu, weil es die Arbeit erheblich erleichtert.

Vorteile: schnell griffbereit, einfache Handhabung, kraft- und zeitsparend.

Nachteil: Anschaffungskosten ca. 50 €.

Schlagen mit dem elektrischen Handrührgerät in einer Rührschüssel

b) In Haushalten, in denen viel gebacken oder Brot selbst hergestellt wird, findet man auch Küchenmaschinen mit Rühr- und Knetwerk zur Arbeitserleichterung. Der Vorteil der Küchenmaschinen ist, dass man das Gerät während der Arbeit nicht festhalten muss, sondern während des Rührens die Hände frei hat, um weitere Zutaten zuzugeben. Die Maschine hat einen stärkeren Motor und ist für schwere Teige wie Hefeteig oder Brotteig gut geeignet.

Vorteile: Gute Standfestigkeit, kraft- und zeitsparend.

Nachteile: Anschaffungskosten ca. 100 €, Platzbedarf.

INFO

Umweltbewusst handeln!
Sparsam mit Energie umgehen.

1. Welche der genannten Geräte zum Rühren und Schlagen würdest du bei folgenden Arbeiten einsetzen?
   a) Quark mit Milch glatt rühren,
   b) 1 Ei verschlagen,
   c) 1/4 l Sahne schlagen,
   d) Grießbrei kochen.

2. Bereitet in Partnerarbeit **Pizza-Pfannkuchen** zu (siehe Rezept S. 30). Setzt dabei die verschiedenen Geräte zum Rühren und Schlagen ein.

Richtige Bedienung des Elektroherdes

In den Haushalten gibt es unterschiedliche Elektroherde:
- Kochstellen mit Kochplatten aus Gusseisen und Kochzonen mit hitzebeständiger Ceranfläche aus Glaskeramik,
- Standgeräte und Einbauherde mit und ohne Backofen,
- Herde mit Normal- und Blitzkochstellen und Automatikkochstellen, die eine Stufenschaltung haben oder stufenlos zu regulieren sind,
- genormte Kochstellengrößen, Durchmesser: 14,5 cm, 18 cm, 22 cm.

Normal-und Blitzkochstellen (N)
- Normalkochstellen muss man durch entsprechendes Herauf- und Herunterschalten regulieren.
- Blitzkochstellen sind durch einen roten Punkt gekennzeichnet und heizen bei der höchsten Einstellung besonders schnell auf.

Regel: Ankochen/Erhitzen bei höchster Stufe, dann herunterschalten auf die entsprechende Garstufe.

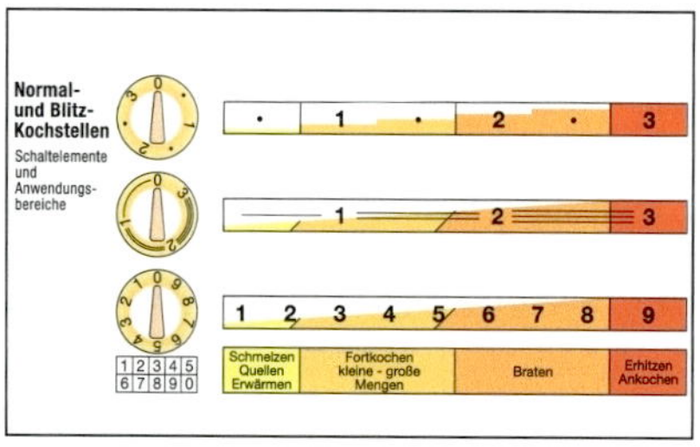

Normal- und Blitz-Kochstellen

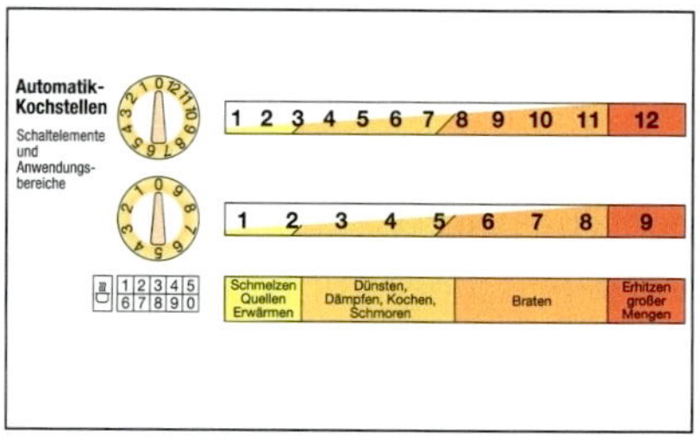

Automatik-Kochstellen

Automatikkochstellen (A): Sie haben die gleiche hohe Leistung wie Blitzkochstellen, regulieren die Heizleistung aber selbstständig. Es gibt:
- zeitabhängig gesteuerte Automatikkochstellen. Sie werden durch einen Energieregler in Intervallen beheizt;
- temperaturabhängig gesteuerte Automatikkochstellen. Hier erfasst ein eingebauter Wärmefühler die Temperatur am Topfboden. Die Kochstelle heizt mit voller Energie bis zur gewählten Garstufe auf. Durch Aus- und Einschalten wird die gewünschte Temperatur konstant gehalten, ähnlich wie bei einem Automatikbügeleisen.

Regel: Man stellt gleich auf die gewünschte Garstufe ein, ein Umschalten entfällt.

1. Untersucht die Kochstellen in eurer Schulküche und vergleicht sie mit den hier stehenden Angaben.

2. Worauf muss man bei den beiden Arten von Kochstellen achten?

INFO

Bei einer **Induktionskochzone** wird die Energie in Form eines elektromagnetischen Wechselfeldes auf den Boden des Kochgeschirrs übertragen und dort in Wärme umgewandelt.

Vorteile: Das Gargut wird schneller erwärmt, die eingeschaltete Kochfläche heizt nur, wenn ein Topf darauf steht.

Nachteil: Es ist nur induktionstaugliches Kochgeschirr geeignet.

INFO

Tipp:
Man kann erheblich Energie sparen,
- wenn Topf- und Kochstellengröße übereinstimmen,
- wenn man rechtzeitig auf die gewünschte Garstufe herunterschaltet,
- wenn die Nachwärme auf Stufe 0 genutzt wird,
- wenn man gut schließende Töpfe nimmt und nicht so häufig in den Topf schaut.

Backofen

Der Backofen des Elektroherdes kann vielfältig benutzt werden: zum Backen und Braten, Überbacken und Dünsten sowie bei entsprechender Ausstattung auch zum Grillen. Je nach Art der Beheizung unterscheidet man Backöfen mit Ober- und Unterhitze und Umluftbacköfen.

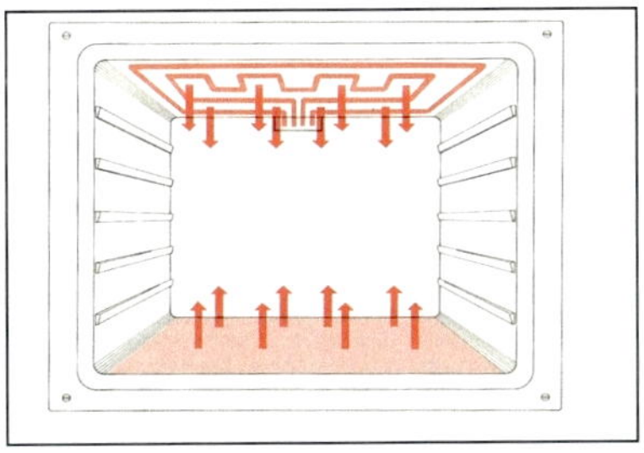

Backofen mit Ober- und Unterhitze

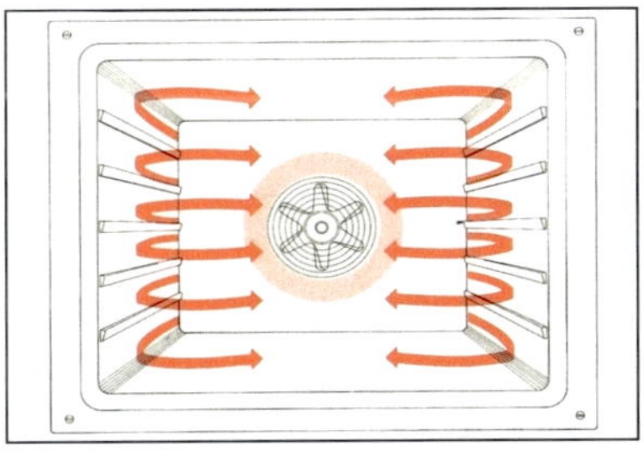

Umluftbackofen

Garen im Backofen und gleichzeitig auf dem Kochfeld

Backöfen mit Ober- und Unterhitze

- Es kann zurzeit nur ein Blech oder ein Rost mit mehreren Formen nebeneinander in den Ofen geschoben werden.
- Die Einschubhöhe richtet sich nach der Höhe des Gebäcks oder Bratens: hohe Teile unten, flache Teile oben. Ober- und Unterhitze wirken gleichmäßig, wenn das Gargut in der Mitte steht.
- Der Ofen muss vorgeheizt werden.
- Temperaturen sind zwischen 50 °C und 275 °C stufenlos einstellbar.

Backöfen mit Umluft

- Die Beheizung erfolgt durch einen Ventilator an der Rückwand, der für eine schnelle und gleichmäßige Wärmeverteilung sorgt.
- Es können mehrere Bleche gleichzeitig eingeschoben werden.
- Vorheizen ist nicht nötig.
- Temperaturen sind zwischen 50 °C und 200 °C einstellbar. Sie liegen wegen der guten Wärmeverteilung ca. 30 °C unter den Temperaturen eines Backofens mit Ober- und Unterhitze.

Grilleinrichtung

- Voraussetzung für das Grillen ist ein Grillheizkörper. Das Nahrungsmittel bräunt durch Strahlungshitze, die durch eine glühende Heizschlange erzeugt wird, welche sich an der Oberseite des Backofens befindet.
- Grill vorheizen bis die Heizstäbe glühen.
- Immer bei geöffneter Backofentür grillen. Schutzblech unter die Schalterblende wegen der starken Hitzeentwicklung stecken.

1. Welche Art des Backofens ist in eurer Schulküche vorhanden?

2. In einem Rezept findet ihr die Angabe: Überbacken bei 220 °C. Auf wie viel Grad müsst ihr die Speise im Umluftherd garen?

INFO

Tipp:
- Die meisten Backöfen haben ein Sichtfenster zur Kontrolle des Gargutes. Ein zwischenzeitiges Öffnen der Backofentür ist wegen des Wärmeverlustes zu vermeiden.
- Immer Topflappen griffbereit haben!
- Backofen nach jeder Benutzung wegen der Fettdünste auswischen. Sie brennen sonst bei der nächsten Benutzung fest.

INFO

Garen im **Dampfdrucktopf** ist besonders nährstoffschonend, energie- und zeitsparend.

1.

2.

3.

4.

5.

6.

Verschiedene Garmachungsarten

Garen von Nahrungsmitteln – gewusst wie!

„Was kochen wir heute?" Dies ist eine häufige Frage zu Beginn des Unterrichts. Mit „kochen" meinen wir die Speisenzubereitung allgemein und verbinden damit unterschiedliche Garmachungsarten. Die meisten Lebensmittel müssen gegart werden, weil sie uns erst dann schmecken oder verträglich sind. Dabei ist das Ziel, die Nahrungsmittel so schonend wie möglich zu garen, um die Vollwertigkeit der Inhaltsstoffe weitgehend zu erhalten.

Grundregeln:

- Nahrungsmittel unzerkleinert kurz und gründlich waschen
- Nahrungsmittel erst kurz vor dem Garen zerkleinern
- wenig Wasser verwenden
- Nahrungsmittel schnell ankochen
- bei geschlossenem Topf garen
- die richtige Temperatur wählen
- nicht lange warm halten

Häufige Garmachungsarten

1. *Kochen:* Garen in viel siedender Flüssigkeit bei 100 °C. Das Lebensmittel ist mit Wasser bedeckt. **Beachte:** Lebensmittel bei hoher Leistung ankochen, bei niedriger Leistung fortkochen.

2. *Garziehen, Quellen:* Garen mit viel Flüssigkeit bei einer Temperatur unter 100 °C. **Beachte:** Ausreichend großen Topf verwenden. Deckel aufsetzen.

3. *Dünsten:* Garen im geschlossenen Topf bei 100 °C in sehr wenig Flüssigkeit (1 cm im Topf) oder im eigenen Saft, mit oder ohne Fett. **Beachte:** Töpfe mit fest schließendem Deckel verwenden. Gargut langsam zum Kochen bringen und auf niedriger Stufe gar dünsten.

4. *Braten:* Garen in der Pfanne in wenig heißem Fett bei 120 °C–200 °C. **Beachte:** Bratgut erst einlegen, wenn Pfanne und Fett richtig heiß sind, damit sich sofort die Poren schließen. Temperatur nach dem Anbraten reduzieren. Beschichtete Pfannen sparen Fett.

5. *Schmoren:* Anbraten in heißem Fett im offenen Topf (siehe Braten), Weitergaren unter Zugabe von Flüssigkeit bei 100 °C (siehe Dünsten). **Beachte:** Flüssigkeit erst zugeben, wenn die gewünschte Bräunung erreicht ist.

6. *Backen:* Garen mit Bräunung in heißer Luft im Backofen bei 150 °C bis 250 °C. **Beachte:** Vorbereitete Lebensmittel in gefettete oder beschichtete Formen geben.

Lernen an Stationen

Bei der Methode „Lernen an Stationen" oder „Lernzirkel" werden euch Lernmaterialien und Laufzettel mit Arbeitsaufgaben bereitgestellt, mit deren Hilfe ihr euch selbstständig einen Unterrichtsinhalt erarbeitet. Ihr könnt in Einzel-, Partner- oder Gruppenarbeit jede Station bearbeiten und die Ergebnisse auf einem Laufzettel notieren. Ziel ist, mit allen Sinnen zu lernen, z. B. Sehen, Hören, Tun, Überlegen, Riechen, Schmecken. Die Arbeitsaufträge können sehr unterschiedlich ausgerichtet sein, z. B.
- Informationen verarbeiten,
- zeichnen, beschriften, zusammenfassen,
- eigene Fragen aufschreiben und beantworten,
- Bilder, Texte bearbeiten,
- Versuche durchführen und Beobachtungen notieren.

Arbeitsaufgabe: Zubereitung einer Mahlzeit mit unterschiedlichen Garmachungsarten – Anwendung der Schaltstufen des Elektroherds

Beispiel: Nudel-Schinkenpfanne, Apfelkompott, Vanillesoße (siehe S. 31 und Anleitungen auf der Verpackung).

1. Hinführung: Bekanntmachung mit der Arbeitsaufgabe.
- Lest euch die Rezepte genau Schritt für Schritt durch.
- Holt euch die Zutaten und Arbeitsgeräte her.
- Macht euch einen Arbeitsablaufsplan und Zeitplan (siehe Methode Arbeitsaufgabe S. 17)

2. Erarbeitung: Erläuterung der Stationen auf dem Laufzettel.
Bearbeite folgende Stationen des Lernzirkels selbstständig oder mit deinem Partner/deiner Gruppe. Gare die Zutaten mit der dafür vorgesehenen Garmachungsart. Beschreibe, wie du dabei vorgehst. Nimm die Erläuterungen über die Garmachungsarten zu Hilfe. Nenne die entsprechenden Schaltstufen des Elektroherdes/Backofens. Ziehe dazu die Schaubilder und Erklärungen über die Bedienung des Elektroherdes von den vorherigen Seiten heran.

Station 1: **Koche** 250 g Nudeln.
Station 2: **Brate** 125 g gekochten Schinken und 125 g Champignons in der Pfanne an.
Station 3: Gib die gegarten Zutaten in eine Auflaufform und **überbacke** sie mit Käse 15 Min. im Backofen.
Station 4: **Dünste** 250 g zerkleinerte Äpfel zu Apfelkompott.
Station 5: **Koche** ein Rezept Vanillesoße.

3. Sicherung: Überprüfung der Ergebnisse des Laufzettels.
Wertet eure Eintragungen im Klassengespräch aus oder überprüft sie.

Hinführung

Erarbeitung

Sicherung

Grundrezepte erleichtern die Zubereitung

Es gibt viele Speisen, die immer wieder im Haushalt zubereitet werden und bei denen man gar nicht mehr ins Kochbuch schaut, weil man die Zutaten, Mengen und Zubereitung auswendig kennt. Diese Rezepte kann man vielfältig verändern, weil sie sogenannte **Grundrezepte** sind.
Einige dieser typischen Grundrezepte sollt ihr kennenlernen und nach eigenen Ideen abwandeln.

Grundrezept Hackfleischteig (4 Personen)

Menge/Zutaten	Arbeitsschritte/Arbeitsgeräte
1 altes Brötchen	in warmem Wasser in einer Schüssel einweichen, anschließend gut ausdrücken
1 Zwiebel	fein würfeln
500 g Gehacktes	
1 Ei, etwas Senf	
1/2 TL Salz	
gemahlenen Pfeffer	alle Zutaten gut miteinander verkneten, mit dem Knethaken des Handrührgerätes. Je nach Abwandlungsmöglichkeit weiter verarbeiten

Abwandlungsmöglichkeiten
- durch Geschmackszutaten: Paprika, Chinagewürz, Curry, Senf …
- durch Formgebung: als Klöße, Hackbraten, als Füllung …
- durch Garmachungsarten: Braten, Schmoren, Grillen …

Beispiele: Frikadellen, Klopse, Klößchen als Suppeneinlage, Cevapcici, als Füllung für Paprikaschoten, Pasteten, Zucchini etc.

Beispiel: Frikadellen (2 Personen)

Menge/Zutaten	Arbeitsschritte/Arbeitsgeräte
1/2 Grundrezept Hackfleischteig	zubereiten, 4 Frikadellen mit feuchten Händen formen,
2 EL Öl	in der Pfanne erhitzen, Frikadellen darin von beiden Seiten braun braten. Erst wenden, wenn die erste Seite richtig braun ist.

Frikadellen

1. Fragt zu Hause nach Speisen, die häufig und ohne Rezept zubereitet und abgewandelt werden. Berichtet in der nächsten Stunde darüber.

2. Bereitet in Partnerarbeit je ½ Grundrezept Hackfleischteig zu und stellt daraus Frikadellen her.

Grundrezept Helle Soße (4 Personen)

Menge/Zutaten	Arbeitsschritte/Arbeitsgeräte
40 g (2 EL) Margarine oder Butter	in einem Topf zerlassen
40 g (2 gehäufte EL) Mehl	zugeben, mit dem Schneebesen gut verrühren, durchschwitzen lassen.
	Topf von der Kochstelle nehmen.
1/2 l heiße Flüssigkeit (Brühe, Kochwasser)	zugießen, gut mit dem Schneebesen durchrühren, auf die Kochstelle stellen, unter Rühren zum Kochen bringen und 5 Min. auf niedriger Stufe kochen lassen, ab und zu umrühren.

Helle Soße

Geschmackszutaten je nach Rezept zugeben.

Abwandlungsmöglichkeiten

- durch Geschmackszutaten: Curry, Senf, Brühe, Milch, Sahne, Eigelb, Kapern, Tomatenmark
- durch Einlagen: Hackklößchen, Gemüse, Fisch, Geflügel

Beispiele: Königsberger Klopse, Hühnerfrikassee, Holländische Soße, Tomatensoße

Beispiel: Tomatensoße (2 Personen)

Menge/Zutaten	Arbeitsschritte/Arbeitsgeräte
1/2 Grundrezept Helle Soße	zubereiten
1/4 Tube Tomatenmark 4 EL Tomatenketchup 1/4 Becher süße Sahne	Zutaten zugeben und abschmecken.

Lust zum Weitermachen?

Im Rezeptteil S. 32 und 33 findet ihr weitere Grundrezepte und ihre Abwandlungsmöglichkeiten: Knetteig und Rührteig.
Viel Spaß beim Backen!

Tomatensoße

1. Bereitet in Partnerarbeit je 1/2 Grundrezept Helle Soße zu und stellt daraus eine Tomatensoße her.

2. Kocht nebenbei 1 Kochbeutel Reis nach Arbeitsanleitung auf der Verpackung.

3. Serviert die Tomatensoße und den Reis zu den gebratenen Frikadellen.

3 Rezepte

Quarkspeise mit Weintrauben (2 Personen)

Menge/Zutaten	Arbeitsschritte/Arbeitsgeräte
125 g Magerquark 4 EL Milch 1 EL Zucker oder Honig	in einer Glasschüssel mit dem Schneebesen verrühren.
125 g Weintrauben	gründlich unter fließendem Wasser waschen, abtropfen lassen, halbieren, entkernen, unter den Quark mit einem Löffel rühren.

Milchmix

Milchmix (2 Personen)

Menge/Zutaten	Arbeitsschritte/Arbeitsgeräte
1/2 Banane Saft von 1 Apfelsine Saft von 1/2 Zitrone 2 EL Zucker	im Mixer der Küchenmaschine oder mit dem Mixstab des Handrührgerätes durchmixen.
1/2 l Milch	zugeben, mixen, abschmecken, sofort in Gläser füllen und servieren.

Obstsalat (2 Personen)

Menge/Zutaten	Arbeitsschritte/Arbeitsgeräte
1 Apfel	waschen, würfeln.
1 Apfelsine	schälen, würfeln.
1 Banane	schälen, in Scheiben schneiden.
100 g Weintrauben	waschen, halbieren, entkernen.
	Alles in einer Schüssel vermengen, mit
Saft von 1/2 Zitrone 1 EL Zucker oder Honig	abschmecken.

Obstsalat

Kartoffelsuppe (2 Personen)

Menge/Zutaten	**Arbeitsschritte/Arbeitsgeräte**
1/2 l heißes Wasser 1 Gemüsebrühewürfel oder 2 TL Gemüsebrühe	in einem Suppentopf zum Kochen bringen.
3–4 Kartoffeln 2 Möhren	waschen, mit dem Sparschäler schälen, nochmals waschen, mit dem Küchenmesser auf einem Brett längs in Scheiben schneiden, längs in Streifen schneiden, quer in Würfel schneiden.
1 Zwiebel	schälen, Wurzelansatz stehenlassen längs halbieren, aufs Brett legen, längs in Streifen schneiden bis kurz vor den Wurzelansatz (Tunnelgriff), quer in Würfel schneiden (Krallengriff).
Paprika, Pfeffer, Majoran	und das kleingeschnittene Gemüse in die kochende Brühe geben, Suppe 15 Min. kochen.
1 ungebrühte Bratwurst	aus der Haut drücken, kleine Bällchen formen, in die Suppe geben und noch 5–10 Min ziehen lassen.
	Suppe abschmecken und anrichten.

Apfel-Birnen-Salat (2 Personen)

Menge/Zutaten	**Arbeitsschritte/Arbeitsgeräte**
1 Apfel 1 Birne	waschen, schälen, längs halbieren, Kerngehäuse entfernen, längs in Scheiben schneiden, quer in Würfel schneiden.
Saft von 1/2 Zitrone 1 EL Zucker 1/4 Becher süße Sahne	zugeben und abschmecken.

Arbeitsschritte beim Zwiebelwürfeln

1. Zwiebel schälen
2. Zwiebel halbieren

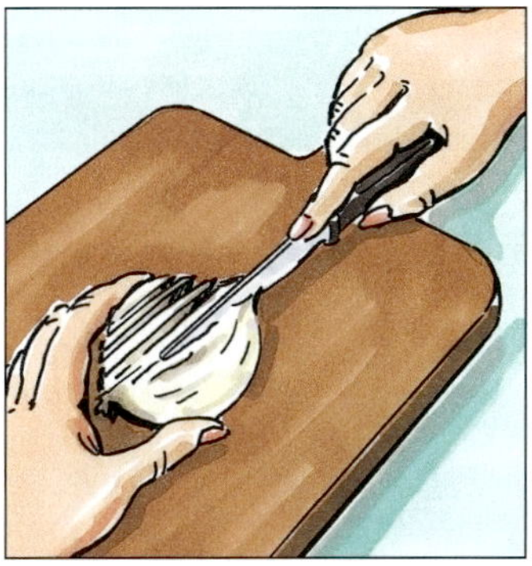

3. Tunnelgriff: Zwiebel mit einem scharfen Messer bis kurz vor den Wurzelansatz in Längsrichtung einschneiden

4. Krallengriff: Zwiebel mit dem Krallengriff halten und durch senkrechtes Einschneiden fein würfeln

Möhrenrohkost

Möhrenrohkost (2 Personen)

Menge/Zutaten	**Arbeitsschritte/Arbeitsgeräte**
250 g Möhren	waschen, schälen, waschen und mit der Handreibe oder elektrischen Küchenmaschine raspeln.
Saft von 1/2 Zitrone 2 EL Zucker	zugeben und abschmecken.
gehackte Haselnüsse oder Sonnenblumenkerne	zum Garnieren.

Pfannkuchen

Pizza-Pfannkuchen (2 Personen)

Menge/Zutaten	**Arbeitsschritte/Arbeitsgeräte**
Teig:	
2 Eier	trennen, Eiweiß in eine kleine Rührschüssel, Eigelb in eine große Rührschüssel füllen. Eiweiß zu steifem Schnee schlagen Eigelb mit
2 EL Wasser 1/4 TL Salz	schaumig schlagen
100 g Weizenvollkornmehl ca. 125 ml Milch	im Wechsel mit zur Eigelbmasse geben und unterrühren, Eischnee unterheben.
Belag: nach Belieben, z. B. 4–8 dünne Salamischeiben 2 Scheiben gekochten Schinken	
4 Tomaten	in Scheiben schneiden.
Öl	in einer Bratpfanne erhitzen, 1 Kelle voll Pfannkuchenteig zugeben, braten, bis der Rand goldbraun ist, wenden, mit den Zutaten belegen, mit
Oregano, Salz, Pfeffer	würzen und mit
100 g geriebenen Käse	bestreuen. Deckel auf die Pfanne geben, überbacken, bis der Käse geschmolzen ist. Weitere Pfannkuchen backen. Fertige Pfannkuchen bis zum Essen im Backofen warmhalten.

Risi-Bisi (4 Personen)

Anleitung aus einem Kochbuch

20 g Margarine (1 EL), 1 Zwiebel, 200 g Fleischwurst oder gekochten Schinken, 1 kleine Dose Champignons, 1/2 P. tiefgefrorene Erbsen, 1/2 Tasse Brühe aus Brühwürfel, 1/2 TL Salz, gemahlener Pfeffer, 250 g gegarter Brühreis

Gewürfelte Zwiebel in der Margarine andünsten, die in 1 cm große Stücke geschnittene Fleischwurst darin anbraten, übrige Zutaten zugeben, gegarten Brühreis zufügen, mit Brühe und Gewürzen abschmecken.

Nudel-Schinkenpfanne (4 Personen)

Menge/Zutaten	Arbeitsschritte/Arbeitsgeräte
250 g Makkaroni	in fingerlange Stücke brechen und in reichlich kochendes Salzwasser geben. Unter gelegentlichem Umrühren im offenen Topf 10–15 Min. sprudelnd weiterkochen lassen. In ein Sieb abgießen und gut abtropfen lassen. Während der Garzeit:
125 g gekochten Schinken	würfeln
125 g Champignons	putzen, in Scheiben schneiden
2 EL Öl	in einer Pfanne erhitzen, Schinken und Champignons anbraten, gegarte Makkaroni zugeben.
4 Eier	mit
1 Becher saure Sahne	
1/2 TL Salz	
1 TL Paprikagewürz	verrühren, über die Nudeln gießen, Deckel auf die Pfanne geben und die Eiermasse 5 Min. bei schwacher Hitze stocken lassen. Gegarte Zutaten in eine gefettete Auflaufform geben.
100 g geriebenen Käse	überstreuen 15 Min. im Backofen überbacken.

Nudel-Schinkenpfanne

Apfelkompott (4 Personen)

Menge/Zutaten	Arbeitsschritte/Arbeitsgeräte
4 Äpfel	waschen, schälen, waschen, vierteln, Kerngehäuse entfernen
1/8 l Wasser	mit
2 EL Zucker, 1 Zimtstange	5–10 Min. gar dünsten.

INFO

Merke:
Kochen ist ein Garen in viel Flüssigkeit.

Dünsten ist ein Garen in wenig Flüssigkeit.

Braten ist ein Garen in wenig heißem Fett.

Grundrezept Knetteig (Mürbeteig)

Menge/Zutaten	**Arbeitsschritte/Arbeitsgeräte**
250 g Mehl	
125 g Butter (fest)	
65 g Zucker	
1 Ei	Alle Zutaten in eine Rührschüssel geben und mit dem elektrischen Handrührgerät durchkneten. Kurz mit der Hand fertig kneten und kühlstellen (30 Min. im Kühlschrank oder 10 Min. im Gefrierschrank).
Geschmackszutaten/Belag	je nach Rezept dazugeben

Abwandlungsmöglichkeiten

- durch Geschmackszutaten: Zimt, Rum, Vanillinzucker, abgeriebene Zitronenschale, …
- durch Formgebung: Plätzchen, Blechkuchen, Tortenboden, …
- durch Belag: Streuseln, Zuckerguss, Obst, Quark, …

Beispiele: Weihnachtskekse, Obstkuchen, gedeckte Apfeltorte, Boden für Käsekuchen

Beispiel: Weihnachtsgebäck

Butterplätzchen (Knetteig)

Menge/Zutaten	**Arbeitsschritte/Arbeitsgeräte**
250 g Mehl 200 g Butter 100 g Zucker 1 Pr. Salz 1 Eigelb 1 EL Rum	Alle Zutaten in eine Rührschüssel geben und mit dem elektrischen Handrührgerät durchkneten. Kurz mit der Hand fertig kneten und kurze Zeit kühlstellen (Gefrierschrank).
	Teig in kleinen Portionen dünn auf einer bemehlten Tischplatte ausrollen, mit Ausstechformen Plätzchen ausstechen. Auf ein mit Backtrennpapier belegtes Backblech legen.
1 Eiweiß	Plätzchen mit verschlagenem Eiweiß bepinseln, mit
bunten Streusel oder Schokoladenstreusel	bestreuen
	Bei 200 °C ca. 15 Min. backen.

Plätzchen backen

Grundrezept Rührteig

Menge/Zutaten	**Arbeitsschritte/Arbeitsgeräte**
250 g Butter (weich)	schaumig rühren mit den Rührhaken des Handrührgerätes
1 Vanillinzucker	
1 Pr. Salz	
250 g Zucker	unterrühren
3-4 Eier	nach und nach zugeben
500 g Mehl	
1 P. Backpulver	vermengen, nach und nach im Wechsel mit
gut 1/8 l Milch	unterrühren
Geschmackszutaten	je nach Rezept zugeben.

Abwandlungsmöglichkeiten

- durch Geschmackszutaten: Aromen, Mandeln, Schokoladenplätzchen, Kakao, Rosinen, ...
- durch Formgebung: Napf-, Kasten-, Blechkuchen, Plätzchen, ...

Beispiele: Königskuchen, Marmorkuchen, Schokoladenkuchen, Muffins, Amerikaner, Sandtorte.

Versunkene Apfeltorte

Menge/Zutaten	**Arbeitsschritte/Arbeitsgeräte**
1/2 Grundrezept Rührteig	zubereiten, in eine gefettete Tortenform füllen
750 g Äpfel	waschen, schälen, vierteln, Kerngehäuse entfernen, Oberfläche mit der Gabel einkerben, auf den Rührteig geben. 40 Min. bei 190 °C backen. Nach dem Backen mit
Puderzucker	bestäuben.

Muffins (Rührteig)

Menge/Zutaten	**Arbeitsschritte/Arbeitsgeräte**
200 g Mehl	Alle Zutaten in einer Rührschüssel mit dem Handrührgerät gut durchrühren
120 g Zucker	
1 Pr. Salz	
2 TL Backpulver	
1/8 l Milch	
60 ml flüssige Butter	
1 Ei	
1 Beutel Schokoladenplätzchen	zum Schluss unterrühren. Den Teig in Papierförmchen füllen und auf dem Backblech bei 200 °C ca. 20–25 Min. backen.

Muffins

Am Ende dieses Kapitels sollst du
- wissen, wo die Arbeitsgeräte und Lebensmittel in der Schulküche untergebracht sind und wie die Mülltrennung sachgerecht erfolgt;
- Verhaltens- und Arbeitsregeln, Regeln zur Unfallverhütung sowie Hygienevorschriften bei der Zusammenarbeit kennen und beachten;
- die drei Arbeitsbereiche in der Küche beschreiben und die Arbeiten kraftsparend, sachgerecht und sicher durchführen können;
- Regeln des Tischdeckens und Tischsitten kennen und diese beim Decken des Tisches zu den Mahlzeiten anwenden und beim Essen beachten;
- die Lebensmittelzubereitung planvoll und mit entsprechendem Geräteeinsatz durchführen können;
- ein Produkt, z. B. Rührteig, sachgerecht unter Verwendung von Waage und Messbecher herstellen können;
- Arbeitspläne entwerfen und dabei die erforderlichen Arbeitsschritte in eine sinnvolle, zeitsparende Reihenfolge bringen. Du kannst die Ergebnisse auf das rationelle, partnerschaftliche Arbeiten hin beurteilen;
- grundlegende Garverfahren beschreiben und bewerten und diese mit geeigneten Lebensmitteln sachgerecht anwenden können;
- Grundrezepte kennen, nach Rezept arbeiten und Abwandlungsmöglichkeiten entwickeln können.

Schlachtereiabteilung

Der innere und der äußere Greifraum

1. Ordne folgende Arbeitsgeräte den Arbeitsbereichen in der Schulküche zu: Schneidemesser, Rührschüssel, Wischlappen, Bratpfanne, Litermaß, Auflaufform, Spülmittel.

2. Nenne drei gefährliche Situationen in der Küche und entsprechende Verhaltensvorschriften.

3. Erkundige dich in einer Bäckerei- oder Schlachtereiabteilung eines Supermarktes nach den Hygienevorschriften und vergleiche die Erfordernisse mit der Arbeitshygiene in der Schulküche. Beurteile die Anforderungen in der Betriebs- und Personalhygiene.

4. Erläutere, wie eine übersichtliche Arbeitsplatzgestaltung für das Schälen und Würfeln eines Apfels auszusehen hat. Welche Geräte gehören in den Arbeitsbereich, welche in den Abstellbereich?
Brett, Abfallschüssel, Messer zum Schälen, Messer zum Würfeln, Glasschüssel

5. Beschreibe den Arbeitsablauf beim Abwaschen von Geschirr mit der Hand.

6. Nenne und begründe die Grundregeln für einen einfach gedeckten Tisch und zeichne, wie ein Grundgedeck auszusehen hat.

7. Rechne um:

1 kg = ? g	1 l = ? ccm
1/8 kg = ? g	1/2 l = ? ccm
1/4 kg = ? g	1/8 l = ? ccm
3/4 kg = ? g	3/8 l = ? ccm

Arbeitsablaufs- und Zeitplan	
Zeit/Min	Arbeitsschritte
5	...
10	...
15	...
20	...
25	...
30	...
35	...
...	...

8. Du sollst für einen Salat eine Salatgurke vor- und zubereiten. Beschreibe die sachgerechten Arbeitstechniken.

9. Erstelle einen sinnvollen Arbeitsablauf- und Zeitplan für das Herstellen der Speise „Risi-Bisi". Ein Rezept dazu findest du auf S. 31. Ordne dabei die Arbeitsschritte den Bereichen Vor- und Zubereitung zu.

10. Wähle geeignete Arbeitsgeräte für folgende Tätigkeiten aus:
a) 1 Becher süße Sahne schlagen
b) 1 Kartoffel schälen
c) 2 Möhren raspeln
d) 250 g Hackfleisch kneten
e) 1 Rührteig herstellen

11. Beschreibe, wie du die verschiedenen Lebensmittel garen würdest.
a) Frikadellen
b) Salzkartoffeln
c) Möhren
d) Reis
e) Äpfel
f) Nudeln
g) Fisch
h) Kuchen
i) Eier

Obst dünsten

12. Bewerte die Garmachungsart „Dünsten" im Vergleich zum „Kochen".

13. Nenne die Merkmale von Grundrezepten.

14. Du sollst aus je 250 g Mehl einen Rührteig und einen Knetteig herstellen. Ergänze die weiteren Zutaten und Mengen für beide Grundrezepte sowie die entsprechenden Arbeitsgeräte und die sachgemäße Verarbeitung.

15. Suche aus Rezeptbüchern oder aus dem Internet Weihnachtsgebäck heraus, das aus den Grundrezepten Rührteig und Knetteig abgewandelt wurde. Stelle daraus ein kleines Weihnachtsbackheft zusammen.

16. Welche Speisen kannst du aus einem Grundrezept Hackfleischteig zubereiten? Beschreibe Abwandlungsmöglichkeiten.

Suppe kochen

Milch

PAPRIKA, grün
9.90
9.90
PAPRIKA, spitz
10.90
SELLERIE, englisch
3.50
BLUMENKOHL
3,50
KAROTTEN, mit Laub
2.50

II Ernährung und Gesundheit

In diesem Kapitel lernt ihr, worauf es bei einer gesunden, ausgewogenen Ernährung ankommt. Der Ernährungskreis gibt euch eine Hilfe bei der mengenmäßigen Auswahl der Lebensmittel. Ihr lernt die Aufgaben der Nährstoffe und weiterer Inhaltsstoffe sowie ihren Energiegehalt kennen und erforscht ihre küchentechnischen Eigenschaften. Die Grundsätze einer vollwertigen Ernährung wendet ihr bei der Zusammenstellung von Tagesspeiseplänen an, überdenkt euer eigenes Essverhalten und bereitet wohlschmeckende, ausgewogene Mahlzeiten zu.

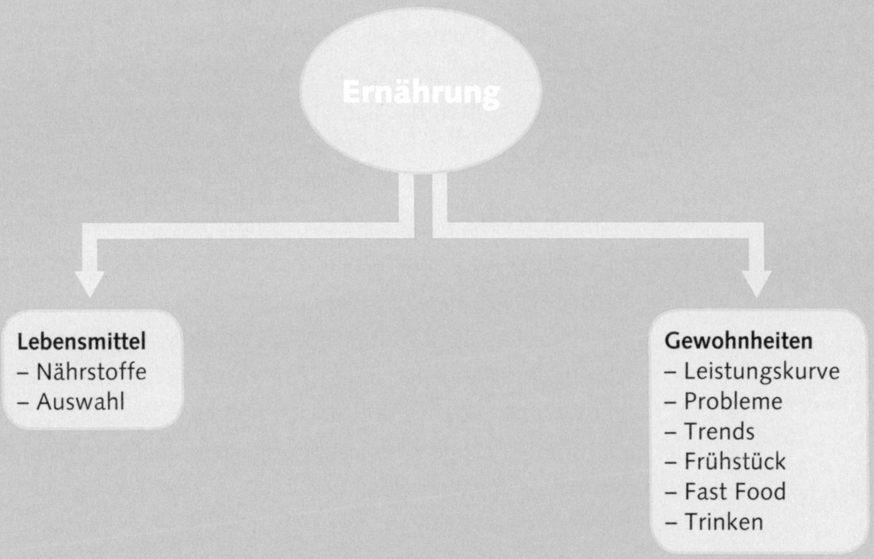

1 Richtiges aus der Fülle – Orientierungshilfen für die Auswahl von Lebensmitteln

Gesund und fit durch ausgewogene Ernährung

Vielfältige Lebensmittel – Was isst du besonders gerne?

B Stell dir vor, du sollst für deine Eltern, deinen zehnjährigen Bruder und für dich für einen Tag den Einkauf erledigen und das Essen zubereiten. Das Angebot an Lebensmitteln ist sehr groß. Wenn du zu Hause einen Einkaufszettel schreibst, behältst du den Überblick. Du setzt dich also mit Bleistift und Zettel an den Küchentisch. Was aber willst du einkaufen? Die Wünsche und Vorstellungen der Familienmitglieder sind sehr unterschiedlich. „Nicht schon wieder Nudeln", verkündet dein Bruder.
„Achte auf den Preis" empfehlen deine Eltern. Dir ist es wichtig, dass es allen schmeckt. Außerdem soll das Essen gesund und gut verträglich sein.

Bei einer gesunden Ernährung kommt es darauf an, „was" wir essen und trinken. Neben dem Sättigungswert und der Qualität der Lebensmittel spielt der Anteil an lebenswichtigen Nährstoffen eine bedeutende Rolle. Was ist nun aber das Richtige?

Der Körper eines Menschen benötigt verschiedene Stoffe, mit denen er seinen Energiebedarf deckt und mit denen er seinen Körper aufbaut. Es gibt kein Lebensmittel, das alle Stoffe in den Mengen enthält, wie sie der Körper benötigt.

INFO

Merke: Die Ernährung ist **ausgewogen**, wenn sie den Energiebedarf eines Menschen deckt, alle wichtigen Stoffe in der benötigten Menge enthält und möglichst frei von schädlichen Stoffen ist.

Der Ernährungskreis – alles was wir brauchen

Eine Hilfe bei der Zusammenstellung einer gesunden, ausgewogenen Ernährung ist der Ernährungskreis. Alle Lebensmittel lassen sich in diese sieben Gruppen einordnen. Jede Gruppe enthält lebenswichtige Stoffe in unterschiedlichen Mengen. Man sollte jeden Tag – auf mehrere Mahlzeiten verteilt – aus jeder Gruppe Lebensmittel zu sich nehmen. Der unterschiedliche Anteil der Lebensmittelgruppen am Ernährungskreis stellt eine Empfehlung für die mengenmäßige Auswahl dar.

Die Empfehlung für eine gesunde und ausgewogene Ernährung lautet: Iss täglich und reichlich Lebensmittel aus den Gruppen 1–4 des Ernährungskreises, weniger und seltener aus den Gruppen 5 und 6. Wähle innerhalb der Gruppen danach aus, was dir am besten schmeckt.

Gut die Hälfte der täglichen Nahrung sollte aus Getreide, Getreideprodukten und Kartoffeln sowie Obst und Gemüse stammen. Eine wichtige Rolle spielen auch Milch und Milchprodukte, wobei jedoch auf die Auswahl fettarmer Produkte geachtet werden sollte.

Ernährungskreis

INFO

Lebensmittelgruppen und ihre Nährstoffe

1: Getreide, Kartoffeln
Kohlenhydrate, Vitamine, Mineralstoffe, Ballaststoffe

2+3: Gemüse/Obst
Vitamine, Mineralstoffe, Ballaststoffe, Wasser

4: Milch, Milchprodukte
Eiweiß, Vitamine, Mineralstoffe

5: Fleisch, Wurst, Fisch, Eier
Eiweiß, Fett, Vitamine, Mineralstoffe

6: Fette, Öle
Fett, Vitamine

7: Getränke
Wasser

1. Schreibe auf ein Blatt Papier Speisen und Getränke für die Familie für einen Tag, so wie du es am liebsten möchtest.

2. Überprüfe anschließend, ob der Tagesplan der Empfehlung für eine ausgewogene Ernährung entspricht (siehe Ernährungskreis und Text). Mache eventuell Verbesserungsvorschläge.

3. Stelle deinen Tagesplan den Mitschülern vor und begründe deine Auswahl.

4. Benenne die in der Abbildung auf S. 38 dargestellten Nahrungsmittel und ordne sie dem Ernährungskreis zu.

5. Auswahl und Aufnahme von Nahrung wird von vielen Faktoren beeinflusst, zum Beispiel von Stimmungen, von Gewohnheiten, von der Tageszeit, vom Wetter und von der Jahreszeit, von der Werbung, vom Preis, von der Mode, von körperlichen Anstrengungen.
Beschreibe dazu jeweils ein Beispiel aus deiner Erfahrung.

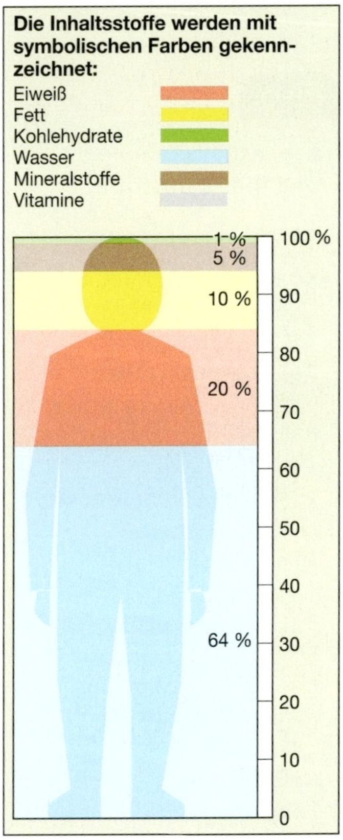

Wovon wir leben – Bestandteile unserer Nahrung und ihre Aufgaben im Körper

Lebensmittel enthalten Nährstoffe

Im alltäglichen Sprachgebrauch werden die Begriffe Lebensmittel und Nahrungsmittel gleichgesetzt – Lebensmittel ist jedoch der umfassendere Begriff. Lebensmittel werden in unverändertem, zubereitetem oder verarbeitetem Zustand vom Menschen verzehrt. Alle Lebensmittel enthalten chemische Substanzen, aus denen der Körper Energie gewinnen und körpereigene Stoffe aufbauen kann – die **Nährstoffe**.

Man unterscheidet die energieliefernden Nährstoffe Eiweiß (Proteine), Fette und Kohlenhydrate und die nichtenergieliefernden Nährstoffe wie Wasser, Mineralstoffe und Vitamine. Ballaststoffe und sekundäre Pflanzenstoffe (Farb-, Duft- und Geschmacksstoffe) sind weitere wichtige Bestandteile. Die Körperzellen aller Lebewesen werden mithilfe aufgenommener Nährstoffe fortlaufend auf-, ab- oder umgebaut. Dabei fallen mehr oder weniger große Mengen an Ausscheidungsprodukten an. Die Gesamtheit dieser Vorgänge bezeichnet man als **Stoffwechsel**.

Nährstoffe als Energielieferanten

Eine der wichtigsten Aufgaben der Nährstoffe ist die Energiegewinnung. Die in den Lebensmitteln enthaltenen Nährstoffe werden mithilfe des aus der Luft aufgenommenen Sauerstoffs verbrannt. Dabei wird Energie frei für die notwendigen Körpervorgänge zur Aufrechterhaltung der Körperfunktionen (z. B. Herztätigkeit) und zur Aufrechterhaltung der Körpertemperatur (= **Grundumsatz**), für körperliche und geistige Arbeitsleistungen (= **Leistungsumsatz**).

INFO

1 g Eiweiß liefert 17 kJ, 1 g Fett liefert 37 kJ, 1 g Kohlenhydrate liefert 17 kJ.

Man misst den Energiegehalt bzw. -bedarf in Kilojoule (kJ). Im Alter von 13–14 Jahren beträgt der Energiebedarf ca. 10.000 kJ bei leichten und sitzenden Tätigkeiten. Bei körperlichen Anstrengungen, z. B. Sport, Radfahren ist er höher, ca. 11.000 kJ.

Vorkommen der Nährstoffe im menschlichen Körper	Aufgaben der Nährstoffe im menschlichen Körper
Eiweiß Der menschliche Körper besteht zu 20 % aus Eiweiß. Knochen, Haut, Körperzellen, Zähne, Haare, Fingernägel werden aus Eiweiß aufgebaut.	**Eiweiß, auch Protein genannt (symbolische Farbe rot – denkt an Blut)** Es gibt tierisches und pflanzliches Eiweiß. Besonders Kinder und Jugendliche brauchen viel Eiweiß in der Wachstumsphase, um neue Körperzellen aufzubauen. Aber auch Erwachsene benötigen Eiweiß zur Zellerneuerung. Die Haut erneuert sich regelmäßig, Haare und Nägel wachsen, Wunden heilen. Aus Eiweiß sollen ca. 15 % der Energie stammen. **Eiweiß ist ein wichtiger Baustoff.**

Fett Ca. 10 % der Körpermasse bestehen aus Fett, vor allem im Unterhautfettgewebe und Bauchfett.	**Fett (symbolische Farbe gelb – denkt an Butter, Öl)** Es gibt Fette in tierischen und pflanzlichen Lebensmitteln. Fett verbrennt im Körper und liefert uns Energie für den Stoffwechsel, zur Erhaltung der Körpertemperatur und für körperliche Leistungen. Fett aus Lebensmitteln soll höchstens 30 % der Tagesenergie liefern! **Fett ist ein Brennstoff.**
Kohlenhydrate Nur 1 % des Körpers besteht aus Kohlenhydraten, gespeichert als Leberstärke in der Leber sowie in der Muskulatur.	**Kohlenhydrate (symbolische Farbe grün – denkt an Pflanzen)** Kohlenhydrate sind ein Sammelbegriff für Einfachzucker (Trauben- und Fruchtzucker), Doppelzucker (Haushaltszucker) und Mehrfachzucker (Stärke in Getreideprodukten und Kartoffeln). Kohlenhydrate werden im Körper verbrannt und liefern Energie für den Stoffwechsel zur Erhaltung der Körpertemperatur und für körperliche Leistungen. Überschüssige Kohlenhydrate werden im Körper zu Fett umgewandelt. 60 % der Tagesenergie sollten aus Kohlenhydraten gedeckt werden. **Kohlenhydrate sind Brennstoffe.**
Wasser Der Körper besteht zu 60–70 % aus Wasser. Es befindet sich im Blut, in den Lymphen und in allen Zellen.	**Wasser (symbolische Farbe blau – denkt an Meer)** Wasser ist lebensnotwendig zum Aufbau und zur Erhaltung der Körperfunktionen. Es ist ein wichtiges Transport- und Lösungsmittel für die Nährstoffe. Außerdem scheiden wir Körperflüssigkeit durch Urin aus und schwitzen. Dabei verlieren wir Flüssigkeit, die ersetzt werden muss. Wir sollten ca. 2-3 l Wasser täglich trinken. **Wasser ist ein wichtiger Baustoff.**
Mineralstoffe 4–5 % der Körpermasse bestehen aus Mineralstoffen, z. B. Calcium in den Knochen, Eisen in den roten Blutkörperchen.	**Mineralstoffe (symbolische Farbe braun – denkt an Erde)** Alle Menschen benötigen Mineralstoffe zum Aufbau und zur Erhaltung des Körpers (15-20 g täglich). Sie sind außerdem wichtige Wirkstoffe zur Regelung von Körpervorgängen. Mineralstoffe sind Natrium, Kalium, Calcium, Magnesium, Phosphor, Eisen, Jod, Fluor. Durch Schwitzen verliert der Körper Wasser, Natrium und Kalium. Deshalb ist es wichtig, Mineralwasser mit diesen Stoffen zu trinken. **Mineralstoffe sind wichtige Baustoffe sowie Schutz- und Reglerstoffe.**
Vitamine Vitamine sind nur in Spuren im Körper vorhanden und haben ganz unterschiedliche Aufgaben zu erfüllen.	**Vitamine (symbolische Farbe grau – Vitamine kann man nicht sehen)** Vitamine sind lebensnotwendige Wirkstoffe zur Regelung von Körpervorgängen, z. B. Abbau von Nährstoffen. Sie schützen uns vor Krankheiten. Die verschiedenen Vitamine werden mit Großbuchstaben bezeichnet: Vitamin A, B1, B2, B6, B12, C, D, E, K. Vitamin C stützt die Abwehr des Körpers unter anderem gegen die Erreger von Erkältungskrankheiten. **Vitamine sind wichtige Schutz- und Reglerstoffe.**
Ballaststoffe Ballaststoffe werden nicht im Körper gespeichert.	**Ballaststoffe** Ballaststoffe sind unverdauliche Bestandteile der Nahrung. Sie haben die Aufgabe, die Verdauung anzuregen. Ballaststoffe sind vorwiegend in pflanzlichen Lebensmitteln als Zellulose enthalten. **Ballaststoffe sättigen und fördern die Verdauung.**

1. Ordne die einzelnen Nährstoffe den drei Aufgabengruppen zu:
Baustoffe, Brennstoffe, Schutz- und Reglerstoffe.

Nährstoff- und Energieangaben bei Joghurt

Lebensmittel als Nährstoffträger

Den Nährstoffen auf der Spur

Wenn wir wissen wollen, welche Nährstoffe in einem Lebensmittel enthalten sind, können wir dieses auf unterschiedliche Weise erfahren:

1. Nährwerttabelle: Die nebenstehende Tabelle ist ein Auszug aus einer Nährwerttabelle. Sie gibt Auskunft über den Nährstoff- und Energiegehalt von 100 g eingekaufter Ware in Lebensmitteln.

2. Angaben auf Lebensmittelverpackungen: Bei verpackten Lebensmitteln stehen die Nährstoff- und Energieangaben häufig auf der Verpackung zur Verbraucherinformation.

3. Nachweis von Nährstoffen in Lebensmitteln: Es gibt eine ganz einfache Methode um herauszufinden, ob in einem Lebensmittel z. B. Eiweiß oder Fett enthalten sind. Wir untersuchen sie!

Eiweiß gerinnt durch Säure, es flockt aus und wird fest. Es gerinnt auch durch Hitze, durch Schlagen und Kochen schäumt es. Für den Nachweis könnt ihr Lebensmittel mit Zitronensaft oder Essig begießen, Lebensmittel kochen oder braten.

Fett hinterlässt auf Stoff oder Papier Flecken, z. B. auf Löschpapier. Außerdem wird es beim Braten und Kochen flüssig, es tritt aus und hinterlässt Fettaugen.

Kohlenhydrate sind **Zucker** und **Stärke**. Zucker erkennt man am süßen Geschmack. Stärke quillt beim Garen auf und bindet Flüssigkeit.

Wasser ist Bestandteil vieler Lebensmittel. Ihr könnt verschiedene Obst- und Gemüsesorten reiben und in einem Tuch auspressen.

1. Schreibe aus dem Auszug der Nährwerttabelle jeweils fünf Nahrungsmittel heraus, die besonders reich sind an:
a) Kohlenhydraten, b) Fett, c) Eiweiß,
d) Vitaminen, e) Mineralstoffen

2. Führt eine Versuchsreihe zum Nachweis der Nährstoffe in Lebensmitteln durch. Notiert eure Beobachtungen.
a) Gebt in 1 Glas Milch und 1 Glas Apfelsaft je 1 Teelöffel Zitronensaft.
b) Zerkleinert Käse, Mettwurst, Kartoffel, Apfel, Salami und zerdrückt die Lebensmittel zwischen einer Filtertüte.
c) Probiert Nahrungsmittel auf ihren süßen Geschmack, z. B. Kartoffel, Möhre, Apfel, Banane.

Die Nährwerttabelle gibt eine Übersicht

Lebensmittel 100 g eingekaufte Ware	Eiweiß g	Fett g	Kohlen-hydrate g	Energie KJ	Mineral-stoffe mg		Vitamine mg				Wasser g
	E	F	Kh	KJ	Ca	Fe	A	B1	B2	C	
Getreide											
Vollkornreis, gekocht	3	1	27	550	33	0,7	0	0,07	0,02	0	66
Vollkornnudeln, gekocht	5	2	24	570	20	1,0	25	0,10	0,03	0	63
Brot und Backwaren											
Roggenvollkornbrot	6	1	41	855	40	3,3	5	0,18	0,15	0	31
Brötchen (Semmeln)	8	2	50	1065	27	1,2	0	0,10	0,03	0	36
Gemüse											
Kartoffeln, ungeschält	2	+	15	290	10	0,4	1	0,10	0,05	17	78
Möhre	1	+	5	105	40	2,1	1600	0,07	0,05	7	89
Paprikaschote	1	+	3	120	10	0,8	180	0,06	0,05	139	92
Tomate	1	+	3	70	15	0,5	85	0,06	0,04	24	92
Gurke	1	+	2	55	15	0,5	65	0,02	0,03	8	94
Obst											
Apfel	+	+	12	210	7	0,5	4	0,04	0,03	12	86
Apfelsine	1	+	9	170	42	0,4	11	0,09	0,04	50	86
Banane	1	+	16	290	8	0,6	8	0,05	0,06	11	78
Milch und Milchprodukte											
Vollmilch, 3,5%	4	4	5	310	120	0,1	31	0,04	0,18	2	85
Joghurt, Vollmilch	5	4	5	325	120	0,1	31	0,04	0,18	2	84
Schlagsahne	2	30	4	1270	80	0,1	275	0,03	0,15	1	62
Magerquark	14	+	4	305	120	0,4	20	0,04	0,30	1	80
Fette											
Butter	1	83	0	3255	13	0,2	590	0,01	0,02	0	14
Olivenöl	0	100	0	3900	0	0,4	120	0	0	0	0
Mayonnaise	2	80	3	3900	18	1,0	60	0,04	0,04	0	13
Fleisch und Wurstwaren											
Rinderhackfleisch	20	9	+	690	10	2,5	12	0,16	0,16	0	69
Schweineschnitzel	21	2	+	435	9	1,7	6	0,80	0,19	0	75
Salami	17	47	+	2120	35	2,7	6	0,18	0,20	20	34
Hühnerei, Stück	7	6	1	370	60	2,1	190	0,02	0,35	0	84
Süßwaren											
Zucker	0	0	100	1700	1	0,3	0	0	0	0	0
Marmelade	+	0	66	1120	20	0,5	10	0,01	0,01	5	32
Schokolade	9	32	54	2320	215	2,3	50	0,11	0,37	0	3
Getränke											
Apfelsaft	+	+	12	205	7	0,3	7	0,02	0,02	4	87
Orangensaft	1	+	10	185	13	0,3	12	0,08	0,02	44	88
Cola	0	0	11	185	4	0	0	0	0	0	88
Würze											
Tomatenketchup	2	+	24	445	25	1,2	100	0,07	0,06	10	71

Empfehlungen für eine Lebensmittelauswahl

Eine entscheidende Rolle bei der Auswahl spielt die Qualität der Nährstoffe. Man sollte möglichst unbehandelte, wenig verarbeitete Lebensmittel zu sich nehmen, weil sie die für die Gesundheit notwendigen Nährstoffe noch in vollem Umfang enthalten.

Einteilung der Lebensmittel nach Wertstufen

I. Sehr empfehlenswert	**II. Empfehlenswert**	**III. Weniger empfehlenswert**	**IV. Nicht empfehlenswert**
Unerhitzte Lebensmittel	**Erhitzte Lebensmittel**	**Verarbeitete Lebensmittel**	**Isolierte Lebensmittel-substanzen**
Gekeimtes Getreide Rohes Vollkornschrot (z. B. Frischkornmüsli)	Vollkornprodukte (z. B. Vollkornbrot, -gebäck, -nudeln)	Auszugsmehlprodukte Weißbrot, Graubrot Weißer Reis	Isolierte Stärke Isoliertes Protein Isolierte Ballaststoffe
Rohes Gemüse Rohes Obst Gekeimte Hülsenfrüchte	Erhitztes Gemüse, Kartoffeln, Hülsenfrüchte Gemüse- und Obstsäfte	Gemüsekonserven Obstkonserven, Nektare Kartoffelprodukte	Isolierte Zucker Isolierte Vitamine Weitere Isolate
Nüsse, Samen (auch gekeimt) Kaltgepresste, unraffinierte Öle Ungehärtetes Kokosfett	Ungehärtete Pflanzenmargarine mit hohem Anteil an Kaltpressölen	Extrahierte, raffinierte Fette und Öle	Produkte aus isolierten Substanzen: Süßigkeiten Nährstoffpräparate Schlankheitspräparate
Vorzugsmilch Rohmilchprodukte	Butter, Pasteurisierte Milch(-produkte)	H-Milch Milchpulver	
	Fisch Mäßig, wenn überhaupt: Eier, Fleisch	Fleischwaren Wurstwaren Fleischkonserven	Innereien Schweineschmalz
Natürliches Mineralwasser	Leitungswasser Kräuter-, Früchtetee Malz-(Getreide-)Kaffee Kakao (ungezuckert)	Schwarzer Tee Bohnenkaffee Bier, Wein	Fruchtsaftgetränke Limonaden Cola-Getränke Instant-Getränke
Rohes, süßes Obst Eingeweichtes Trockenobst	Mäßig und verdünnt: Honig, Apfel- und Birnendicksaft	Zuckerrübensirup Melasse Ahornsirup	Isolierte Zucker Künstliche Süßstoffe

1. Die tägliche Nahrung soll sich hauptsächlich aus Lebensmitteln der ersten beiden Wertstufen zusammensetzen. Schreibt Empfehlungen für eine vollwertige Lebensmittelauswahl auf:

a) Welche Lebensmittel sollen bevorzugt werden?

b) Welche Produkte sollen möglichst wenig verzehrt werden?

Die Nahrungsmittelgruppen – Tipps für die Nahrungsauswahl

Gruppe 1: Getreide, Getreideprodukte und Kartoffeln

Brot, Getreideerzeugnisse, Reis und Kartoffeln versorgen uns mit pflanzlichem Eiweiß, Stärke, Vitaminen und Mineralstoffen sowie Ballaststoffen, die die Verdauung fördern und uns sättigen.

Gruppe 2: Gemüse und Hülsenfrüchte

Gemüse enthält viel Vitamine, Mineralstoffe und Ballaststoffe. Dadurch ist es sättigend, aber energiearm.

Gruppe 3: Obst

Obst ist wie Gemüse ein wertvolles, unentbehrliches Nahrungsmittel. Es enthält viel natürlichen Zucker, Mineralstoffe und Vitamine. Zitrusfrüchte enthalten viel Vitamin C.

Gruppe 4: Milch und Milchprodukte

Milch liefert neben Eiweiß und Fett auch wichtige Mineralstoffe, vor allem Kalzium, das der Körper zum Aufbau von Knochen und Zähnen benötigt.

Gruppe 5: Fisch, Fleisch, Eier

Diese Nahrungsmittel enthalten viel Eiweiß, Fett, Mineralstoffe und Vitamine. In Fleisch und Wurst sind viele Fette „versteckt". Seefisch versorgt uns mit dem wichtigen Mineralstoff Jod. Eier enthalten fast alle Nährstoffe und lassen sich vielfältig zubereiten.

Gruppe 6: Fette und Öle

Fette versorgen uns mit wichtigen fettlöslichen Vitaminen. Etwa die Hälfte der Fettmenge nehmen wir mit „versteckten" Fetten aus der Nahrung zu uns, wie Wurst, Käse, Eier, Sahne.

Gruppe 7: Getränke

Unser Körper braucht täglich 2 1/2 Liter Flüssigkeit. Die Hälfte davon nehmen wir mit unserer Nahrung auf. Die andere Hälfte sollte man zum Durstlöschen mit Mineralwasser, Leitungswasser, Früchtetee o. Ä. decken.

1. Plant in eurer Gruppe eine vollwertige Mittagsmahlzeit. Berücksichtigt dabei die Tipps für die Nahrungsauswahl. Nutzt Rezepthefte und/oder verfasst selbst Rezeptanleitungen.

2. Kauft die Zutaten zum nächsten Unterricht ein. Berücksichtigt die Tipps für einen überlegten Einkauf von Seite 62.

3. Stellt eure geplanten Mahlzeiten und die dafür eingekauften Nahrungsmittel vor. Begründet eure Auswahl. Bereitet die Speisen zu.

INFO

Tipps:

- Es sollten **Vollkornprodukte** bevorzugt werden. Die tägliche Nahrung sollte zu einem Viertel aus Produkten dieser Gruppe bestehen.
- Ein Viertel der täglichen Nahrung sollte aus **Gemüse** bestehen, roh als Salat oder gegart. Frisches Gemüse schmeckt nicht nur besser, sondern enthält auch mehr Vitamine.
- Iss täglich **Obst**, z. B. als Obstsalat oder einen Apfel, eine Apfelsine oder Banane. Achte auf Frische!
- Täglich 1/4 bis 1/2 l **Milch** trinken, außerdem eine Scheibe Käse oder einen Becher Joghurt essen. Bevorzuge fettarme Milchprodukte.
- Höchstens zwei bis drei Mal pro Woche **Fleisch**, mindestens ein Mal pro Woche **Fisch** essen. Nicht mehr als zwei bis drei **Eier** in der Woche verzehren.
- Zum Kochen und Braten mit **Butter, Margarine und Öl** sparsam umgehen. Auf versteckte Fette achten! Für Rohkostsalate kaltgepresste Öle verwenden, z. B. natives Olivenöl.
- Zuckerhaltige **Getränke** meiden. Fruchtsäfte mit Mineralwasser oder Leitungswasser verdünnen.

2 Eigene Ernährungsgewohnheiten im Vergleich mit vollwertiger Ernährung

Unterschiedliche Lebens- und Essgewohnheiten

Lena frühstückt mit ihrer Familie.

B

Ein typischer Tag von Lena und Jan:

Lena (14 Jahre) frühstückt morgens mit der Familie 1/2 Brötchen mit Quark und Tomate. Für die Pausen in der Schule nimmt sie 1 Scheibe Brot mit Schnittkäse und 1 Apfel mit. Mittags isst sie mit der Familie warm (Spinat, Spiegelei, Kartoffeln, Obstsalat, Apfelsaftschorle). Zwischendurch isst sie einen Joghurt und trinkt Orangensaft. Abends isst sie mit ihrer Familie (2 Scheiben Vollkornbrot mit Käse und Leberwurst sowie Rohkostsalat).

Jan (14 Jahre) frühstückt morgens nicht. In den Pausen kauft er am Schulkiosk 1 Croissant und 1 Tüte Orangensaft, später 1 Pizzabaguette. Mittags isst er alleine zu Hause 2 Scheiben Brot, 1 Apfel und trinkt Zitronenlimonade. Zwischendurch nimmt er Schokolade, Gummibärchen und Cola zu sich. Abends isst er mit der Familie warm (Schnitzel, Kartoffeln, Erbsen-Wurzel-Gemüse, Quarkspeise mit Obst).

Sicherlich sehen eure Mahlzeiten im Tagesablauf noch anders aus. Die Ernährungsgewohnheiten sind abhängig von verschiedenen Bedingungen wie Familiengröße, Essenszeiten, zur Verfügung stehendes Geld, Zubereitungszeit, Einkaufsmöglichkeiten, Kochkenntnisse.

1. Vergleiche die Essgewohnheiten von Lena und Jan. Bewerte sie nach den Grundsätzen einer vollwertigen Ernährung.

2. Schreibe ein Esstagebuch von einem Wochentag auf. Fertige dazu eine Tabelle an mit folgenden Punkten:
senkrecht: 1. Frühstück, Zeit: / 2. Frühstück, Zeit: / Mittagessen, Zeit: / Abendessen, Zeit: / Zwischenmahlzeiten, Zeit:
waagerecht: Was hast du gegessen? Mit wem hast du gegessen? Wo hast du gegessen? Wer hat das Essen geplant? Wer hat das Essen zubereitet? Wo haben die nicht anwesenden Familienmitglieder gegessen?

3. Findet Gründe für die unterschiedlichen Essgewohnheiten und ordnet diese den verschiedenen Bedingungen zu.

4. Bewertet gemeinsam eure eigenen Essgewohnheiten. Wo gibt es Abweichungen von den Grundsätzen einer vollwertigen Ernährung?

5. Fasst eure wesentlichen Ernährungsprobleme zusammen und vergleicht sie mit den Ernährungsfehlern auf S. 47. Stellt die Ergebnisse auf einem Plakat dar.

Ernährungstrends – Ernährungsprobleme

Vor 50 Jahren wurden die Deutschen ihrem Ruf als Kartoffelesser noch tatsächlich gerecht. Der durchschnittliche Verbrauch belief sich 1957 auf 150 kg. Das hat sich seitdem gründlich geändert. Der Kartoffelverbrauch ist bis heute um 50 % zurückgegangen. In der gleichen Zeit schrumpfte auch der Verbrauch anderer Grundnahrungsmittel wie Milch und Brot erheblich. Was aber essen die Deutschen stattdessen? Vor allem Fleisch, dessen Verbrauch sich fast verdoppelte. Auch Gemüse, Eier und Obst kommen in sehr viel größeren Mengen auf den Tisch als früher. Problematisch ist, dass der Verbrauch konzentrierter Energiespender wie Zucker und Fett zugenommen hat. Das wäre nicht nötig, denn Schwerarbeit ist in der Bundesrepublik selten geworden; sitzende Tätigkeiten nehmen hingegen immer mehr zu. Deshalb brauchen wir hochwertige, leichte und energiearme Kost.

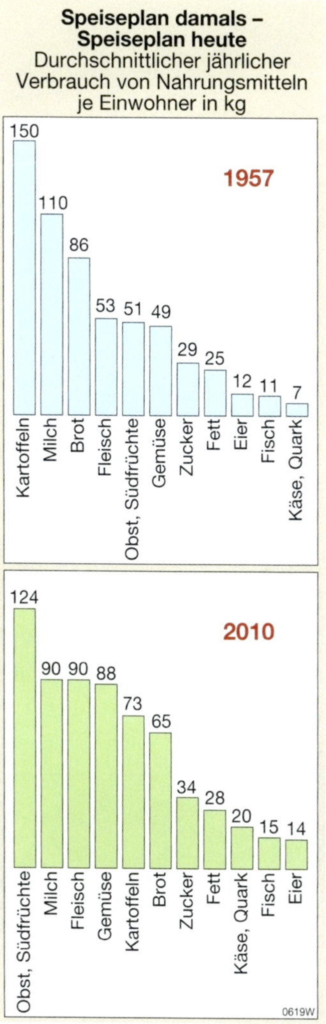

Unsere Ernährungsfehler

zu viel: Nahrungsenergie, Fette, isolierte Zucker

Die zu hohe Energiezufuhr ist auf den Verzehr von zu süßen oder zu fetten Speisen zurückzuführen. Über die Hälfte der aufgenommenen Fette sind „versteckte" Fette, die über Lebensmittel aufgenommen werden. Durch die hohe Energiezufuhr werden Übergewicht, Bluthochdruck, Herz- und Kreislauferkrankungen begünstigt.

zu wenig: Ballaststoffe, Eisen, Vitamin B1, B2, Jod

Der Mangel an Ballaststoffen, Vitaminen und Mineralstoffen führt zu Verdauungsstörungen, Blutarmut (Anämie), Konzentrationsschwäche.

Dicke kosten Milliarden

Kassen müssen für falsche Ernährung zahlen

Berlin (epd). Durch falsche Ernährung verursachte Krankheiten sind nach Angaben des Verbraucherschutzministeriums zu einem erheblichen Kostenfaktor im Gesundheitswesen geworden.

Berechnungen zufolge geben die gesetzlichen Krankenkassen jährlich insgesamt rund 30 Milliarden Euro für die Behandlung ernährungsbedingter Erkrankungen aus. „Die Tendenz ist steigend, weil zunehmend auch Kinder und Jugendliche von Adipositas betroffen sind", sagte Matthias Berninger (Grüne), Parlamentarischer Staatssekretär im Verbraucherschutzministerium.

Adipositas ist eine übermäßige Ansammlung von Fettgewebe im Körper und gilt als chronische Gesundheitsstörung. In Deutschland ist nach Schätzungen inzwischen jedes fünfte Kind und jeder dritte Jugendliche zu dick.

Zeitungsartikel aus Buxtehuder Tageblatt, Februar 2004

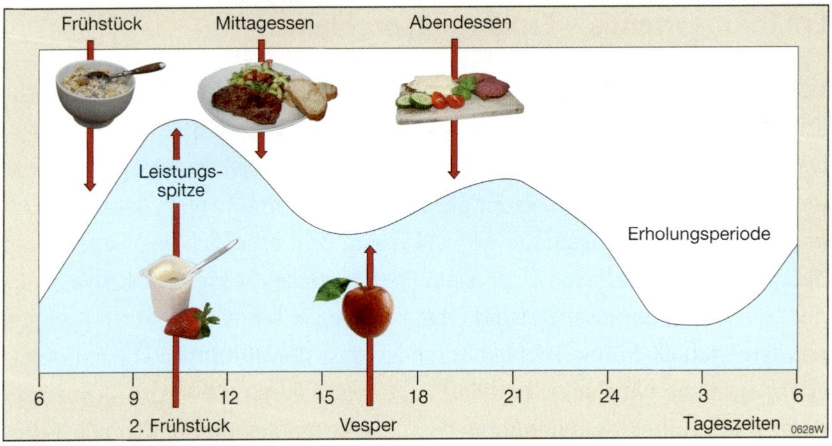

Die Leistungskurve – Mahlzeiten im Tagesablauf

Der benötigte Gesamtenergiebedarf sollte auf die fünf Mahlzeiten wie folgt verteilt werden:

1. Frühstück
25–30 %

2. Frühstück
5–10 %

Mittagessen
30–35 %

Leistungsfähigkeit und Wohlbefinden hängen weitgehend von unserer Ernährung ab. Unser Körper ist auf einen bestimmten Rhythmus in der Nahrungsaufnahme eingestellt. Der eine bevorzugt drei Mahlzeiten täglich, der andere teilt seine täglich benötigte Nahrungsmenge auf vier bis fünf Einzelmahlzeiten auf. Wichtig ist, dass wir nicht mehr essen als wir benötigen.

Für Menschen mit überwiegend sitzender Tätigkeit empfiehlt es sich, lieber öfter wenig zu essen als große Mengen in wenigen Mahlzeiten zu sich zu nehmen. Häufige, kleine Mahlzeiten belasten die Verdauungsorgane nur wenig und beeinträchtigen auch nicht die Leistungsfähigkeit.

Frühstück, Sprungbrett in den Tag

Die Leistungsbereitschaft ist vormittags am höchsten, nimmt gegen Mittag ab und steigt am Nachmittag wieder an. Morgens nach dem Aufstehen sind die Energiereserven erschöpft. Die letzte Mahlzeit liegt ca. zehn Stunden zurück. Da ist es besonders wichtig, dass durch das erste Frühstück die nötigen Nährstoffe zugeführt werden, die das Erreichen der Leistungsspitze am frühen Vormittag ermöglichen. Nach dem morgendlichen Gipfel der Leistungskurve sinkt diese zum Mittagstief ab. Das zweite Frühstück führt durch einen Energie- und Nährstoffnachschub am zweiten Teil des Vormittags dazu, die nachlassende Leistungskurve aufzufangen.

Mittagessen, gut, aber nicht reichlich

Um die Mittagszeit fällt das Leistungsvermögen von Natur aus ab. Dieses Leistungstal wird noch tiefer, wenn wir zu Mittag eine große, kräftige und fette Mahlzeit essen. Woran liegt das?

Der Körper braucht Blut zur Verdauungsarbeit. Das hat zur Folge, dass gleichzeitig das Gehirn weniger gut versorgt wird. Die große Leistungsfähigkeit lässt nach, das Konzentrationsvermögen sinkt. Deshalb ist eine kleine Portion zum Mittagessen sinnvoll, sie hilft schneller aus dem Leistungstief heraus.

Zwischenmahlzeiten

Kleinere Mahlzeiten müssen allerdings durch Zwischenmahlzeiten ausgeglichen werden: durch ein kleines belegtes Brot, durch Obst, Milch, Joghurt. Diese Energiespritzen bremsen am Vormittag den Leistungsabfall. Am Nachmittag halten sie fit für den Abend. Je größer die geistige Anstrengung ist, umso sorgfältiger muss die Zwischenmahlzeit zusammengestellt werden. Hier kommt es vor allem auf den Baustoff Eiweiß an, der in Milch, Käse, Quark, Wurst, Ei, aber auch in Brot reichlich enthalten ist. Das Gehirn braucht außerdem Phosphor, den die eiweißhaltigen Nahrungsmittel gleich mitliefern. Wenn jede Mahlzeit tierisches und pflanzliches Eiweiß enthält, wird Eiweiß besonders gut ausgenutzt. Obstsäfte, Obst oder andere Rohkost erhöhen die Leistungs-, Konzentrations- und Reaktionsfähigkeit. Ob bei Schularbeiten oder beim Sport, schnelles Auffassungs- und Reaktionsvermögen können entscheidend für Leistung und Erfolg sein.

Zwischenmahlzeit
am Nachmittag
5–10 %

Abendessen

In den meisten Familien wird abends nicht mehr warm gegessen. Entscheidend ist die Auswahl und Zubereitung der Gerichte. Abends sollte man nicht zu viel und zu schwer essen. Fettreiche Speisen, allzu üppig belegte Brote belasten am Abend den Magen. Was während des Tages an Nährstoffen im Speiseplan gefehlt hat, sollte durch das Abendessen ausgeglichen werden. Meist sind dies Eiweiß, Vitamine und Mineralstoffe. Fisch, mageres Fleisch, Milch, Quark, magerer Käse können die Eiweißlücke schließen. Frischkost aus Gemüse oder Obst, Obst- und Gemüsesäfte, Vollkornerzeugnisse ergänzen, was an Vitaminen und Mineralstoffen fehlt.

Abendessen
20–30 %

Und danach?

Für viele ist es zur Gewohnheit geworden, abends beim Fernsehen süße und salzige Knabbereien sowie süße Getränke zu genießen. Das sind aber eine zusätzliche Zwischenmahlzeit und unnötige Dickmacher.

1. Beschreibe den Verlauf der Tagesleistungskurve.

2. Begründe, warum fünf Mahlzeiten besser als drei Mahlzeiten für die Leistungsfähigkeit sind.

3. Warum nennt man das erste Frühstück ein Sprungbrett in den Tag?

4. Verteile den Gesamtenergiebedarf eines 14-jährigen Jugendlichen von 10.000 kJ (Tagesablauf mit Schulbesuch) auf die einzelnen Mahlzeiten.

5. Zusatzaufgabe für schlaue Rechner: Berechne den Nährwert- und Energiegehalt deines Frühstücks und der Pausenverpflegung und vergleiche ihn mit dem prozentualen Energiebedarf. Entspricht es den Anforderungen? Nimm die Nährwerttabelle S. 43 zu Hilfe.

Am Schülerkiosk wird das Pausengeld oft in Süßes umgesetzt.

Frühstück, wie es ist – wie es sein sollte

B Schlank und schick sieht sie aus in ihren engen Jeans und bauchfreiem Oberteil mit langen, blonden Haaren. Nur ein bisschen blass um die Nase ist sie, die 14-jährige Sabine. Gefrühstückt hat sie zu Hause linienbewusst, nur ein Knäckebrot, dünn mit Butter, eine Tasse Milch. Aufs Pausenbrot verzichtet sie.

Ganz anders Peter, ihr Klassenkamerad. Am Morgen hat er einen Teller Haferflocken mit Milch und Zucker verputzt. In der Pause lässt er sich noch zwei Brötchen schmecken, mit einem dicken Belag Schoko-Nusscreme. Gleich nach der Schule wird er noch zulangen und kurz vor dem Mittagessen seinen „Aperitiv" am schulnahen Kiosk nehmen: Schokoriegel und Sahnebonbons. Peters Pausbacken lassen so manches Mutterherz höher schlagen, gesund und kräftig sieht er aus – zu kräftig.

Ernährungswissenschaftler haben festgestellt, dass etwa jedes vierte Kind ohne Frühstück in die Schule geht und auch von zu Hause nichts mitbringt, was in der Pause verzehrt werden könnte. Viele haben nur Geld mit. Was dann in der Pause gekauft wird, hat wenig mit einem gesunden Schulfrühstück zu tun. Mit Geld statt Brot und hungrigem Magen erliegen Kinder jeden Tag allzu leicht der süßen Versuchung.

Statt Milch, Vollkornbrot, Käse, Wurst, Obst und Gemüse, die eigentlich zu einem schülergerechten Frühstück und Pausenbrot gehören, werden Weißmehlbrötchen mit süßem Belag, Schokoriegel und anderes Zuckerzeug gegessen sowie zuckerhaltige Säfte getrunken.

Jeder vierte Schüler könnte mehr im Kopf haben, wenn er das Richtige im Magen hätte:

- Bei Jungen und Mädchen wurde ein großer Calcium-Mangel festgestellt.
- Mädchen hatten außerdem zu wenig Eisen und Vitamin B2 im Blut.
- Weiter leiden rund 70 % der Schulkinder unter Mangel an Vitamin B1, welches die Gehirn- und Nerventätigkeit aktiviert.

In vielen Fällen gerät der Start in den Tag zum Fehlstart. Andererseits sind 22 % aller Schulkinder zu dick.

Richtig frühstücken, zu Hause und in der Pause – Tipps für ein vollwertiges Frühstück

- Das Frühstück sollte in Ruhe eingenommen werden. Deshalb rechtzeitig aufstehen! Ein einladend gedeckter Tisch schafft eine gute Stimmung und Appetit! In der Gesellschaft schmeckt es besser. Ideal ist es, wenn die ganze Familie um den Tisch versammelt ist.

- Schluss mit der Eintönigkeit. Also nicht immer nur Brötchen, sondern Brotsorten wechseln. Neben Marmelade und Honig auch Quark, Joghurt, Käse und Obst auf den Tisch bringen. Milchmixgetränke wie Kakao machen müde Geister munter, Milch schmeckt gut mit Cornflakes oder Haferflocken.
- Müsli erfrischt und ist ein echter Fitmacher. Mit Joghurt und Obst, Rosinen und Nüssen sind die kernigen Vollkornflocken verschiedener Getreidesorten eine ausgewogene Kombination aller wichtigen Nährstoffe.
- Das Schulbrot muss appetitlich sein, dann wird es auch gegessen. Es darf nicht riechen (z. B. reifer Käse) und auch nicht austrocknen. Ein frisches Salatblatt verhindert das, ebenso fettdichtes Butterbrotpapier oder ein Brotbehälter. Gemüse zum Knabbern (Möhren, Gurken, Paprika) oder festes Obst wie Äpfel und Bananen erfrischen und sättigen zugleich.

Deftig – Kräftig

So sollte meine Ernährung zu Hause und außer Haus sein:

bedarfsgerecht

bezahlbar

schmackhaft

gesundheitsfördernd

wenig umweltbelastend

„Ich mag noch nicht“

1. Bewertet das Ernährungsverhalten von Sabine und Peter. Vergleicht es mit eurem eigenen Ernährungsverhalten.

2. Startet eine Umfrage an eurer Schule:
Wie ist das Ernährungsverhalten beim 1. und 2. Frühstück in den verschiedenen Jahrgangsklassen?
Stimmt es mit den Ergebnissen der Ernährungswissenschaftler überein?
Präsentiert die Ergebnisse in Form einer Wandzeitung/Collage in der Schule für alle Schüler und gebt Tipps für ein vollwertiges Frühstück.

Die „süße“ Variante

3. Gibt es an eurer Schule auch einen Schülerkiosk?
- Was wird an Speisen und Getränken angeboten?
- Bewertet diese kritisch in Bezug auf ein vollwertiges Schulfrühstück.
- Macht Verbesserungsvorschläge und unterbreitet das Ergebnis der Schulleitung und dem Betreiber des Schülerkiosk.

Knackfrisch und fruchtig

4. Stelle aus einem Frühstücksbuffet für dich ein Frühstück und eine Pausenverpflegung nach den Empfehlungen für ein vollwertiges Frühstück zusammen. Präsentiere das Ergebnis deinen Mitschülern und begründe deine Auswahl.

Imbiss

Fast Food – Essen auf die Schnelle

Fast Food ist ein Trend der letzten Jahre. Der Anteil der Mahlzeiten, die außer Haus eingenommen werden, steigt. Die Fast-Food-Branche macht immer höhere Umsätze. Woran liegt das?
Viele finden Fast Food praktisch. Im Idealfall ist es spontan verfügbar, wenn uns der Appetit überfällt. Fast Food ist „Finger Food". Eine umständliche Tischetikette entfällt. Es darf nach Herzenslust „geschlungen" werden.

Eine Befragung unter deutschen Jugendlichen zeigt allerdings, dass 87 % der jungen Konsumenten Fast Food für ungesund halten. Fast-Food-Gegner sehen darin außerdem einen beklagenswerten Verfall der Esskultur. Der mit Fast Food verbundene Verpackungsaufwand ist ihnen ein Dorn im Auge. Sie fragen skeptisch, welche Zutaten und Zusatzstoffe in das schnelle Essen gelangen.

Was ist Fast Food?

Wörtlich übersetzt bedeutet es „Schnelles Essen", das vor den Augen des Gastes zubereitet wird. Das ist z. B. bei Pommes frites und Currywurst an der Imbissbude oder beim Dönerkebab der Fall. Das Angebot an Fast Food ist sehr vielfältig. Es reicht von den größten Ketten wie McDonalds, Burger King etc. über die Fischbuden, Bäckereistände bis zu den diversen Imbissbuden.

Wie gesund ist Fast Food?

Wie ihr gelernt habt, werden Lebensmittel nach ihrem Gehalt an lebensnotwendigen Nährstoffen sowie Ballaststoffen beurteilt. Eiweiß, Fett und Kohlenhydrate müssen in unserer Ernährung in einem ausgewogenen Verhältnis zueinander stehen. Fett aus Lebensmitteln sollte höchstens 25 % der Tagesenergie liefern, aus Eiweiß sollen ca. 15 % der Energie stammen und die Kohlenhydrate sollen mit etwa 60 % den großen Rest liefern.

Fast Food – wie es häufig ist

Da Fett mehr als doppelt so energiereich wie Eiweiß und Kohlenhydrate ist, lautet die Empfehlung, kleine Mengen Fett, nicht zu viel Eiweiß und so viele wertvolle Kohlenhydrate wie möglich zuzuführen, außerdem reichlich Vitamine, Mineralstoffe und Ballaststoffe.
Der Anteil an Fett ist in den meisten Fast-Food-Speisen sehr hoch. Fett versteckt sich in Wurst, Käse, salzigen Snacks, Keksen, Schokolade und noch mehr in gebratenem, frittiertem Fast Food. Wie viel Fett einzelne Produkte enthalten, wird aus der Tabelle auf S. 53 ersichtlich.

Fast Food: Zwischenmahlzeit oder Hauptmahlzeit?

Als Zwischenmahlzeit gilt eine Mahlzeit, die rund 10 % des Energiebedarfs deckt (ca. 1.000 kJ). Viele Fast-Food-Mahlzeiten liefern aber mehr als 10 % des Energiebedarfs. Von Zwischenmahlzeit kann dann keine Rede sein.

Wenn sie genauso satt machen wie ein richtiges Mittag- oder Abendessen und dazu noch ausgewogen in der Nährstoffzusammensetzung sind – kein Problem. Die meisten schnellen Snacks erfüllen diese Anforderungen jedoch nicht, da ihr Fettgehalt zu hoch ist.

Essen und Trinken haben nicht nur Auswirkungen auf unseren Körper, auf unser Wohlbefinden und unsere persönliche Fitness. Wir beeinflussen mit unserem Essen indirekt auch den Lebensmittelmarkt. Wir entscheiden, woher das Essen kommt, das wir kaufen, wir entscheiden, welcher Verpackungsaufwand getrieben wird. Als Verbraucher bestimmen wir durch unsere Kaufentscheidung, wie sich Essen und Trinken in Zukunft entwickeln.

Fast Food – wie es sein sollte

So fett (oder so mager) ist Fast Food

Lebensmittel	Energiegehalt kJ	Anteil der Energie aus Fett in %
1 Currywurst mit Ketchup und 1 Portion Pommes frites (330 g)	3.268	62
1 Becher Fruchtjoghurt 3,5 % Fett (200 g)	832	29
1 Hamburger (103 g)	1.067	31
1 Big Mäc (212 g)	2.121	54
1 Hot dog	2.037	60
1 Stück Pizza (205 g)	1.999	54
1 gemischter Salat mit Joghurtdressing (450 g) 1 Vollkornbrötchen	1.420	24
1 Baguettebrötchen mit Schinken, Tomate und Salat (202 g)	1.378	31
1 Dönerkebab (290 g)	2.579	49

Quelle: aid „Fast Food", S. 8

1. Schreibe deine Lieblings-Fast-Food-Speisen auf und bewerte sie im Hinblick auf ausgewogene Ernährung.

2. Wie häufig nutzt du als Zwischenmahlzeit oder Hauptmahlzeit diese Fast-Food-Angebote außer Haus?
Stelle dein Ergebnis den Mitschülern vor.

3. Entwickelt Alternativen zu eurem Ernährungsverhalten.

4. Bereitet eine Fast-Food-Mahlzeit zu, die ausgewogen und wohlschmeckend ist.

Verschiedene Fruchtanteile bei Orangensaftgetränken:
1 Fruchtsaft 100 %
2 Fruchtnektar 50 %
3 Fruchtsaftgetränk 6 %
4 Limonade 3 %

Trinken mit Verstand – welche Durstlöscher?

Wasser ist für unseren Körper lebensnotwendig. Man kann wochenlang ohne feste Nahrung auskommen, aber nur drei Tage ohne Flüssigkeit leben. Täglich sollen etwa 2,5 Liter Flüssigkeit aufgenommen werden. Durch Speisen wird meist schon die Hälfte des Bedarfs gedeckt, denn der Wassergehalt der Lebensmittel beträgt etwa 60–70 %. Die andere Hälfte, also ca. 1,5 Liter Flüssigkeit, müssen über Getränke zugeführt werden.

Wie energiereich sind Getränke?

Fruchtsäfte haben einen Fruchtsaftgehalt von 100 %. Bedingt durch den natürlichen Fruchtzuckergehalt liegt der Energiegehalt hoch, z. B. enthält 1 Glas Apfelsaft oder Orangensaft (200 ml) 22 g Fruchtzucker = 380 kJ.

Fruchtnektare müssen je nach Fruchtsorte 25-30 % Fruchtsaft enthalten. Es ist erlaubt, bis zu 20 % Zucker zuzusetzen. Der Mindestfruchtgehalt und eine eventuelle Herstellung aus Fruchtsaftkonzentrat sind auf dem Etikett anzugeben. Der Energiewert ist durch die Zugabe von Zucker sehr hoch, z. B. enthält 1 Glas Aprikosennektar (200 ml) 28 g Fruchtzucker und zugesetzten Zucker = 480 kJ. Diät-Fruchtnektare werden anstelle von Zucker mit Süßstoff gesüßt.

Fruchtsaftgetränke bestehen insbesondere aus Trinkwasser, Fruchtsaft, natürlichen Fruchtaromen und Zucker. Der Mindestfruchtsaftgehalt beträgt 6-30 % je nach Fruchtsaftart. Über die Zusammensetzung gibt die Zutatenliste Auskunft.

Limonaden bestehen aus Trink-, Mineral- oder Quellwasser, mit oder ohne Kohlensäure, aus natürlichen Aromen und einem Zuckergehalt von mindestens 7 %. Eine Begrenzung nach oben gibt es nicht. Limonaden dürfen mit Farbstoffen gefärbt sein. **Cola**-Getränke müssen die Aufschrift „koffeinhaltig" tragen. 1 Glas Cola und 1 Glas Limonade (je 300 ml) enthalten jeweils 36 g Zucker = 530 kJ. Beide haben durch den hohen Zuckerzusatz einen hohen Energiewert.

INFO

Geeignete Getränke sind energiearme Getränke wie Tee und Mineralwasser sowie vitamin- und mineralstoffreiche Getränke wie Fruchtsaft, möglichst mit Wasser verdünnt und fettarme Milch, Buttermilch usw.

Ungeeignete Getränke sind energiereiche, vitamin- und mineralstoffarme Getränke wie Cola-Getränke, Limonaden, Fruchtsaftgetränke.

1. Sammelt eure Lieblingsgetränke und bewertet sie im Hinblick auf den Zucker- und Energiegehalt.

2. Macht eine Ausstellung in eurer Schule zum Thema Durstlöscher.
- a) Vergleicht bei Orangengetränken die verschiedenen Lebensmittelkennzeichnungen und veranschaulicht sie auf einem Plakat.
- b) Veranschaulicht den Zuckergehalt der verschiedenen Getränke durch Würfelzucker. 2 Würfelzucker = 3 g.
- c) Stellt einen Preis- und Geschmacksvergleich an.
- d) Schlagt ausgewogene Alternativen mit weniger Zucker vor.

3 Rezepte

Kartoffelauflauf mit Gemüse (4 Personen)

Menge/Zutaten	Arbeitsschritte/Arbeitsgeräte
800 g mehlig kochende Kartoffeln	schälen, halbieren und in Salzwasser gar kochen. Abgießen und mit
300 ml Butter- oder Vollmilch	zerstampfen, bis ein gleichmäßiges Püree entstanden ist. Masse mit
Pfeffer, Muskat, Majoran, Jodsalz	würzen.
Butter für die Form	Feuerfeste Form mit Butter einfetten, Kartoffelbrei an den Rand verteilen und mit Mustern verzieren.
4 Eier, Pfeffer, Muskat, Salz 100 ml Buttermilch	verquirlen
200 g Frühlingszwiebeln oder Porree (Lauch), 100 g Möhren	Gemüse waschen, putzen und in sehr feine Streifen schneiden, unter die Eimasse rühren. Mischung in die Mitte der Form geben. Im vorgeheizten Backofen bei 200° C etwa 20 Min. backen, bis die Eimasse gestockt ist.

Kartoffelauflauf mit Gemüse

Nudelauflauf mit Putenbrust (4 Personen)

Menge/Zutaten	Arbeitsschritte/Arbeitsgeräte
250 g Vollkornnudeln z. B. Spiralen	in reichlich kochendem Salzwasser gar kochen, abgießen und gut abtropfen lassen.
500 g Sauerkraut	auf ein Sieb geben, kurz unter fließendem Wasser abspülen, damit es an Schärfe verliert.
1 Zwiebel	fein würfeln
200 g geräucherte Putenbrust	würfeln Nudeln, Zwiebel und Putenbrust vermengen
2 Eier 250 ml Buttermilch 2 El Mehl jodiertes Speisesalz, Pfeffer	Alles verrühren, unter die Sauerkraut-Nudel-Masse heben. In eine gefettete Auflaufform füllen und im Backofen bei 180° C etwa 30 Min. backen.

Nudelauflauf

Milchmix „Topfit" (2 Personen)

Menge/Zutaten	Arbeitsschritte/Arbeitsgeräte
Saft von 2 Orangen 1 kleine Banane 300 ml Buttermilch 2 TL Honig	Alle Zutaten im Mixer verquirlen.

Milchmix

Quelle: aid-Broschüre „Fit für den Sport – durch richtige Ernährung"

Zutaten für eine Rohkostplatte

Salatfondue – eine gesellige Art gesund zu essen

1. Rohkostplatte (4 Personen)

Menge/Zutaten	Arbeitsschritte/Arbeitsgeräte
1/2 grüne Gurke 2 Tomaten einige Radieschen 1 Paprikaschote 2 Möhren	Gemüsesorten je nach Jahreszeit und Angebot verwenden
1/4 Kopf Eisbergsalat	Alle Zutaten waschen, evtl. schälen, vierteln, in feine Scheiben oder Streifen schneiden. Auf einer Salatplatte nebeneinander anordnen.
2 EL Kräuteressig 3 EL kaltgepresstes Olivenöl 1/2 TL Salz 1 TL Zucker etwas gemahlener Pfeffer	Aus den Zutaten eine Salatsoße rühren und über die Salatplatte gießen.

Dazu verschiedene Soßen reichen:

Joghurt-Soße

2. Salatsoßen für alle Gruppen zur Auswahl

Kurländische Soße (4 Personen)

Menge/Zutaten	Arbeitsschritte/Arbeitsgeräte
2–3 EL süße Sahne 1–2 EL Zitronensaft 2–3 EL Öl Salz, Zucker, Pfeffer, feingeschnittener Dill	Alle Zutaten verrühren, in einem Glasschälchen anrichten.

Tomatencreme-Soße (4 Personen)

Menge/Zutaten	Arbeitsschritte/Arbeitsgeräte
2–3 EL Tomatenketchup 2–3 EL Öl 1 Joghurt 1 EL Zitronensaft Salz, 1 Pr. Zucker, Pfeffer, Paprika, Cayennepfeffer	Alle Zutaten verrühren, in einem Glasschälchen anrichten.

Joghurt-Soße (4 Personen)

Menge/Zutaten	Arbeitsschritte/Arbeitsgeräte
1 Messerspitze Senf 2 EL Öl 1 Joghurt 1–2 EL Zitronensaft Salz, Zucker, Kräuter: Petersilie, Schnittlauch, Dill	Alle Zutaten verrühren, in einem Glasschälchen anrichten.

3. Kräuterquark (4 Personen)

Menge/Zutaten	**Arbeitsschritte/Arbeitsgeräte**
250 g Kräuterquark 5 EL Buttermilch Salz, Pfeffer 1 Bund Schnittlauch	Schnittlauch in feine Röllchen schneiden. Alle Zutaten verrühren, in einem Glasschälchen anrichten.

Kräuterquark

4. Blechkartoffeln (4 Personen)

Menge/Zutaten	**Arbeitsschritte/Arbeitsgeräte**
1 kg Kartoffeln, am besten neue Kartoffeln	Gründlich waschen, abbürsten, quer halbieren, Schnittfläche mit
Öl zum Bepinseln, Kümmel	Öl bepinseln und mit Kümmel bestreuen. Kartoffeln auf Backtrennpapier setzen, Oberfläche dünn mit Öl bepinseln und mit Salz bestreuen. 30 Min. im Backofen bei 200° C backen.

Ausgewogene Fast-Food-Mahlzeit: Chefsalat (4 Personen)

Menge/Zutaten	**Arbeitsschritte/Arbeitsgeräte**
2 Möhren 1 rote Paprika 1/2 grüne Gurke 2 Tomaten 1/2 Eisbergsalat	waschen, schälen, waschen, vierteln, in Scheiben oder Streifen schneiden, in eine flache Salatschüssel geben.
Eine Salatsoße 1/2 TL Senf 1 EL Kräuteressig 1 EL ÖL 100 g Dickmilch Salz, Pfeffer, Zucker	zubereiten und über die Zutaten gießen
100 g Champignons	in Scheiben schneiden, unterheben
2 Eier	hart kochen, abpellen, vierteln, auf den Salat geben.
100 g Käsescheiben 100 g gekochter Schinken	in Streifen schneiden, diagonal über den Salat legen.
1/2 Bund Schnittlauch	in feine Röllchen schneiden
1/2 Bund Petersilie	fein hacken, über den Salat streuen.
	Dazu Vollkornbrötchen oder Roggenbaguette servieren.

Chefsalat

Am Ende dieses Kapitels sollst du
- die sieben Lebensmittelgruppen nennen und ihre Bedeutung für die vollwertige Ernährung erklären können (Ernährungskreis, Ernährungspyramide etc.),
- die Nährstoffe (energieliefernde, nichtenergieliefernde) und weitere Inhaltsstoffe nennen und ihre Bedeutung für die Gesundheit und Leistungsfähigkeit beschreiben können,
- den Grund- und Leistungsumsatz des menschlichen Körpers erklären können,
- den Nährstoff- und Energiegehalt von Lebensmitteln anhand der Nährwerttabelle bestimmen können,
- Nährstoffe in Lebensmitteln anhand ihrer küchentechnischen Eigenschaften erkennen können,
- Ernährungsempfehlungen und -regeln verschiedener Organisationen erklären können,
- Lebensmittel im Hinblick auf ihren Gesundheitswert und ihren Beitrag zu einer ausgewogenen Ernährung beurteilen können,
- über dein eigenes Essverhalten reflektieren können,
- Tagesspeisepläne anhand der Kriterien für eine vollwertige Ernährung bewerten können.

Mit den folgenden Aufgaben kannst du überprüfen, ob du diese Kompetenzen erworben hast:

1. Nenne die sieben Lebensmittelgruppen des Ernährungskreises mit ihren Hauptnähr- und Inhaltsstoffen. Ordne den einzelnen Gruppen je fünf typische Lebensmittel zu.

2. Erkläre die Bedeutung der Lebensmittelgruppen für eine vollwertige Ernährung und gib Tipps für die Nahrungsauswahl.

3. Nenne die symbolischen Farben der Nährstoffe.

4. „Der Mensch ist, was er isst". Übertrage die nebenstehende Figurine in dein Heft und stelle an ihr dar, aus welchen Nährstoffen der Mensch anteilmäßig besteht. Beschreibe, wie viel er täglich davon zu sich nehmen muss, um gesund zu bleiben.

5. Ordne die einzelnen Nährstoffe den drei Aufgabengruppen Baustoffe, Brennstoffe, Schutz- und Reglerstoffe zu. Erläutere die einzelnen Aufgaben im menschlichen Körper.

6. Grundumsatz ist der Energiebedarf bei völliger Ruhe im Liegen. Er ist je nach Alter, Körperbau und Geschlecht unterschiedlich. Erkläre, wofür der Mensch auch während des Schlafens Energie benötigt.

7. Der Leistungsumsatz eines jeden Menschen wird durch seine Muskeltätigkeit bestimmt (Arbeitsleistung), aber auch durch die jeweilige Umgebungstemperatur. Er ist je nach körperlicher oder geistiger Tätigkeit unterschiedlich.
Begründe:
a) Warum schmeckt uns wohl im Winter ein deftiges Essen, z. B. Grünkohl mit Kohlwurst besonders gut?
b) Warum benötigt ein Jugendlicher mit vorwiegend sitzender Tätigkeit weniger Energie als ein Schüler, der sich viel bewegt, z. B. Rad fährt oder viel Sport treibt?
c) Warum wird heute gesunde Ernährung mit Bewegung an Schulen gefordert?
d) Warum ist die leichte südländische Küche bei uns so beliebt geworden?

Sitzende Tätigkeit

Sport

8. Beschreibe, an welchen Eigenschaften du folgende Nährstoffe bei der Speisenzubereitung erkennen kannst:
a) Eiweiß,
b) Fett,
c) Zucker,
d) Stärke,
e) Wasser.

9. Suche aus der Nährwerttabelle (S. 43) zu jeder Lebensmittelgruppe einen Nährstoffvertreter heraus, der wenig Energie enthält.

10. Begründe, warum man das erste Frühstück „ein Sprungbrett in den Tag" nennt.

11. Mache einen Vorschlag für einen wohlschmeckenden, vollwertigen Snack als Pausenverpflegung und ein geeignetes Getränk dazu.

12. Erkläre den Grundsatz einer vollwertigen Ernährung „Lasst die Nahrung so natürlich wie möglich" (Kollath) an Beispielen aus den sieben Lebensmittelgruppen.

13. Die Deutsche Gesellschaft für Ernährung (DGE) hat zehn Regeln für genussvolle und gesunde Ernährung formuliert. Informiere dich im Internet unter www.dge.de über die zehn Regeln und überprüfe, welche Regeln du davon bereits einhältst. Bewerte dein eigenes Essverhalten.

14. Stelle auf der Grundlage der Empfehlungen für eine vollwertige Lebensmittelauswahl nach den Wertstufen und den Tipps für die Nahrungsauswahl (siehe S. 44) einen Speiseplan für einen Tag für deine Familie zusammen (leichte, körperliche Arbeit). Begründe deine Auswahl.

Bio-Fleisch

III Lebensmittelqualität und Konsumentscheidungen

In diesem Kapitel erhaltet ihr Hilfen für einen gesundheits- und verbraucherbewussten Einkauf. Ihr lernt die gesetzlich vorgeschriebene Lebensmittelkennzeichnung kennen sowie die unterschiedlichen Funktionen der Zusatzstoffe in industriell verarbeiteten Lebensmitteln. Ihr vergleicht die Qualität von vorgefertigten Produkten mit entsprechenden selbst hergestellten Speisen und verarbeitet möglichst regionale und saisonale Lebensmittel. Ihr nutzt verschiedene Informationsquellen zum Verbraucherschutz und zur Lebensmittelsicherheit. Ihr lernt die sachgemäße Vorratshaltung kennen und macht Früchte der Saison mit verschiedenen Konservierungsmethoden haltbar.

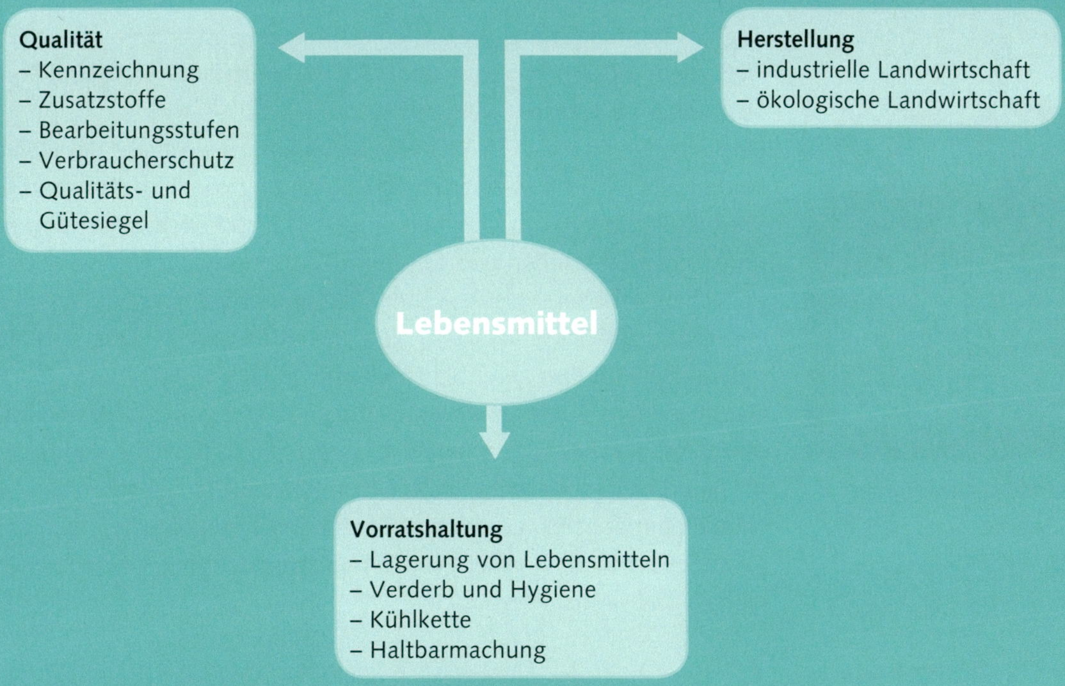

1 Orientierungshilfen für einen gesundheits- und verbraucherbewussten Einkauf

INFO

Tipps für einen überlegten Einkauf:
- Plane jeden Einkauf sorgfältig. Überlege und notiere, was in welchen Mengen und zu welchem Zweck benötigt wird.
- Ratsam ist es, sich bereits vorher über Angebote und Preise zu informieren, z. B. durch Hauswurfzettel.
- Gehe nicht hungrig einkaufen und kaufe nicht in Eile.
- Lies die Aufschriften auf den Verpackungen gründlich.
- Vergleiche Preise. Im Supermarkt stehen preiswerte Waren meist unten, die teuren in Augenhöhe.

Lebensmittelkennzeichnung an frischer Ware

Lebensmittelkennzeichnung

Ziel einer vollwertigen Ernährung ist es, aus allen sieben Nahrungsmittelgruppen möglichst unbehandelte, wenig verarbeitete Nahrungsmittel zu sich zu nehmen. Darum müssen wir das Nahrungsmittelangebot kritisch auf seine Qualität überprüfen. Die gesetzlich vorgeschriebenen Lebensmittelkennzeichnungen bieten dabei gute Informationsmöglichkeiten und sind eine Hilfe für Kaufentscheidungen.

Lebensmittelkennzeichnung bei frischer, unverpackter Ware
Bei Frischobst und Frischgemüse ist die Angabe von **Handels- bzw. Güteklassen** vorgeschrieben. Sie informieren den Verbraucher über die äußere Qualität der Ware, über Größe, Form, Gewicht und Aussehen eines Produktes:
Handelsklasse „Extra" – auserlesene Ware,
Handelsklasse I – hochwertige Ware,
Handelsklasse II – gute Ware.

Handelsklassen geben keine Auskunft über den Gesundheitswert der Ware. Makellose Früchte können mehr Rückstände an Düngemitteln und Schädlingsbekämpfungsmitteln enthalten als weniger ansehnliche, kleine Früchte. Außerdem müssen Angaben über das **Herkunftsland, Sorte und Preis pro Stück oder kg** gemacht werden.
Eine wichtige Information für Verbraucher kann die Angabe des Herkunftslandes sein. Es ist für eine vollwertige Ernährung von Bedeutung, woher die Produkte kommen, ob sie einen langen Transportweg hinter sich haben, unreif geerntet wurden und erst beim Transport nachgereift sind (z. B. bei Pfirsichen, Erdbeeren). Die weiten Transportwege sind ökologisch kaum vertretbar, der Geschmack und die Qualität der Inhaltsstoffe sind nicht so gut wie bei natürlich gereiften Früchten.
Darum gilt eine Regel für die vollwertige Ernährung: **Regional und saisonal einkaufen!** Heimische Produkte der Jahreszeit entsprechend sind preisgünstig, naturgereift und schmackhaft. Bauernhofläden oder Wochenmarktstände werden immer beliebter. Man weiß, woher die Produkte kommen und wie sie angebaut werden. Aber auch in Supermärkten findet man reichlich regionale und saisonale Produkte!

1. Begründet, warum regionale Produkte den ausländischen Produkten vorgezogen werden sollten.

2. Stellt eine Liste von Märkten/Läden in eurer Nähe zusammen, wo regionale und saisonale Produkte angeboten werden.

Lebensmittelkennzeichnung bei frischer, verpackter Ware

Bei verpackten Kartoffeln, Frischobst und Frischgemüse in Beuteln oder Folie müssen laut Kennzeichnungsverordnung folgende Angaben zur Verbraucherinformation gemacht werden:

- Name oder Firma und Anschrift des Verpackers oder Verkäufers,
- Verkehrsbezeichnung, z. B. Speisekartoffeln, Obstsorte,
- Stückzahl oder Einfüllgewicht in kg,
- Ursprungsland, Anbaugebiet,
- Handelsklasse, z. B. bei Kartoffeln „Extra"oder „I".

Auch hierbei gilt: Ware aus der heimischen Region bevorzugen und dem Verwendungszweck entsprechend einkaufen.

Ein anderes Beispiel für Qualitätskennzeichen von frischer, verpackter Ware sind die **Güte- und Gewichtsklassen bei Eiern**. Güteklassen geben Auskunft über die Frische der Eier: Güteklasse A: „frisch"; Güteklasse B: „zweite Qualität oder haltbar gemacht". Innerhalb der Güteklassen werden Eier nach sieben Gewichtsklassen sortiert. Häufig angeboten werden Klasse 3 (L): etwa 60 g; Klasse 4 (M): etwa 55 g; Klasse 5 (S): etwa 50 g. Zusätzlich muss auf dem Eierkarton die Kennnummer der Packstelle und das Verpackungsdatum angegeben sein.

Lebensmittelkennzeichnung bei frischer, verpackter Ware

Qualitätskennzeichnung bei Eiern

Lebensmittelkennzeichnung bei verpackten Produkten

Qualität und genaue Menge sind bei verpackten Produkten oft nicht zu erkennen. Deshalb schreibt die Lebensmittelverordnung vor, dass auf einer verpackten Ware genaue Angaben über das Produkt gut sichtbar angebracht werden müssen. Diese Kennzeichnung soll den Verbraucher vor Täuschungen und gesundheitlichen Schäden schützen. Folgende Angaben sind Pflicht:

- Verkehrsbezeichnung,
- Mengenangabe,
- Zutatenliste,
- Mindesthaltbarkeitsdatum und
- Name und Anschrift des Herstellers.

① **Verkehrsbezeichnung**
z. B. Markenname

② **Mengenangabe**
Füllgewicht, Abtropfgewicht

③ **Zutatenliste**
Die Reihenfolge der Zutaten muss den Gewichtsanteilen entsprechen.

④ **Mindesthaltbarkeitsdatum**

⑤ **Name und Anschrift des Herstellers**

Ein großes Problem beim Einkauf stellt die Zutatenliste dar. Die verwendeten Fachbegriffe für Zusatzstoffe und vor allem die E-Nummern sind kaum verständlich. Viele Menschen reagieren auf bestimmte Zusatzstoffe allergisch. Hier hilft nur, sich ein Verzeichnis der E-Nummern mit Erklärungen bei der Verbraucherberatungsstelle zu besorgen und wenig verarbeitete Nahrungsmittel zu bevorzugen.

1. Erklärt an ausgewählten Produkten die Lebensmittelkennzeichnung. Was sagen die Aufschriften auf den Etiketten über die Qualität der Nahrungsmittel aus?

2. Informiert euch! Was bedeuten die Nummern: E 104, E 210, E 250, E 420?

INFO

E-Nummern und ihre Bedeutung
„E“ stand ursprünglich für „Europa“ und ist ein internationaler Code, der angibt, dass ein bestimmter Zusatzstoff enthalten ist. Da die chemischen Namen manchmal sehr lang sind und international unterschiedlich geschrieben werden, verwendet man die E-Nummern als eine Art Kurzschrift.

Eine Vielfalt an Produkten

Industriell vorgefertigte Lebensmittel – bequem, aber nicht vollwertig

Seit es bei uns immer mehr Haushalte gibt, in denen Mann und Frau berufstätig sind oder nur eine einzelne Person lebt, nimmt das Angebot an bequemen Fertiggerichten enorm zu. Da gibt es eine große Auswahl an tiefgekühlten fertigen Mahlzeiten, Fertigsuppen und -soßen, fertigen Eintöpfen und auch Konservendosen, die eine vollständige Mahlzeit zum Aufwärmen enthalten.

Sie werden **„Convenience-Produkte“**, also **„Bequemlichkeitsprodukte“**, genannt. Man wird bestimmt nicht gleich krank, wenn man in der Eile einmal ein Fertiggericht verzehrt. Häufig darf man solche fertigen Mahlzeiten aber nicht verwenden, denn sie sind alles andere als nach den Grundsätzen vollwertiger Kost zusammengestellt und verarbeitet. Insbesondere enthalten sie keine Frischkost und andere möglichst naturbelassene Lebensmittel, denn diese werden bei der industriellen Verarbeitung entwertet.

Außerdem werden den vorgefertigten Lebensmitteln zwar erlaubte, aber nicht unbedenkliche **Lebensmittelzusatzstoffe** zugefügt.

- Sie werden verwendet, um die geschmacklichen Eigenschaften und das Aussehen zu beeinflussen, z. B. durch **Farb- und Aromastoffe, Geschmacksverstärker, Süßstoffe**.
- Um den Gehalt an bestimmten Inhaltsstoffen zu erhöhen, werden z. B. **Vitamine** zugesetzt.
- Um die Haltbarkeit zu verlängern, werden **Konservierungsstoffe und Antioxidationsmittel** zugefügt.
- Die industrielle Lebensmittelverarbeitung wird vereinfacht bzw. erst ermöglicht durch den Zusatz von **Emulgatoren, Stabilisatoren, Verdickungs- und Säuerungsmittel**.

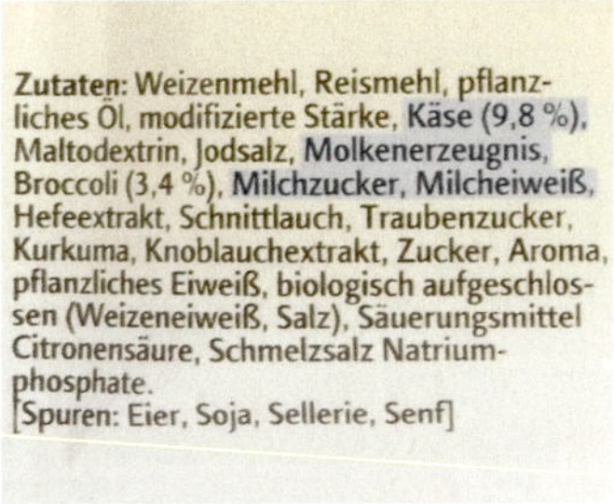
Zutaten: Weizenmehl, Reismehl, pflanzliches Öl, modifizierte Stärke, Käse (9,8 %), Maltodextrin, Jodsalz, Molkenerzeugnis, Broccoli (3,4 %), Milchzucker, Milcheiweiß, Hefeextrakt, Schnittlauch, Traubenzucker, Kurkuma, Knoblauchextrakt, Zucker, Aroma, pflanzliches Eiweiß, biologisch aufgeschlossen (Weizeneiweiß, Salz), Säuerungsmittel Citronensäure, Schmelzsalz Natriumphosphate.
[Spuren: Eier, Soja, Sellerie, Senf]

Zutatenliste eines Fertigproduktes

1. Informiert euch vertiefend über die aufgeführten und weitere Lebensmittelzusatzstoffe. Fertigt eine Übersicht an.
   a) Welche Aufgaben haben sie?
   b) Mit welchen E-Nummern werden sie gekennzeichnet?
   c) Bei welchen Produkten werden sie verwendet?

Durch den Einsatz von Zusatzstoffen wird eine scheinbare Qualität erzeugt, die die eingesetzten Zutaten selbst nicht hervorbringen. Natürliche Lebensmittel werden so verfremdet, dass ihr Ursprung nicht mehr oder kaum noch erkennbar ist. Beispielsweise werden die meisten Fruchtjoghurts mit Aromastoffen hergestellt, weil die verwendeten Früchte in der zugegebenen Menge offensichtlich nicht die gewünschte Geschmacksintensität besitzen. Fertiggerichte enthalten oft viel Kochsalz. Der hohe Salzgehalt überdeckt den Eigengeschmack der Speisen. In Würzmischungen ist Kochsalz häufig der wesentliche Bestandteil. Zu viel Salz kann zu Bluthochdruck führen, der Geschmackssinn stumpft ab. Außerdem enthalten viele Fertigprodukte zu viel Fett, z. B. Pizzen, Aufläufe, Fleischgerichte. Fett ist Geschmacksträger.

Verschiedene Bearbeitungsstufen

Verschiedene Bearbeitungsstufen

Wer gerne Kartoffelpuffer isst, kann sie sich frisch aus geriebenen Kartoffeln zubereiten oder als Tütenprodukt kaufen, das nur noch angerührt und gebraten werden muss oder aber als fertiges tiefgefrorenes Produkt verarbeiten, das nur noch erhitzt werden muss. Je mehr Arbeitsschritte der Verbraucher dem Hersteller überlässt, desto höher ist der Verarbeitungsgrad. Man unterscheidet:

1. Teilfertige Produkte

- **Küchenfertige Produkte**, bei dem die Vorbereitung der Nahrungsmittel abgenommen wurde, z. B. Tiefkühlgemüse. Im Sinne der vollwertigen Ernährung und unter dem Aspekt der Zeitersparnis sind küchenfertige Produkte durchaus vertretbar, da sie wenig bearbeitet wurden, meist keine Zusatzstoffe enthalten und noch selber zubereitet und durch frische Zutaten aufgewertet werden können.
- **Garfertige Produkte**, die bereits mit Zutaten vermengt wurden und zum Teil vorgegart sind, z. B. Tütensuppen, Kartoffeltrockenprodukte.
- **Zubereitungsfertige Produkte**, die fertig zubereitet und bereits vorgegart oder fertig gegart und abgeschmeckt sind, z. B. Tiefkühl- und Dosenfertiggerichte.

2. Verzehrfertige Produkte, die sofort gegessen werden können, z. B. Fertigpudding, Fertigkuchen, Speiseeis, Apfelsaftschorle, Müsliriegel, Snacks.

1. Vergleicht industriell vorgefertigte mit selbst hergestellten Speisen. Stellt dabei einen Zeit-, Preis- und Qualitätsvergleich (Beschaffenheit, Geschmack, Aussehen) an. Rezeptvorschlag: Kartoffelpuffer mit Apfelmus, siehe S. 78/79.

2. Überprüft nach eurem Zeit-, Preis- und Qualitätsvergleich die aufgeführten Vor- und Nachteile der bequemen Küche. Treffen sie auf euer Produkt zu?

3. Stellt ergänzend die Vor- und Nachteile der Frischprodukte dar.

INFO

Bequeme Küche – Vor- und Nachteile

+ Fertigprodukte bieten eine Zeitersparnis.
+ Sie sind unabhängig von der Jahreszeit immer verfügbar.
+ Sie ermöglichen ein bequemes Einkaufen und Kochen, ohne Rezept und Einkaufsliste für die Zutaten.
+ Sie gelingen sicher, Kochwissen ist kaum gefragt.
– Der typische Eigengeschmack des selbst Gekochten ist in Fertigprodukten nicht vorhanden.
– Das ursprüngliche Lebensmittel ist oft nicht mehr zu erkennen.
– Geschmack, Beschaffenheit und Farbe sind stark vereinheitlicht.
– Sie sind meist teurer als Frischprodukte.

Verbraucherschutz und Lebensmittelsicherheit

B Karin ist allergisch gegen Konservierungsstoffe, das hat der Arzt festgestellt. Jedes Mal, wenn sie vorgefertigte Salate oder bestimmte Fertigprodukte isst, bekommt sie Durchfall. Deshalb ist sie darauf angewiesen, dass sie weiß, in welchen verpackten Produkten diese Zusatzstoffe enthalten sind. Sie hat sich bei der Verbraucherberatungsstelle eine Broschüre über die „Zusatzstoffe in Lebensmitteln“ besorgt und sich die E-Nummern herausgeschrieben, die für Konservierungsstoffe stehen. Sie achtet auch auf die Aufschrift „ohne Zusatz von Konservierungsstoffen“.

INFO

Bausteine des Lebensmittelrechts sind:
- Gesetz über den Verkehr mit Lebensmitteln
- Verordnung über die Zulassung von Zusatzstoffen
- Verordnung über die Bestrahlung von Lebensmitteln
- Lebensmittelkennzeichnungsverordnung
- Verordnung über vitaminisierte Lebensmittel
- Verordnung über einzelne Lebensmittel wie z. B. Fleisch und Fisch, Eier und Eierprodukte, Milch und Fett, Getreide, Brot, Gemüse

Informationsquellen

Fachkundige Hilfe lohnt sich – man muss nur wissen, wo man sie erhält! Wichtige Informationsquellen sind die Verbraucherberatungsstellen, die es in allen größeren Orten gibt. Dort kann man sich zu allen Problemen des Verbraucherschutzes und der Lebensmittelsicherheit beraten lassen und Informationsmaterialien nutzen, z. B. Broschüren, die Zeitschriften „Stiftung Warentest“ und „Öko Test“. **Verbraucherberatungsstellen** sind öffentliche Einrichtungen, bei denen sich jeder Verbraucher kostenlos oder gegen eine geringe Gebühr unparteiisch beraten lassen kann.

Gesetze und Verordnungen zum Schutz des Verbrauchers

Bei der Vielfalt der Produkte und den unterschiedlichen Qualitätsmerkmalen kann der Verbraucher nicht umfassend fachkundig sein. Deshalb ist der Verbraucherschutz in Deutschland, wie überall in Europa, gesetzlich festgeschrieben. Es gibt Gesetze und Verordnungen, die sicherstellen, dass nur gesundheitlich unbedenkliche Produkte auf dem Markt sind. Außerdem soll der Verbraucher nicht getäuscht werden. Dafür gibt es das Lebensmittelrecht, das Eichgesetz und das Preisauszeichnungsgesetz.

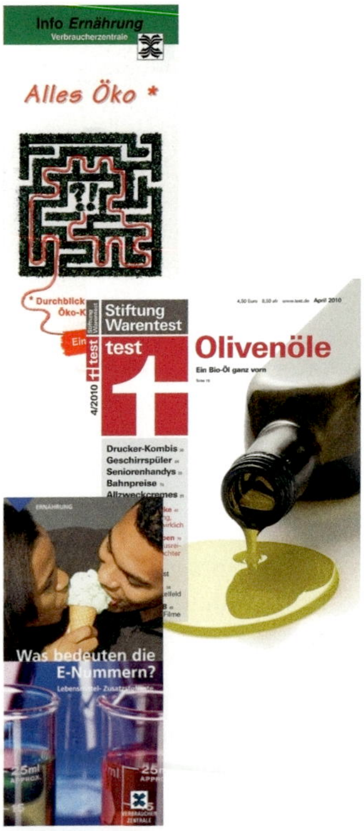

Informationsquellen

1. Informiert euch bei der Verbraucherberatungsstelle über die Inhalte der Bausteine des Lebensmittelrechts.

2. Welche Aufgaben übernehmen die Verbraucherberatungsstellen? Organisiert einen Besuch oder informiert euch auf anderem Wege, z. B. über das Internet unter www.verbraucherzentrale-niedersachsen.de.

3. Informiert euch über die Vorgehensweise zur Produktprüfung der Zeitschriften„ Stiftung Warentest“ unter www.test.de sowie „Ökotest“ unter www.oekotest.de bei einem vergleichbaren Produkt. Beurteilt die unterschiedliche Vorgehensweise.

4. Erklärt die Notwendigkeit des Verbraucherschutzes an aktuellen Beispielen des Lebensmittelrechts aus dem Internet.

Qualitäts- und Gütesiegel zur Verbraucherinformation

Neben der gesetzlich vorgeschriebenen Kennzeichnung von Lebensmitteln gibt es auf den Lebensmittelverpackungen eine Vielzahl an Qualitäts- und Gütesiegeln, Herkunftszeichen und Symbolen. Sie rufen bei den Konsumenten automatisch Qualitätserwartungen hervor und werden gerne zu Werbezwecken eingesetzt.

Markenzeichen: Ein besonderes Markenzeichen ist die „Deutsche Markenbutter“, die als Qualitätssiegel den Bundesadler trägt. Die Produkte müssen in Bezug auf Geschmack, Wasserverteilung und Streichfähigkeit höchsten Ansprüchen genügen, was amtlicherseits regelmäßig überprüft wird.

DLG-Gütezeichen: Die Deutsche Landwirtschaftsgesellschaft (DLG) überprüft die Qualität bestimmter Produkte. Bewertet werden dabei Geschmack, Geruch, Aussehen und Beschaffenheit der Lebensmittel. Das Zeichen dient vorwiegend der Absatzförderung von Landwirten und Händlern.

Fair-Handels-Zeichen: Beim fairen Handel kaufen die Abnehmer direkt beim Erzeuger in Entwicklungsländern. Sie zahlen faire Preise, garantieren feste Abnahmeverträge und fördern mit umweltverträglichen Anbausystemen die Existenz der Kleinbauern. Wer fair gehandelte Produkte kauft, unterstützt das Verbot von Kinderarbeit und die Zahlung von Tariflöhnen.

EU-Bio-Logo: Seit Juni 2010 müssen alle verpackten Bioprodukte, die innerhalb der EU hergestellt werden, dieses Zeichen tragen. Es garantiert die Einhaltung der EG-Öko-Verordnung wie Gentechnikfreiheit, artgerechte Tierhaltung oder Verzicht auf chemisch-synthetische Pflanzenschutz- und Düngemittel.

BIO-Siegel: Das staatliche Biosiegel wurde bereits 2001 in Deutschland eingeführt. Es kennzeichnet ökologisch erzeugte Produkte, die in Deutschland verkauft werden. Das deutsche Biosiegel kann, neben den Zeichen der Anbauverbände wie Demeter oder Bioland, gemeinsam mit dem Europäischen Logo zur Kennzeichnung von Lebensmitteln verwendet werden.

Logo „Ohne Gentechnik“: Seit dem 10. August 2009 gibt es in Deutschland ein einheitliches Logo „Ohne Gentechnik“. Es ist eine freiwillige Kennzeichnung, die bei tierischen Lebensmitteln wie Fleisch, Eiern, Milch genutzt werden kann, wenn die Tiere ausschließlich ohne Genpflanzen gefüttert werden.

1. Erkundet im Supermarkt oder bei einer Handelskette die Qualitäts- und Gütesiegel für Lebensmittel und notiert die Produkte. Stellt die Ergebnisse der Klasse vor und diskutiert ihren Nutzen für den Verbraucher.

Getreideverschwendung durch Fleischproduktion

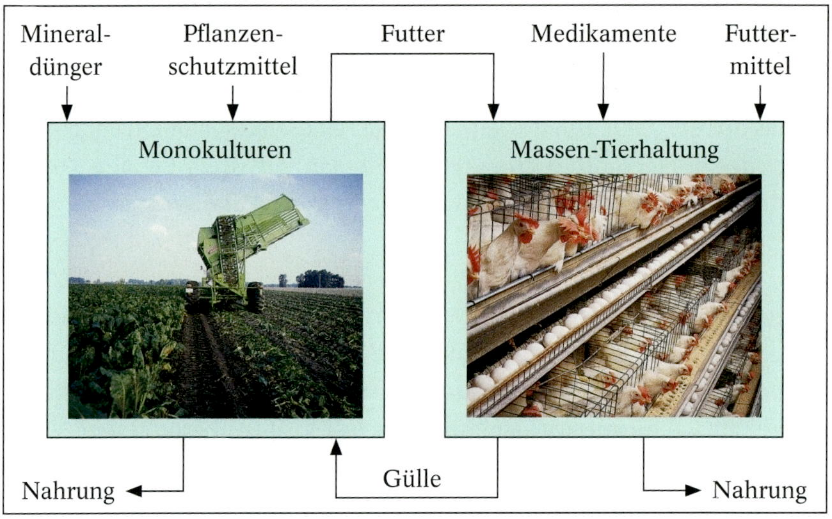

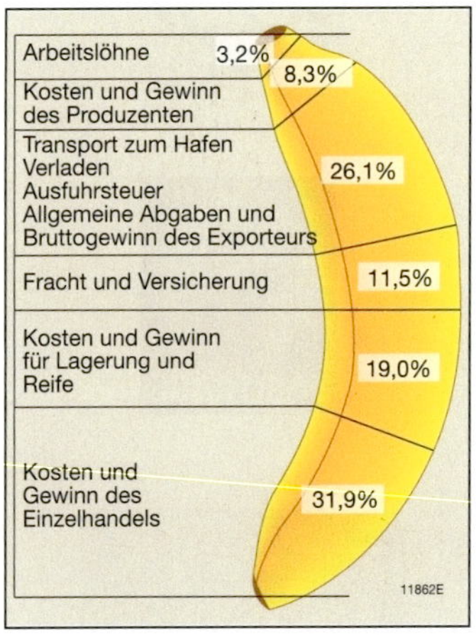

Kosten einer Banane

Industrielle und ökologische Landwirtschaft im Vergleich

Industrielle Landwirtschaft

Charakteristisch für eine industriell geprägte Landwirtschaft sind der große Geräteeinsatz, die Nutzung großer Stallanlagen bei der Viehzucht und das Verwenden technisch hoch entwickelter Stalleinrichtungen. Um die Produktivität des Agrarbetriebes zu steigern und international konkurrenzfähig zu sein, wird die Erzeugung rationalisiert.

Die **intensive Bewirtschaftung** mit nur zwei bis drei Kulturen pro Betrieb laugt die Böden aus. Um dem entgegenzuwirken, wird intensiv gedüngt. Großflächige Kulturen sind gegenüber Schädlingsbefall oder Krankheiten anfälliger. Dies führt zu einem hohen Einsatz an Pflanzenschutzmitteln. Die **Spezialisierung** in der Tierhaltung hat ebenfalls weitreichende Folgen. Es werden nur Tiere einer Art in großer Anzahl in Intensivhaltung aufgezogen. Dies begünstigt Krankheiten, denen man mit Medikamenten vorbeugt. Die in großen Mengen anfallende Gülle kann zum Problem werden. Sie wird als Düngemittel ausgebracht, entspricht aber nicht dem herkömmlichen Stallmist. Sie kann besonders leicht in das Erdreich sickern und das Grundwasser verseuchen.

Zur **Produktion** von Fleisch, Milch und Eiern werden in der Tierfütterung Futtermittel zu 50 % aus Entwicklungsländern verwendet, die dort direkt der menschlichen Ernährung dienen könnten. Zwischen 65 % und 90 % der Nahrungsenergie und des Eiweißes pflanzlicher Futtermittel gehen bei der Umwandlung in tierische Produkte bei der Verfütterung verloren. Sieben pflanzliche Kalorien sind notwendig, um eine tierische Kalorie zu erzeugen. Wesentlich mehr Menschen könnten von der gleichen Ackerfläche ernährt werden, wenn die darauf angebaute Nahrung nicht für die Erzeugung tierischer Produkte verwendet würde.

INFO

Ein Beitrag zu mehr sozialer Gerechtigkeit ist der faire Handel mit den Entwicklungsländern.
Fairer Handel bedeutet:
- Produktion unter sozialverträglichen Bedingungen
- Umweltverträgliche Produktion
- Hochwertige Qualität der Waren

Marken sind z. B. Gepa und TransFair, die Produkte anbieten.

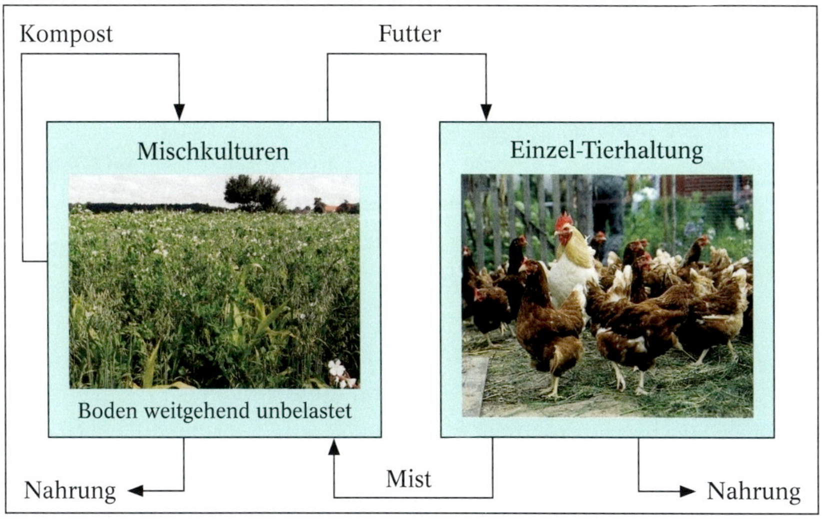

Ökologische Landwirtschaft

Der ökologische Landbau ist eine besonders umwelt- und ressourcenschonende Form der Landwirtschaft, die versucht, im Einklang mit der Natur zu wirtschaften. Sie berücksichtigt das enge, empfindliche Zusammenspiel von Boden, Pflanzen, Tier und Mensch. Unter ökologischer Landwirtschaft versteht man die Erzeugung von Nahrungsmitteln, die sich an strengen Richtlinien orientiert.

In Deutschland haben sich acht Verbände zur Arbeitsgemeinschaft ökologischer Landbau zusammengeschlossen (AgÖL). Dazu gehören u. a. Demeter, Bioland und Naturland. Landwirtschaftliche Betriebe, die Mitglieder sind, werden regelmäßig kontrolliert.

Wichtige Aspekte des ökologischen Landbaus und der Weiterverarbeitung zu Öko-Produkten:

- Verzicht auf chemisch-synthetische Pflanzenschutz- und Düngemittel,
- Verbot der Verwendung von Gentechnik,
- Verbot der Lebensmittelbestrahlung,
- artgerechte Tierhaltung mit Auslaufmöglichkeiten,
- ökologisch ausgerichtete Fütterung ohne Zusatz von Antibiotika und Leistungsförderern,
- weniger Zusatz- und Verarbeitungshilfsstoffe.

1. Vergleicht die industrielle Landwirtschaft mit dem ökologisch orientierten Landbau und bewertet sie unter den Aspekten Wirtschaftlichkeit, Umweltverträglichkeit und Sozialverträglichkeit.

2. Erkundet Lebensmittelmärkte in eurer Nähe, ob und welche Bioprodukte dort und mit welchem Ökosiegel angeboten werden.
   a) Erkundigt euch nach der Herkunft der Produkte.
   b) Vergleicht die Preise mit denen herkömmlicher Produkte.

INFO

Gründe für den höheren Preis der ökologisch erzeugten Lebensmittel:

- Die Erträge im Pflanzenbau sind niedriger, da auf chemisch-synthetische Pflanzenschutz- und Düngemittel verzichtet wird.
- Da die Tierhaltung weniger intensiv ist, werden auch weniger Eier, Fleisch und Milch erzeugt.
- Die Vielseitigkeit der Betriebe verursacht höhere Kosten und einen höheren Arbeitsaufwand. Der Absatz und die Vermarktung sind aufwendiger.

Hofladen mit jahreszeitlichem Angebot

Produkte aus der Region

Wer sich umweltbewusst verhalten möchte und keinen eigenen Nutzgarten hat, sollte Lebensmittel aus der Region kaufen. Die Produkte werden reif geerntet und schmecken deshalb besonders aromatisch. Obst und Gemüse, welches keine langen Transportwege hinter sich hat, schont die Umwelt und enthält noch mehr Vitamine. Diese Produkte werden häufig in ökologisch orientierter Landwirtschaft erzeugt.

Der **integrierte Pflanzenbau** ist eine Sonderform, bei dem das Verhältnis von Ökonomie und Ökologie weitgehend ausgewogen ist. Die Düngung richtet sich nach dem Bedarf der Pflanzen und der Pflanzenschutz nach dem Motto: „So viel wie nötig – so wenig wie möglich". Ziele der Integrierten Pflanzenproduktion sind:

- ein auf die natürlichen Gegebenheiten abgestimmter, d. h. standortgerechter Pflanzenbau,
- Vermeidung der Belastung von Grundwasser und Oberflächengewässern,
- Verringerung der Befallswahrscheinlichkeit mit Schadorganismen,
- nachhaltige Sicherung und Verbesserung der Bodenfruchtbarkeit,
- Erhaltung und Gestaltung typischer Landschaftselemente.

Logo der Initiative Neuland

Die **Initiative „Neuland"** ist ein Markenzeichen für Qualitätsfleisch und wurde von ökologisch orientierten Landwirten, Umweltverbänden, Tierschützern und Dritte-Welt-Gruppen ins Leben gerufen. Während bei der Futtererzeugung der Einsatz von chemisch-synthetischer Düngung erlaubt ist, erfolgt die Tierhaltung ohne Futterzusatz- sowie Tierarzneimittel und in artgerechter Haltung mit Auslaufmöglichkeiten. Wer diese ökologisch orientierten Produkte wünscht, kauft direkt beim Erzeuger im Hofladen oder auf dem Bauernhof sowie auf Wochenmärkten von heimischen Landwirten. Wie diese Produkte erzeugt werden, könnt ihr bei einer Erkundung auf dem Bauernhof – ob ökologisch oder ökologisch orientiert – erfahren.

1. Vergleicht die Merkmale des integrierten Landbaus und der „Initiative Neuland" mit der industriellen und ökologischen Landwirtschaft.

2. Führt eine Erkundung eines Bauernhofes in eurer Nähe durch. Alternativ kann auch in der Stadt ein/e Landwirt/in am Marktstand befragt werden. Vergleicht die Ergebnisse mit den Ausführungen im Text.
Mögliche Leitfragen:
- Welche Lebensmittel werden erzeugt?
- Wie werden sie erzeugt?
- Welches Konzept wird verfolgt?
- Wie erfolgt die Lagerhaltung?
- Wie werden sie vermarktet?

2 Planvolle Vorratshaltung

Vorteile einer Vorratshaltung

Vorratshaltung spart Zeit

Der tägliche Einkauf kostet viel Zeit. Durch eine geplante Vorratshaltung kann man im Haushalt Zeit einsparen. Durch den Großeinkauf einmal in der Woche und den Kauf von größeren Mengen können häufige Wege zu den Geschäften, Warten auf Bedienung und Anstehen an der Kasse vermieden werden. Das tägliche Schleppen der Einkaufstaschen entfällt. Der günstige Einkauf großer Mengen rechtfertigt auch eher die Fahrt mit dem Auto, um die Vorräte nach Hause zu transportieren.

Vorratshaltung spart Arbeitskraft

Das Kochen der mehrfachen Menge und anschließendes Einfrieren in kleinen Portionen ermöglicht es, Mahlzeiten selbst aus frischen Zutaten herzustellen und durch die Vorratshaltung Zeit einzusparen. Wer auf Vorrat kocht, spart damit auch Arbeitskraft.

Vorratshaltung spart Geld

Die Lebensmittelpreise können bei gleicher Qualität von Geschäft zu Geschäft oder auch zu verschiedenen Jahreszeiten stark schwanken. Durch das Ausnutzen günstiger Preise, den Einkauf von Großpackungen und Sonderangeboten kann viel Geld gespart werden.

Viele Lebensmittel, besonders Obst und Gemüse, werden zu bestimmten Jahreszeiten günstig angeboten und sind auch oft schmackhafter als sonst. Während beispielsweise im Mai, Juni und Juli Erdbeeren bei uns günstig angeboten werden, sind sie in den anderen Monaten teurer oder nur eingefroren zu erhalten. Der Grund: In diesen drei Monaten ist die Haupterntezeit für Erdbeeren. Bei der Essens- und Einkaufsplanung sollte man sich nach dem Saisonkalender richten (siehe auch S. 77). Saisonfrüchte kann man z. B. einfrieren oder daraus Marmelade kochen.

Vorrat beruhigt und bringt Abwechslung

Bei überraschendem Besuch, der Rückkehr aus einem Urlaub oder berufsbedingtem Zeitmangel kann man auf seine Vorräte zurückgreifen. Dem Wunsch nach Vorratshaltung kommt die Lebensmittelindustrie sehr entgegen. Fertig- und Halbfertigprodukte sind auf dem Markt, die sich zur Vorratshaltung besonders gut eignen, wie Konserven, Tütenprodukte, Tiefkühlkost, und die Abwechslung auf den Speiseplan bringen.

1. Bereitet ein doppeltes Rezept „ragù alla bolognese" zu. Eine Rezeptmenge verwendet ihr sofort für „Pasta alla bolognese", die zweite friert ihr ein (Rezept S. 82).

1. Frischvorräte

2. Trockenvorräte

3. Konservierte Vorräte

4. Gefriervorräte

5. Getränke

INFO

Tipps zur Lagerhaltung
- Möglichst frische Ware kaufen, z. B. bei Obst und Gemüse.
- Wenn abgepackte Ware gekauft wird, Mindesthaltbarkeitsdatum und Lagerungsmöglichkeiten beachten.
- Bei heißem Wetter Kühltasche mit zum Einkauf nehmen.
- Lebensmittel nach dem Einkauf sofort einräumen.

Lagerung im Kühlschrank:
- Lebensmittel an den richtigen Platz einräumen – siehe S. 73.

Lagerung in der Tiefkühltruhe:
- Die ideale Lagertemperatur liegt bei –18 °C. Auf luftdichte, reißfeste und gut verschlossene Verpackung achten. Auf der Verpackung ist ein Inhaltsvermerk mit Datumsangabe der Lagerung sinnvoll.

Lagerung im Schrank, Speisekammer etc.:
- Erst die ältere Ware verbrauchen und neue Vorräte nach hinten ins Regal stellen.
- Geöffnete Verpackungen gut verschließen.

Vorratshaltung – wie und wo?

Vorräte	wo?	wie?
Frische Lebensmittel, z. B. Milch, Aufschnitt	im Kühlschrank	bei +7 °C
Wintervorräte, z. B. Lagerobst	im Keller	bei +8 °C bis +12 °C dunkel, belüftbar
Trockenvorräte, z. B Reis, Nudeln	im Vorratsschrank in der Speisekammer	bei +15 °C bis +20 °C trocken, in handelsüblicher Verpackung
Konserven		
Halbkonserven (Fleisch, Fisch)	im Kühlschrank	bei 7 °C
Vollkonserven Gemüse, Suppen, Fertiggerichte	in der Speisekammer im Vorratsschrank	bei +15 °C bis +20 °C trocken, belüftbar in handelsüblicher Verpackung
Eingemachtes	im Keller	bei +8 °C bis +12 °C dunkel, belüftbar
Gefriervorräte, z. B. eingefrorenes Gemüse	im Drei-, Viersternefach im Kühlschrank oder im Gefrierschrank	mindestens –18 °C in Gefrierbehältern oder handelsüblicher Verpackung

Wann einkaufen?

Täglich:	Brötchen, Frischmilch, Salate, Fisch, Hackfleisch
Wöchentlich:	Wurst, Brot, Butter, Käse, Quark, Obst, Gemüse …
Monatlich:	Zucker, Salz, Mehl, Reis, Nudeln, Haferflocken, Dosenmilch, Kartoffel-Fertigprodukte, H-Milch und H-Milch-Erzeugnisse, Stärkemehl, Kakao, Schokolade, Backpulver, Honig, Essig, Öl, Senf, Tomatenmark, Knäckebrot, Obst- und Gemüsekonserven, Fleisch- und Fischkonserven, Marmelade, Bier, Limonade, Säfte, Mineralwasser Außerdem in Gefrierschrank/-truhe: Fleisch, Fertigprodukte
Jährlich:	im Sommer: Beeren, Obst und Gemüse (zum Einmachen und Einfrieren) im Herbst: Einkellerungskartoffen, Lagerobst, Lagergemüse, Wein

1. Erläutert und begründet die Tipps für die Lagerhaltung.

Beispiel für einen richtig eingeräumten Kühlschrank

Lebensmittel kühl lagern, warum?

Leicht verderbliche Lebensmittel können im Kühlschrank länger aufbewahrt werden, bei niedrigen Temperaturen verzögert sich ihr natürlicher Verderb. Dieser wird verursacht durch Mikroorganismen, das sind Bakterien, Hefen und Schimmelpilze. Sie wachsen bevorzugt an der Oberfläche von Lebensmitteln, z. B. auf Speiseresten, Käse und Wurst. Außer durch Mikroorganismen können Lebensmittel auch durch Austrocknung oder in Folge biochemischer Prozesse verderben, z. B. Ranzigwerden von Fett, Abbau von Kohlenhydraten und Eiweiß, Veränderung der Farbe.

Die meisten krankheitserregenden und lebensmittelverderbenden Mikroorganismen vermehren sich am besten zwischen 20 °C und 40 °C. Bei Kühlschranktemperaturen werden sie in ihrem Wachstum gehemmt. Lebensmittel sollten gut verpackt im Kühlschrank aufbewahrt werden. Dadurch wird zwar nicht das Wachstum der Mikroorganismen verhindert, aber die Lebensmittel werden geschützt vor Austrocknung, Geruchsübertragung, Farb-, Aroma- und Geschmacksveränderungen sowie gegenseitiger Übertragung von Keimen.

INFO

Jedes Lebensmittel hat seinen Platz

Bei herkömmlichen Kühlschränken gibt es kühle und etwas weniger kühle Bereiche bei Temperaturen zwischen 2 °C und 8 °C. Im Innenraum und nahe dem Verdampfer an der Rückwand des Innenraumes sowie auf den Glasplatten im unteren Teil herrschen deutlich niedrigere Temperaturen als in den Türfächern oder im Obst- und Gemüsefach.

Energiesparen durch richtige Nutzung

- Nur abgekühlte Speisen und Getränke in den Kühlschrank stellen.
- Kühlschrank nicht unnötig öffnen oder offen stehen lassen.
- Kühlschrank regelmäßig abtauen und mit warmem Wasser und Geschirrspülmittel reinigen.

INFO

Verhalten bei verschimmelten Lebensmitteln:
- Verschimmeltes Brot nicht essen und auch nicht an Tiere verfüttern!
- Schimmelbildung auf Konfitüre enthält wegen des hohen Zuckergehaltes keine Giftstoffe und kann großzügig entfernt werden.

INFO

Erwünschte Lebensmittel Veränderungen durch Mikroorganismen werden genutzt:
- Hefen zur Herstellung von Brot,
- Schimmelpilze zur Herstellung von Käse,
- Bakterien zur Bildung von Geschmacksstoffen, z. B. Sauermilch und für Konservierungsverfahren, z. B. Sauerkraut.

Lebensmittelverderb und -hygiene

Unerwünschter Lebensmittelverderb durch Mikroorganismen wird hervorgerufen durch Hefen, Schimmelpilzen und Bakterien. **Hefen** wachsen vor allem auf Obst und vergären dann, z. B. Obstsaft. **Schimmelpilze** in Nüssen, Obstsaft und Brot bilden Giftstoffe, die krebserregend wirken. **Bakterien**, z. B. Salmonellen in Eiern, können zu Lebensmittelvergiftungen führen. Zur Vorbeugung von Erkrankungen sind grundlegende Kenntnisse über Ursachen sowie Verhaltens- und Hygienemaßnahmen wichtig.

Lebensmittelverderb durch Schimmelpilze: Schimmelpilze vermehren sich durch Sporen, die über die Luft auf Lebensmittel gelangen können. Sie bilden ein Fadengeflecht aus, das das ganze Lebensmittel durchdringen kann. Gefährdete Lebensmittel müssen kühl und trocken lagern.

Lebensmittelvergiftungen durch Salmonellen: Salmonellen sind winzig kleine Lebewesen, die im Dickdarm von Tieren leben. Durch den Verzehr von rohen oder ungenügend gegarten infizierten Lebensmitteln können Salmonellen auf Menschen übertragen werden, ebenso über infizierte Geräte. Häufig infizierte Lebensmittel sind Geflügel, Eier, Fisch, Hackfleisch. Erst, wenn sich Salmonellen vermehren konnten oder in größeren Mengen aufgenommen werden, kann es zu einer Lebensmittelvergiftung kommen. Dabei siedeln sich die Salmonellen im Darm an und vermehren sich weiter. Vergiftungsanzeichen treten erst nach 12–36 Stunden auf und äußern sich durch Fieber, Kopfschmerzen, Durchfall, Übelkeit und Erbrechen.

Verhinderung von Salmonellenerkrankung (Salmonellose):
- Nach der Toilettenbenutzung und vor der Lebensmittelverarbeitung die Hände waschen.
- Leicht verderbliche tierische Lebensmittel im Kühlschrank aufbewahren.
- Arbeitsgeräte vor der weiteren Verwendung gründlich reinigen.
- Größere Fleischstücke, z. B. Geflügel, im Keller oder Kühlschrank auftauen lassen. Auftauwasser beseitigen, weil es Salmonellen enthalten kann. Fleischstücke gut durchgaren, es darf kein roter Fleischsaft austreten.
- Spiegeleier von beiden Seiten braten, Eier nur durchgegart essen.

1. Führt folgenden Versuch durch:
   - In vier Plastikschalen eine doppelte Lage Küchenpapier legen.
   - In alle Schalen dieselben Lebensmittelproben (1/2 cm hoch) legen, z. B. Brot, Banane, Käse, Zwiebel. Kein Fleisch, kein Fisch!
   - Jeweils 1 cm zwischen Lebensmittelproben und Schalenrand freihalten.
   - Schalen mit Klarsichtfolie fest verschließen.
   - Schalen an unterschiedlichen Plätze stellen: kühl-warm-hell-dunkel.
   - Schalen eine Woche lang jeden Tag kontrollieren, nicht öffnen!
   - Die Veränderungen mit einer Lupe beobachten und festhalten.

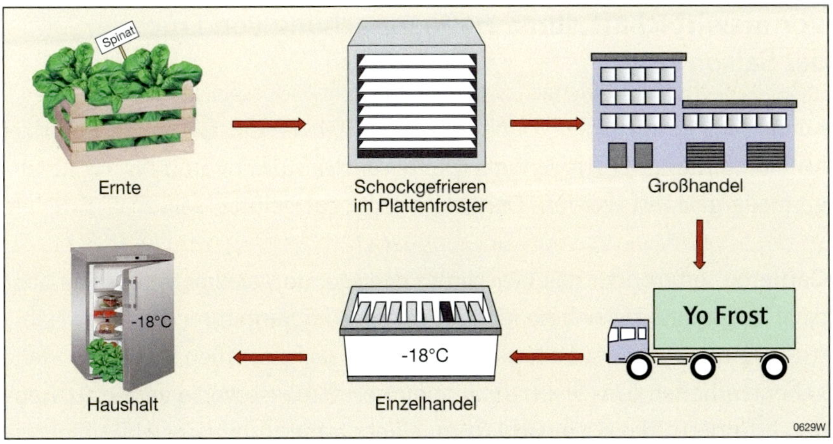

Die Kühlkette – von der Erzeugung zum Verbraucher

Der Kauf von fertiger Tiefkühlkost erfreut sich aus Gründen der Arbeits- und Zeitersparnis zunehmender Beliebtheit. Um einen Lebensmittelverderb zu vermeiden, ist die lückenlose Einhaltung der Tiefkühlkette bei –18 °C notwendig und grundlegende Regeln beim Einkauf und bei der Zubereitung sind zu beachten.

Einkauf von Tiefkühlkost

- Durch vorsichtiges Schütteln kann festgestellt werden, ob die Ware bereits aufgetaut war, z. B. bei Erbsen und Früchten. Frische Ware befindet sich locker in der Verpackung.
- Tiefkühlkost als Letztes vor dem Heimweg einkaufen und in isolierten Behältern oder in Zeitungspapier transportieren, sodass ihre Temperatur nie über –18 °C steigt. Sie kann sonst antauen und verderben.
- Infolge einer Beschädigung oder ungenügender Verpackung kann es bei tiefgekühltem Geflügel zu Gefrierbrand kommen. Die Stellen haben eine hellgelbliche bis graue Farbe, das Fleisch ist strohig und evtl. ranzig!
- Auf das Mindesthaltbarkeitsdatum achten.

Zubereitung von Tiefkühlkost

- Obst, das roh gegessen wird, langsam im Kühlschrank auftauen. Die Form bleibt besser erhalten.
- Backwaren nach dem Auftauen eventuell noch mal kurz im Backofen oder in der Mikrowelle aufbacken, dann werden sie wieder knusprig.
- Kleine Fleischstücke und Gemüse sofort unaufgetaut garen.
- Größere Fleischstücke, ganzes Geflügel langsam auftauen lassen, Auftauflüssigkeit dabei getrennt auffangen und sorgfältig weggießen wegen der Salmonellengefahr.
- Aufgetautes Fleisch mit reichlich Wasser abspülen und sofort gut durchgaren. Unaufgetautes Fleisch gart nicht richtig durch und kann zu Lebensmittelvergiftungen durch Salmonellen führen.

Vorratswirtschaft durch Haltbarmachung von Früchten der Saison

Kühlen: Im Vorratskeller können Lebensmittel wie Obst, Gemüse und Kartoffeln bei hoher Luftfeuchtigkeit und Temperaturen von 5 bis 16 °C längerfristig gelagert werden. Der Raum muss gut gelüftet sein.

Gefrieren unterbricht das Wachstum der Mikroorganismen, tötet sie aber nicht ab, sodass sie sich beim Auftauen wieder vermehren können. Nährstoffe, Aroma und Aussehen bleiben beim sachgemäßen Gefrieren weitgehend erhalten. Das Haltbarmachungsverfahren ist wenig arbeitsaufwendig, erfordert aber die Anschaffung einer Gefriertruhe oder eines Gefrierschrankes und die ständige Versorgung mit Strom.

INFO

Blanchieren = kurzzeitiges Eintauchen von Gemüse in kochendes Wasser und anschließendes Abkühlen in Eiswasser.

Hinweise zum Gefrieren

- Nur einwandfreie Lebensmittel in bester Qualität verwenden.
- Obst und Gemüse müssen vor dem Gefrieren geputzt, gewaschen und zerkleinert werden.
- Gemüse sollte durch Blanchieren vorbereitet werden. Dadurch bleibt die Farbe erhalten und verderbungsfördernde Enzyme werden zerstört.
- Wasserreiche Lebensmittel, z. B. Erdbeeren, erst einzeln auf einem Tablett schockgefrieren, dann in Portionen abpacken.
- Lebensmittel möglichst ungesalzen und ungezuckert einfrieren. Salz und Zucker senken den Gefrierpunkt, die Lebensmittel verderben schneller.
- Nicht zu große Mengen auf einmal einfrieren, sonst werden sie zu langsam gefroren bzw. bereits eingefrorene Lebensmittel können antauen.
- Einwandfreie, luftdichte Verpackung verwenden, sonst kommt es zum Austrocknen der Lebensmittel. Geeignet sind Kunststoffgefäße.
- Auf der Packung Inhalt und Verpackungsdatum angeben.

INFO

Hinweise zum Kochen von Marmelade, Konfitüre, Gelee
Konfitüre ist die Bezeichnung für Brotaufstriche aus zerkleinerten oder zerdrückten Früchten. Der Begriff **Marmelade** darf laut Lebensmittelrecht nur für Erzeugnisse aus Zitrusfrüchten (Orangen, Zitronen, Grapefruits) verwendet werden. **Gelees** werden aus Säften einer oder mehrerer Obstarten hergestellt. Im allgemeinen Sprachgebrauch werden auch Konfitüre und Gelee als Marmelade bezeichnet. Geliermittel wie Opekta oder Gelierzucker sind vor allem bei schlecht gelierenden Früchten, z. B. Erdbeeren und Kirschen, zu verwenden.

Beim **Zuckern** wird dem Lebensmittel eine bestimmte Zuckermenge zugesetzt. Der Zucker bindet das im Lebensmittel vorhandene Wasser und schränkt die Lebensmöglichkeit für verderbniserregende Mikroorganismen ein.

1. Verarbeitet in der Gruppe Früchte der Saison und friert sie zur Vorratshaltung ein. Beachtet dabei die Hinweise zum Gefrieren.

2. Lohnt sich das Einfrieren der Saisonfrüchte? Stellt einen Preisvergleich an mit einem entsprechenden gekauften Tiefkühlprodukt.

3. Bereitet in der Gruppe Konfitüre mit Früchten der Saison zu, z. B. Erdbeeren (siehe S. 83). Vergleicht Beschaffenheit, Aussehen und Geschmack.

4. Lohnt sich das Kochen von Konfitüre? Stellt einen Preis- und Qualitätsvergleich mit entsprechenden gekauften Produkten an.

Hauptangebotszeiten bzw. Haupterntezeiten von Obst und Gemüse

Obst/Gemüse	Jan.	Feb.	März	Apr.	Mai	Juni	Juli	Aug.	Sep.	Okt.	Nov.	Dez.
Äpfel	●	●	●					●	●	●	●	●
Birnen								●	●	●		
Erdbeeren					●	●	●	●				
Himbeeren							●	●				
Kirschen						●	●	●				
Pflaumen							●	●	●	●		
Bohnen, grün						●	●	●	●			
Erbsen						●	●	●				
Gurken							●	●	●	●		
Kartoffeln					●	●	●	●	●	●		
Kohlrabi						●	●	●	●	●		
Kürbis								●	●	●		
Möhren					●	●	●	●	●	●	●	
Porree/Lauch							●	●	●	●	●	
Spargel				●	●	●						
Weiß-/Rotkohl	●	●							●	●	●	●
Tomaten							●	●	●	●	●	
Zucchini						●	●	●	●	●	●	
Zwiebeln					●	●	●	●	●	●	●	●

3 Rezepte

Vergleich des Zeit- und Kostenaufwandes für das Herstellen von Kartoffelpuffern

Frische Kartoffelpuffer herstellen

1. Kartoffelpuffer, Frischprodukt

Menge/Zutaten	Arbeitsschritte und -geräte	Zeitaufwand
750 g Kartoffeln 1 Zwiebel	waschen, schälen, waschen, mit der Küchenmaschine ganz fein reiben abpellen, ebenfalls reiben	**Vorbereitung:**
1 Ei 1 TL Salz 1 EL Mehl	zugeben, alles gut verrühren	
	Je drei dünne Puffer in sehr heißem Öl von beiden Seiten braun braten.	**Zubereitung:**

Kostenaufwand: ______________ **Gesamtzeit:** ______________

Fertig gebratene Kartoffelpuffer

2. Kartoffelpuffer, garfertiges Produkt aus der Tüte

Menge/Zutaten	Arbeitsschritte und -geräte	Zeitaufwand
1 Ei knapp 1/2 l Wasser 1 P. Tütenkartoffelpuffer	Tüteninhalt in das Wasser einstreuen, mit dem Schneebesen verrühren, Ei unterrühren.	**Vorbereitung:**
	10 Minuten quellen lassen	
	Je drei dünne Puffer in sehr heißem Öl von beiden Seiten braun braten.	**Zubereitung:**

Kostenaufwand: ______________ **Gesamtzeit:** ______________

3. Kartoffelpuffer, zubereitungsfertiges Produkt, tiefgefroren

Menge/Zutaten	Arbeitsschritte und -geräte	Zeitaufwand
1 Packung tiefgefrorene Kartoffelpuffer	Packung öffnen, Kartoffelpuffer in sehr heißem Öl von beiden Seiten braun braten.	**Zubereitung:**

Kostenaufwand: ______________ **Gesamtzeit:** ______________

Vergleich des Zeit- und Kostenaufwandes für das Herstellen von Apfelmus

1. Apfelmus, Frischprodukt

Menge/Zutaten	Arbeitsschritte und -geräte	Zeitaufwand
500 g Äpfel	waschen, Stiel und Blüte entfernen, vierteln	**Vorbereitung:**
1/8 l Wasser	zum Kochen bringen, Äpfel hineingeben, bei geschlossenem Deckel 5–10 Min. weich dünsten	
3 EL Zucker	Äpfel und Flüssigkeit in ein Sieb über eine Glasschüssel geben und mit einem Rührlöffel durchpassieren. Zum Abschmecken Apfelmus auf 4 Glasschälchen verteilen.	**Zubereitung:**

Frisches Apfelmus

Kostenaufwand: ____________ **Gesamtzeit:** ____________

2. Apfelmus, verzehrfertiges Produkt aus dem Glas

Menge/Zutaten	Arbeitsschritte und -geräte	Zeitaufwand
1/2 Glas Apfelmus	auf 4 Glasschälchen verteilen	**Zubereitung:**

Apfelmus im Glas

Kostenaufwand: ____________ **Gesamtzeit:** ____________

Zeit-, Preis- und Qualitätsvergleich

Produkt	Zeit-aufwand	Zeitersparnis	Kosten-aufwand	Geschmack Beschaffenheit
Kartoffelpuffer, Frischprodukt		—		
Kartoffelpuffer, garfertiges Produkt aus der Tüte				
Kartoffelpuffer, zubereitungsfertiges Produkt, tiefgefroren				
Apfelmus, Frischprodukt		—		
Apfelmus, verzehrfertiges Produkt				

Pizza mit Champignons

Pizza (4 Personen)

Menge/Zutaten	**Arbeitsschritte/Arbeitsgeräte**
375 g Mehl	in eine Schüssel geben, in die Mitte eine Mulde vertiefen.
1 P. Trockenhefe 1/4 l lauwarmes Wasser	im Litermaß auflösen und in die Mulde gießen, mit etwas Mehl zu einer breiigen Masse verrühren. Mit einem Handtuch zudecken und im Backofen bei 50 °C ca. 15 Min. gehen lassen.
8 EL Öl 1/2 TL Salz	zufügen und alles mit den Knethaken des Handrührgerätes so lange kneten, bis sich der Teig vom Knethaken löst. Nochmals mit bemehlten Händen durchkneten.
	1 Backblech mit Backtrennpapier auslegen, Teig auf der Tischplatte mit einem bemehlten Nudelholz ausrollen, immer wieder wenden und auf das Backblech legen.
etwas Öl	Teigoberfläche mit Öl bepinseln.

Pizza mit Käse und Basilikum

Belag	
1/2 Dose geschälte Tomaten	im Mixer pürieren.
1/2 TL Salz, Oregano	zum Abschmecken. Masse auf die Pizza als Grundlage verteilen.
wahlweise: 100 g Salami oder 100 g gekochter Schinken Champignons aus der Dose 1 Paprikaschote, in feinen Streifen 1/2 Dose Ananasstücke 1/2 Dose Gemüsemais	Pizza damit belegen.
200 g geriebenen Käse	auf die Oberfläche streuen.
	Pizza bei 250 °C/Umluftherd 200 °C 20–30 Min. backen.

Salzkartoffeln (4 Personen)

Menge/Zutaten	Arbeitsschritte/Arbeitsgeräte
500 g Kartoffeln	waschen, schälen, waschen, halbieren, in
1/4 l Wasser	
1/2 TL Salz	zum Kochen bringen, ca. 20 Min. gar dünsten.

Gedünstetes Möhrengemüse (4 Personen)

Menge/Zutaten	Arbeitsschritte/Arbeitsgeräte
500 g Möhren	waschen, schälen, waschen, in dünne Scheiben schneiden, in einen Topf geben, mit
1 EL Butter	
1/2 TL Salz	ca. 20 Min. dünsten. Dünstwasser von den gegarten Kartoffeln dazugießen und mit
1 EL Soßenbinder	eindicken. Servieren.

Frikadellen (4 Personen)

Menge/Zutaten	Arbeitsschritte/Arbeitsgeräte
1/2 altes Brötchen	in warmem Wasser in einer Schüssel einweichen, anschließend gut ausdrücken.
1/2 Zwiebel	fein würfeln
250 g Gehacktes	
1 Ei	
etwas Senf	
1/4 TL Salz	
gemahlener Pfeffer	alle Zutaten gut mit den Knethaken des Handrührgerätes verkneten. 4 Frikadellen formen.
20 g Margarine	in der Pfanne erhitzen, Frikadellen ca. 20 Min. braten.

Quarkspeise mit Bananen

Quarkspeise mit Obst (4 Personen)

Menge/Zutaten	Arbeitsschritte/Arbeitsgeräte
250 g Magerquark	
ca. 1/8 l Milch	
2 EL Zucker	cremig rühren.
Obst je nach Jahreszeit	
z. B. Apfelsine, Apfel, Kiwi	schälen, würfeln, unterrühren.

Spaghetti bolognese

Pasta alla bolognese (4 Personen)

Menge/Zutaten	Arbeitsschritte/Arbeitsgeräte
1 Rezept ragù alla bolognese (S. 82)	zubereiten bzw. auftauen und erhitzen. Dazu Spaghetti reichen.

Ragù alla bolognese

Ragù alla bolognese (4 Personen)

Menge/Zutaten	**Arbeitsschritte/Arbeitsgeräte**
50 g Butter	in einem hohen Topf zerlassen.
50 g durchwachsener Speck	fein würfeln, mit auslassen.
250 g Gehacktes	darin braun anbraten.
1/2 Gemüsezwiebel	halbieren, quer in feine Streifen schneiden, goldgelb dünsten.
1 Möhre	
1/4 Knolle Sellerie	waschen, schälen, grob raspeln, mit dünsten, bis das Gemüse weich ist.
1/2 Dose geschälte Tomaten	Tomaten grob zerschneiden, mit dem Tomatensaft zum Gemüse geben.
1 Tasse Wasser	
1 TL Gemüsebrühe	zugeben, mindestens 20 Min. bei offenem Topf einkochen lassen, wenn möglich länger, bis es eine weiche, gebundene Masse ergibt.
1/4 Becher süße Sahne	
1/2 TL Salz	
gemahlener Pfeffer	
Paprikagewürz, Chinagewürz	zum Abschmecken

Lasagne al forno

Lasagne al forno (4 Personen)

Menge/Zutaten	**Arbeitsschritte/Arbeitsgeräte**
1 Rezept ragù alla bolognese	zubereiten bzw. auftauen und erhitzen.
Bechamelsoße aus:	
50 g Butter	im Topf zerlassen
50 g Mehl	zugeben, unter Rühren mit dem Schneebesen durchschwitzen lassen.
1/2 l Milch	zugießen, dabei mit dem Schneebesen kräftig durchschlagen, damit keine Klümpchen entstehen.
1/4 TL Salz	
etwas gemahlener Pfeffer	zum Abschmecken. Die Soße darf nicht zu dick werden, evtl. etwas Milch zufügen.
400 g Lasagne Teigblätter	vorgegart (gibt es zu kaufen)
	Abwechselnd in eine längliche, eingefettete Auflaufform einschichten: Lasagneblätter, ragù, Bechamelsoße, Lasagneblätter, ragù, Bechamelsoße.
20 g Butter	Butterflöckchen darüber verteilen, 30–40 Min. backen.

Konfitüre aus Früchten der Saison

Erdbeerkonfitüre nur mit Gelierzucker, Verhältnis 1:1

Erdbeerkonfitüre

Menge/Zutaten

1 kg Erdbeeren

1 kg Gelierzucker

Arbeitsschritte/Arbeitsgeräte

Früchte gut waschen, Blätter entfernen, verlesen, evtl. zerkleinern, mit in einem sauberen Topf zum Kochen bringen und 2–4 Min. kochen.
Anweisung auf der Gelierzuckerpackung genau beachten!

Gelierprobe:
- Wenn ein Tropfen Fruchtmasse auf einem Teller schnell ein dünnes Häutchen bildet und fest wird, ist die Konfitüre richtig geliert.

Gläser reinigen:
- Gläser gut reinigen, mit heißem Wasser nachspülen. Bis zum Einfüllen zum Abtropfen umgestülpt auf einem sauberen Küchentuch stehen lassen.

Gläser füllen und verschließen:
- Zum Einfüllen Gläser auf ein feuchtes Tuch stellen, damit sie nicht springen. Schaum sollte mit einem Löffel entfernt werden, er enthält viele Unreinheiten.
- Konfitüre in die vorgewärmten Gläser randvoll einfüllen.
- Mit feuchtem Cellophanpapier und Gummiringen oder passenden Schraubdeckeln (Twist-Off-Deckeln) verschließen.
- Gläser mit Schraubdeckeln kurze Zeit auf den Kopf stellen.
- Auf isolierter Unterlage, vor Zugluft geschützt, abkühlen lassen.

Erdbeerkonfitüre mit halber Zuckermenge und Geliermittel

Konfitüre einkochen

Menge/Zutaten

1 kg Erdbeeren

500 g Gelierzucker extra

Arbeitsschritte/Arbeitsgeräte

Früchte gut waschen, Blätter entfernen, verlesen, evtl. zerkleinern, mit in einem sauberen Topf zum Kochen bringen und 2–4 Min. kochen.
Anweisung auf der Gelierzuckerpackung genau beachten!
Weitere Verarbeitung siehe oben.

Am Ende dieses Kapitels sollst du
- die gesetzlich vorgeschriebene Lebensmittelkennzeichnung von frischer unverpackter und verpackter Ware sowie verpackten Produkten nennen und an ausgewählten Beispielen erklären können,
- die unterschiedlichen Funktionen von Zusatzstoffen in industriell vorgefertigten Lebensmitteln nennen und ihre Vorteile sowie Risiken abwägen können,
- das Lebensmittelangebot auf Verbrauchermärkten verschiedenen Verarbeitungsstufen zuordnen und diese hinsichtlich Geschmack, Nährstoffgehalt, Vorratshaltung, Preis und Arbeitsaufwand bewerten können,
- gesetzlich geschützte Qualitäts- und Gütesiegel kennen und die Notwendigkeit des Verbraucherschutzes begründen können,
- die unterschiedlichen Temperaturzonen im Kühlschrank im Hinblick auf Haltbarkeit und Verderb erklären können,
- die Notwendigkeit der Einhaltung der Kühlkette vom Erzeuger bis zum Verbraucher beurteilen können,
- verschiedene Konservierungsmethoden zur Vorratswirtschaft kennen und Preis- und Qualitätsunterschiede mit entsprechenden gekauften Produkten bewerten können,
- die Ursachen bakterieller Lebensmittelinfektionen, z. B. Salmonellen, nennen und spezielle Hygienemaßnahmen bei der Verarbeitung von Ei, Fisch und Geflügel beschreiben können,
- erwünschte und unerwünschte Schimmelpilzarten beschreiben und Maßnahmen im Umgang damit nennen können.

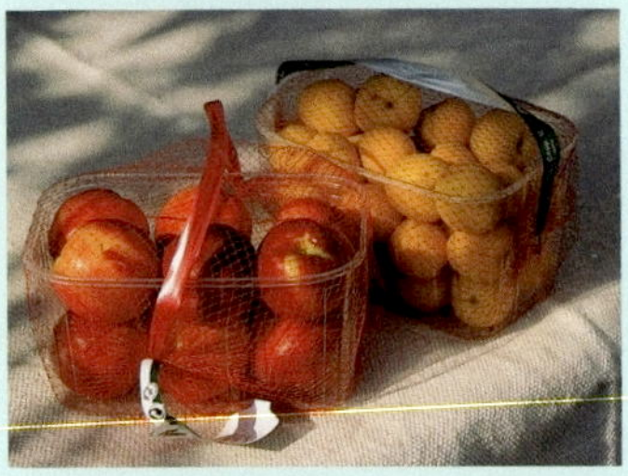

Mit folgenden Aufgaben kannst du überprüfen, ob du diese Kompetenzen erreicht hast:

1. Erläutere an den abgebildeten Beispielen die gesetzlich vorgeschriebene Lebensmittelkennzeichnung von
   a) frischer, unverpackter Ware,
   b) frischer, verpackter Ware,
   c) verpackten Produkten.

2. Beschreibe die Funktionen folgender Lebensmittelzusatzstoffe und nenne dazu je ein Produkt, bei dem es verwendet wird:
   a) Farb- und Aromastoffe,
   b) Geschmacksverstärker,
   c) Konservierungsstoffe,
   d) Antioxydationsmittel,
   e) Emulgatoren, Stabilisatoren,
   f) Verdickungs- und Säuerungsmittel.

3. Stelle die vorgeschriebene Qualitätskennzeichnung von Eiern anhand der Güte- und Gewichtsklassen auf einem Eierkarton dar.

4. Nenne je zwei Beispiele für die verschiedenen Verarbeitungsstufen. Stelle die Vor- und Nachteile der Produkte dar und bewerte sie im Hinblick auf Qualität, Arbeitsaufwand und Preis:

a) küchenfertiges Produkt,

b) garfertiges Produkt,

c) zubereitungsfertiges Produkt,

d) verzehrfertiges Produkt.

5. Erläutere die abgebildeten Qualitäts- und Gütesiegel:

6. Begründe, warum Gesetze und Verordnungen zum Schutz des Verbrauchers notwendig sind und welche Informationsquellen es dafür gibt.

Lagerhaltung im Kühlschrank

7. Bewerte die industrielle Landwirtschaft im Vergleich zum ökologisch orientierten Landbau.

8. Informiere dich über Produkte aus dem Fairen Handel in einem Supermarkt oder Eine-Welt-Laden. Woher kommen die Produkte? Wie sind die Produktionsbedingungen?

9. Gib Tipps zur sachgemäßen Lagerhaltung von Lebensmitteln

a) im Kühlschrank,

b) in der Tiefkühltruhe,

c) im Schrank/in der Speisekammer.

10. Nenne die Ursachen von Salmonellen und Schimmelpilzen und beschreibe Hygienemaßnahmen bei der Aufbewahrung und Verarbeitung von Lebensmitteln.

Verschimmeltes Brot

11. Erkläre, woran man erkennen kann, wenn eine lückenlose Kühlkette vom Erzeuger zum Verbraucher nicht eingehalten wurde.

12. Beschreibe die verschiedenen Konservierungsmethoden zur Vorratswirtschaft von Obst und Gemüse der Saison.

13. Beurteile unter den Aspekten von Preis und Qualität:

a) Lohnt sich das Einfrieren von gekauften Saisonfrüchten, z. B. Himbeeren, Spargel?

b) Lohnt sich das Kochen von Konfitüre aus gekauften Erdbeeren?

CORNFLAKES

IV Lebensstile und Essgewohnheiten

In diesem Kapitel befasst ihr euch mit Essgewohnheiten, Ernährungstrends und seinen Auswirkungen wie z. B. Überernährung. Ihr bewertet euer eigenes Konsumverhalten und setzt euch mit alternativen Ernährungsformen in Bezug auf vollwertige Ernährung und persönliche Gesundheit auseinander. Ihr lernt Esskulturen bei uns und anderswo kennen, stellt selbst in einem Projekt ein weltoffenes Kochbuch mit Esskulturen und Rezepten aus verschiedenen Ländern zusammen und bereitet die Speisen für ein internationales Buffet zum Verkauf in der Schule zu.

Ernährungstrends
- Fast Food
- Sportlerernährung
- Vegetarismus
- Trennkost
- Funktional Food
- Light-Produkte

Esskultur
- in Deutschland
- in Niedersachsen
- in anderen Ländern
- Rezepte

Essgewohnheiten

Essstörung
- Magersucht
- Ess-/Brechsucht
- Überernährung

Essen am Schnellimbiss

1 Ernährungsgewohnheiten und Ernährungstrends

Esskultur im Wandel

In unserer Gesellschaft hat sich ein enormer Lebens- und Wertewandel vollzogen. Traditionelle Werte und Lebensweisen haben sich radikal verändert. Jeder ist für seinen Lebensentwurf und auch seinen Ernährungsstil selbst verantwortlich. Mobilität und Geschwindigkeit prägen den Alltag von uns allen und verursachen nicht selten Zeitdruck und Zeitnot. Die Art, wie wir uns ernähren, wird immer vielfältiger. Es geht auch beim Essen immer mehr um die Selbstverwirklichung des Einzelnen. Die Zahl der Essbedürfnisse nimmt ständig zu, was zu einem immer größeren Angebot an Lebensmitteln führt und zu veränderten Essgewohnheiten. Auch der Alltag mit seinen unterschiedlichen Lebens- und Arbeitsorten sowie den jeweiligen Verpflegungsangeboten wie etwa in Betriebskantinen und Fast-Food-Ketten verändern unser Essverhalten. Im Handel gibt es zudem immer mehr Fertiggerichte.

Zwei Grundtendenzen von Ernährungsstilen zeichnen sich ab:
- **Eine funktionell orientierte Ernährungsrichtung:** Der Körper soll so mit dem Notwendigen versorgt werden, dass er funktionieren kann. Kochen und Essen soll nicht viel Zeit kosten, da andere Dinge wichtiger sind.
- **Eine am Wohlbefinden orientierte Ernährungsrichtung:** Essen soll gut tun und schmecken. Kochen und Essen machen Spaß.

Die erste zweckmäßige Ernährungsrichtung scheint alltagstauglicher zu sein. Sie führt aber unweigerlich dazu, dass immer mehr Wissen über Ernährung und Fähigkeiten der Nahrungszubereitung verloren gehen. Die Kultur der Unbeständigkeit, Geschwindigkeit und Aufgeschlossenheit gegenüber Neuem prägt auch die Esskultur. Bestes Beispiel ist die veränderte amerikanische Esskultur, geprägt durch die Fast-Food-Industrie.

1. Bewerte den Wandel der Esskultur in den Industrieländern. Was ist positiv an der Entwicklung? Welche Nachteile ergeben sich daraus?

2. Wie erfolgt bei dir zu Hause die Mahlzeitenzubereitung vorwiegend? Funktionell orientiert, d. h. schnelle Zubereitung von vorgefertigten Produkten und Fertiggerichten oder am Wohlbefinden orientiert, d. h. selbst hergestellte Mahlzeiten aus frischen Nahrungsmitteln? Welche Gründe liegen für die Ernährungsrichtung vor?

3. Tragt die Ergebnisse zusammen und stellt sie in einer Übersicht dar.

4. Begründe, inwiefern das Ernährungsverhalten Jugendlicher mitbestimmt wird durch das Ernährungswissen, die Einstellung zur Ernährung, die finanziellen Mittel und das Geschlecht.

Lebensstil und Ernährungsverhalten Jugendlicher

Allgemein wird das Ernährungsverhalten mitbestimmt durch verschiedene Faktoren.

Erziehung
Eltern geben ihre Essgewohnheiten und Tischsitten an ihre Kinder weiter. Geschmacksvorlieben der Eltern werden oft von den Kindern übernommen. Kinder essen häufig dann viel, wenn auch ihre Eltern große Portionen essen. Jugendliche, die mehr wiegen, als ihnen lieb ist, haben häufig auch Eltern mit Gewichtsproblemen.

Kultur, Tradition, Religion
In jedem Land gibt es typische Speisen. Feste, Bräuche und Regeln bestimmen, was man isst und wie man sich beim Essen verhält. Gerichte und Verhaltensweisen werden von Generation zu Generation weitergegeben und selbst dann beibehalten, wenn man in einem fremden Land lebt. Auch religiöse Vorschriften beeinflussen das Ernährungsverhalten.

Bedürfnisse unseres Körpers
Hunger und Sättigungsgefühle steuern die Nahrungsaufnahme. Dieser natürliche Ablauf kann gestört sein, sodass wir z. B. gar nicht mehr merken, wann wir satt sind oder Hunger haben.

Seelische Verfassung
Freude, Kummer, Stress und Entspannung haben Einfluss auf unseren Appetit. Sie entscheiden mit darüber, ob wir alles in uns hineinstopfen oder entspannt Essen und Trinken genießen.

Marktangebot, Werbung
Für Nahrungsmittel wird viel und einfallsreich geworben. Die Werbung und das übergroße Nahrungsangebot verleiten oft dazu, mehr zu kaufen und dann auch mehr zu essen.

Lebensstil, persönliche Haltung
Mit dem Essen und Trinken können wir zeigen, welchen Lebensstil wir bevorzugen und zu welcher Gruppe wir uns zugehörig fühlen. Unsere persönliche Haltung bestimmt darüber, ob wir uns z. B. vegetarisch ernähren oder uns gegen Genfood entscheiden.

Beruf, Haushaltssituation, Einkommen
Wie wir uns ernähren, ist auch davon abhängig, ob wir berufstätig sind, welchen Beruf wir ausüben und wie viel Geld wir zur Verfügung haben.

2 Aktuelle Ernährungstrends

Fast Food

Typisches Fast Food

Aktuelle Ernährungstrends bewegen sich zwischen gesundheitsbewusster Ernährungsweise und Fast Food. Fast Food übt auf Jugendliche einen besonderen Reiz aus und ist häufig Bestandteil jugendlicher Lebenskultur. Dieser Reiz liegt weniger in der sättigenden Funktion des Essens und Trinkens als vielmehr in der ungezwungenen Atmosphäre, die Fast-Food-Restaurants und Imbissbuden zu beliebten Freizeittreffs werden lassen. Die Fast-Food-Gastronomie ermöglicht ein bewusstes Ignorieren von Regeln und Normen der Erwachsenenwelt durch das Essen ohne Besteck und Geschirr sowie den weitgehenden Verzicht auf gebräuchliche Tischsitten.

INFO

Zur Wiederholung: Fast Food heißt „Essen auf die Schnelle". Beliebte Fast-Food-Speisen sind z. B. Pommes frites mit Mayonnaise und Ketchup, Currywurst, Bratwurst, Hamburger, Big Mäc, Döner-Kebab, Gyros-Pita, Hot Dog, Pizza auf die Hand, Überback-Baguettes.

Problem: Sie enthalten viele versteckte Fette und Energie, aber wenig Vitamine, Mineralstoffe

Ein Problem stellt das gesundheitlich riskante Verhalten der Jugendlichen in dieser Lebensphase dar. Dabei muss unterschieden werden zwischen Gruppen, die regelmäßig und solchen, die selten Fast Food konsumieren.

Regelmäßig Fast Food konsumierende Jugendliche besuchen die Schnellrestaurants und Imbissstände vor allem, wenn sie Appetit oder Hunger haben, weniger um Freunde zu treffen. Sie achten kaum auf Fette, Vitamine und den Kaloriengehalt ihrer Nahrung, essen gerne Süßigkeiten, seltener Obst und Gemüse und trinken häufig energiereiche Getränke, z. B. Cola. Eine gesunde Ernährung ist ihnen nicht so wichtig.

Gelegentlich Fast Food konsumierende Jugendliche haben eine gesundheitsförderlichere Ernährungseinstellung. Sie essen oft Milchprodukte, Kartoffeln, Obst und Gemüse und trinken häufig Mineralwasser.

Grundsätzlich ist festzustellen, dass sich Jungen häufiger gesundheitsabträglich verhalten als Mädchen, die mehr auf eine schlanke Figur und energiearme Ernährung achten. Sie bewerten die Fast-Food-Produkte eher negativ und ernähren sich bewusster.

1. Macht in der Klasse/Schule eine Umfrage bezüglich des Fast-Food-Konsums von Jugendlichen, getrennt nach Jungen und Mädchen. Vergleicht die Ergebnisse mit den Aussagen im Text. Leitfragen könnten sein:
- Was sind deine beliebtesten Fast-Food-Speisen?
- Wie oft isst du Fast-Food-Produkte?
- Warum besuchst du ein Fast-Food-Restaurant?
- Worauf achtest du bei deiner Ernährung selten/regelmäßig?

2. Bewertet die Ergebnisse der Umfrage unter gesundheitlichen, finanziellen, ökologischen (Fleischkonsum, Massentierhaltung) und jugendkulturellen (Esskultur, Freizeitgestaltung) Aspekten.

Sportlerernährung

Sport bedeutet Bewegung, d. h., die Muskeln leisten Arbeit. Dazu benötigen sie Energie, die vor allem aus Kohlenhydraten und Fett, aber auch aus Eiweiß in der Nahrung stammt.

Kohlenhydrate: Die optimale Energiequelle
Kohlenhydrathaltige Nahrungsmittel wie Getreideprodukte (Müsli, Vollkornbrot, Nudeln), Kartoffeln, Gemüse und Obst machen durch ihren Anteil an Ballaststoffen satt, sodass man nie zu viel davon isst. Außerdem werden wichtige Vitamine und Mineralstoffe gleich mitgeliefert. Der Blutzuckerspiegel bleibt gleichmäßig hoch und der Sportler länger fit.

Fett: Weniger ist besser!
Fette sind Energiebomben. Sie liefern doppelt so viel Energie wie Kohlenhydrate und beeinträchtigen die körperliche Leistungsfähigkeit. Fettes Essen birgt zudem die Gefahr von Übergewicht. Sportler sollten fettarme Lebensmittel bevorzugen und auf versteckte Fette in Fleisch, Käse, Wurst, Kuchen, Nüsse etc. achten.

Eiweiß: Es muss nicht immer Fleisch sein!
Eiweiß ist ein wichtiger Baustoff für den Körper und von grundlegender Bedeutung für den Muskelaufbau. Sport erhöht den Einweißbedarf, aber eine ausgewogene Ernährung reicht zur Deckung vollkommen aus. 1 g Eiweiß pro kg Körpergewicht ist am Tag ausreichend. Wertvolle Eiweißlieferanten sind Milch und fettarme Milchprodukte, fettarmer Fisch und mageres Fleisch. Pflanzliche Eiweißquellen wie Getreideprodukte, Kartoffeln und Hülsenfrüchte lassen sich gut mit hochwertigem Eiweiß durch geschickte Ergänzung mit Milchprodukten oder Ei kombinieren.

Wer Sport treibt, muss ausreichend trinken!
Beim Schwitzen gehen dem Körper Wasser und Mineralstoffe verloren, die der Sportler durch Trinken wieder ausgleichen muss. Eine Stunde Dauerlauf bedeutet z. B. einen Flüssigkeitsverlust von bis zu 2 Litern. Bei einem Fußballspiel verlieren Spieler bis zu 3,5 Liter Flüssigkeit.
Man sollte unbedingt trinken, bevor der Durst kommt, denn dann liegt bereits ein Flüssigkeitsmangel vor. Empfehlenswert ist kohlensäurearmes Mineralwasser oder eine Apfelsaftschorle.

1. Schaut im Internet unter: www.aid.de/ernaehrung/ernaehrung_bewegung_sport_ernaehrung.php. Dort findet ihr leckere Rezepte, die ihr als Sportlernahrung ausprobieren könnt.

2. Vergleicht die Sportlernahrung mit den Grundsätzen für eine vollwertige Ernährung. Was fällt euch auf?

Sportler brauchen eine gesunde Ernährung und viel Flüssigkeit.

INFO

Tipps für Aktions- und Wettkampftage
- Am Abend vorher: Kohlenhydrate speichern.
- Leichte Kost 2–3 Stunden vor dem Wettkampf.
- Kleiner Imbiss 30 Min. vor dem Start.
- Ausreichend am Morgen trinken!
- Kleine Energieschübe zwischendurch.
- Nach dem Wettkampf: Verluste an Wasser, Mineralstoffen und Kohlenhydraten ausgleichen.

Ovo-lacto-vegetabil: Ei und Milchprodukte + pflanzlich

Lacto-vegetabil: Milchprodukte + pflanzlich

Vegan: ausschließlich pflanzlich

Vegetarismus

Der Begriff „Vegetarismus“ leitet sich von vegetare (lateinisch = wachsen, leben) ab. Es ist eine lebende Kost aus überwiegend pflanzlichen Lebensmitteln und Produkten vom lebenden Tier (Käse, Milch und Eier). Vom getöteten Tier stammende Lebensmittel werden abgelehnt.

Beim Vegetarismus handelt es sich nicht nur um eine Ernährungsform, sondern um eine Lebensweise, bei der ethisch-religiöse und gesundheitliche Motive überwiegen, vor allem die Ablehnung des Tötens und das Verhältnis von Mensch und Tier. Die Problematik der Massentierhaltung und Tiertransporte sowie der Vermeidung des Anblicks toter Tiere sind Gründe für den Vegetarismus.

Viele Schülerinnen und Schüler ernähren sich vegetarisch. Vegetarier leben oft bewusster. Sie treiben häufig Sport, da sie körperliche Aktivität als einen Bestandteil gesunder Lebensführung betreiben. Viele Vegetarier bevorzugen naturheilkundliche Behandlungsmethoden.

Mehr als die Hälfte aller Vegetarier sind Ovo-lacto-Vegetarier (sie essen pflanzliche Kost, Eier und Milchprodukte), 30 % Lacto-Vegetarier (sie essen pflanzliche Kost und Milchprodukte) und weniger als 10 % Veganer (sie essen ausschließlich pflanzliche Kost). Aus gesundheitlichen und ökologischen Gründen bevorzugen Vegetarier pflanzliche und tierische Lebensmittel aus ökologischer Landwirtschaft, die aus heimischen Anbaugebieten stammen und nur gering verarbeitet sind. Sie verzehren viel Obst, Gemüse, Getreide, Vollkornprodukte und Hülsenfrüchte. Süßwaren, Eier, Bohnenkaffee und alkoholische Getränke werden nur in geringen Mengen verzehrt.

Bei vegetarischer Ernährung kommt es leicht zu Eisenmangelerscheinungen, da kein Fleisch verzehrt wird. Dieses enthält viel Eisen, was wichtig für die Bildung von roten Blutkörperchen ist. Hier muss durch andere eisenhaltige Nahrungsmittel wie Sojaprodukte und grünes Gemüse ein Ausgleich geschaffen werden.

1. Eure Mitschülerin Lena ist Ovo-Lacto-Vegetarierin. Stellt für sie einen Tageskostplan zusammen, in dem alle Nährstoffe in ausreichendem Maße vorhanden sind. Nehmt dazu die Nährwerttabelle von S. 43 zu Hilfe. Anregungen für Speisen findet ihr im Internet und in vegetarischen Kochbüchern.

2. Bewertet die Kostform Vegetarismus unter
a) gesundheitlichen,
b) ökologischen und
c) ethischen Aspekten.

Trennkost

Bei Trennkost handelt es sich nicht um eine Diät, wie viele denken, sondern um eine Ernährungsweise mit besonderen Eigenschaften. Sie entgiftet und entsäuert den Körper und schont die Verdauungsorgane. Als angenehme Begleiterscheinung verliert der Körper dabei überflüssige Pfunde. **Hauptmerkmal der Trennkost** ist eine Trennung zwischen überwiegend eiweißhaltigen und überwiegend kohlenhydrathaltigen Nahrungsmitteln mit dem Ziel, die Verdauungsorgane bei der täglichen Nahrungszerlegung zu schonen.
Ein sehr wichtiger Punkt der Trennkost ist das Beachten des Säure-Basen-Gleichgewichtes. Zu den **Säurebildnern** gehören eiweißreiche Nahrungsmittel wie Fleisch, Wurst, Fisch, Käse, Eier, aber auch verschiedene Kohlenhydrate wie Zucker, geschältes Getreide und polierter Reis. Zu den **Basenbildnern** gehören kohlenhydrathaltige Nahrungsmittel wie Gemüse, Salat, Rohkost, Obst, Keimlinge, Mandeln, Kerne, Samen und junge Kartoffeln. Isst man während einer Mahlzeit gleichzeitig Eiweiße und Kohlenhydrate, was ja der üblichen Ernährungsweise entspricht, werden die Verdauungsorgane oftmals überfordert.

Ursachen der Säurebildung

Wie ihr wisst, haben die einzelnen Nährstoffe im Körper verschiedene Aufgaben zu erfüllen. So wertvoll die Nährstoffe für einen reibungslosen Ablauf unserer Körperfunktionen sind, es bleiben beim Stoffwechsel leider auch saure Abfallstoffe im Blut zurück. Tee, Kaffee, Kakao, Alkohol und Nikotin lassen den Gehalt an Säure ansteigen, ebenso Stress.

Ausgleich der Säuren mit Basen

Basen sind die Gegenspieler der Säuren und haben eine ausgleichende Wirkung. Da unser Körper zu 20 % aus säurebildenden und zu 80% aus basenbildenden Stoffen besteht, sollte unsere Ernährung auch diesem Verhältnis entsprechen. Es gibt aber auch noch **neutrale Nahrungsmittel**. Sie dürfen nach Belieben mit Nahrungsmitteln der Eiweißgruppe und Kohlenhydratgruppe gemischt werden. Dazu gehören alle ungehärteten Fette, naturbelassene Öle und Butter, sowie alle fettreichen Nahrungsmittel wie Sahne, vollfetter Käse ab 60 % i. Tr. Da sie sehr energiereich sind, sollte man sie sparsam zugeben. Außerdem gehören dazu alle Milchprodukte, die durch Säuerung verändert wurden, wie Quark, saure Sahne, Joghurt, Buttermilch.

1. Stellt in Gruppen ein Frühstück und eine Mittagsmahlzeit zusammen, in denen Lebensmittel der Kohlenhydratgruppe mit solchen aus der neutralen Gruppe kombiniert werden. Begründet eure Auswahl.

2. Bereitet, wenn möglich, ausgewählte Mahlzeiten zu und bewertet sie nach Aussehen, Geschmack und gesundheitlichem Wert.

Pellkartoffeln mit Kräuterquark

Zutaten:
400 g kleine Kartoffeln,
3–4 EL gemischte Kräuter,
1 kleine Zwiebel,
250 g Quark (20 % Fett i. Tr.),
etwas Kräutersalz,
5 EL Mineralwasser.

Zubereitung:
1. Die Kartoffeln waschen und in 18–20 Min. als Pellkartoffeln garen.

2. In der Zwischenzeit die Kräuter waschen, trockenschütteln, gut verlesen und fein hacken. Die Zwiebel schälen und fein würfeln.

3. Quark mit Kräutersalz und dem Mineralwasser cremig rühren. Die gehackten Kräuter und die Zwiebelwürfel darunter mischen.

4. Die Pellkartoffeln mit dem Quark servieren.

INFO

Trennungsplan
Folgende Kombinationen sind in einer Mahlzeit möglich:
- Lebensmittel aus der Eiweißgruppe mit solchen aus der neutralen Gruppe,
- Lebensmittel aus der Kohlenhydratgruppe mit solchen aus der neutralen Gruppe.

Im Laufe eines Tages sollte zwischen einer Kohlenhydrat- und einer Eiweißmahlzeit gewechselt werden.

Functional Food

Functional Food – Lebensmittel mit Zusatznutzen

Industriekost mit Gesundheitsanspruch erobert die Regale der Supermärkte. Sehr beliebt sind probiotische Joghurts, Trinkjoghurts, Milchmischgetränke, Quark und Käse. Sie werden intensiv beworben und versprechen oft einen zusätzlichen gesundheitlichen Nutzen. Verpackung, Aufmachung und Werbung sollen vor allem gesundheitsbewusste Verbraucher überzeugen, von herkömmlichen Milchprodukten auf die neuen Angebote umzusteigen. Gesundheitsgründe sind das wichtigste Motiv für den Kauf probiotischer Milchprodukte. Einige Produkte erwecken fast schon den Anschein, als handle es sich nicht um Lebensmittel, sondern um Heilmittel.

Wirkung probiotischer Lebensmittel

„Pro Bios“ leitet sich aus dem Griechischen ab und bedeutet „für das Leben“. Probiotische Joghurts enthalten speziell gezüchtete Bakterienstämme, die besser als herkömmliche Milchsäurebakterien die Magensäure überstehen und die Immunabwehr unterstützen sollen. Wissenschaftlich ist diese behauptete Wirkung umstritten.

Ballaststoffe neu verpackt

Im Kommen sind auch **prebiotische** Produkte. Sie enthalten bestimmte Kohlenhydrate, die im Dünndarm nicht verdaut werden und im Dickdarm das Wachstum der probiotischen Bakterien fördern sollen – Ballaststoffe also. In naturbelassener pflanzlicher Nahrung, vor allem in Vollkorn, Hülsenfrüchten, Obst und Gemüse, sind sie reichlich vorhanden. Erst durch die sogenannte technische Veredelung, z. B. bei Weißmehl, werden sie weniger. Kleie aus den Randschichten des Getreidekorns wird deshalb vielen Produkten zugesetzt – vom Frühstücksbrötchen über Joghurts bis hin zur Schlankheits-Tütensuppe.

INFO

Typische Werbesprüche für Functional Food:
„Bringt die Darmflora in ein natürliches Gleichgewicht“
„Stärken Sie Ihre körpereigene Abwehr“
„Ein täglicher Beitrag zu Ihrer Gesundheit“
„Die natürliche Aktivität Ihrer körpereigenen Zellen wird erhöht“
„Verdauungsbewusste Ernährung“
„Nur wer richtig verdaut, ist richtig gesund“
„Tut gut“

Functional statt vollwertig?

Ganz klar: Functional Food kommt dem Bedürfnis der Menschen im Industriezeitalter sehr entgegen. Es ist schnell, bequem, vielen schmeckt's – und dazu die Extraportion Gesundheit, das scheint schon fast ideal. Doch Funktional Food liefert immer nur einen Bruchteil aller lebenswichtigen Nähr- und Wirkstoffe. Um gesund zu bleiben, braucht der Körper die ganze Bandbreite. Grundlage einer gesund erhaltenden Ernährung ist und bleibt deshalb die vollwertige Kost!

1. Schaut in den Regalen der Supermärkte nach probiotischen Joghurts. Stellt einen Preis- und Geschmacksvergleich gegenüber „normalen“ Joghurts an.

2. Mit welchen Aussagen wird auf den Verpackungen geworben? Bewertet sie aufgrund der Sachinformationen im Text.

Light-Produkte – Eine Lösung bei Gewichtsproblemen?

Der Markt für Light-Produkte wächst ständig. Immer mehr altbekannte Lebensmittel gibt es auch in Light-Version. Was steckt dahinter?

Light-Produkte

Milchprodukte

Fettarme Milchprodukte wie Sauermilch, Joghurt und Kefir werden in der Light-Variante stark beworben. Sie dürfen so bezeichnet werden, wenn der Fettgehalt höchstens 1,8 % Fett enthält. Es gibt sie aber auch als normale fettarme Produkte, die nicht so teuer sind, z. B. Magerquark und Magerjoghurt. Bei Käse gilt 32,5 % Fett in Trockenmasse als Obergrenze für Light-Produkte. Frischkäse dürfen maximal 12,5 % Fett i. Tr. enthalten. Auch hier gibt es natürliche fettarme Käsesorten als preiswerte Alternative, z. B. Harzer Käse und körniger Frischkäse. Bei Halbfettbutter wird ein Teil des Fettes durch Wasser ersetzt. Damit es dem Original nahe kommt, werden Zusatzstoffe wie Emulgatoren und Farbstoffe zugesetzt.

INFO

„Light", „leicht" kann heißen:

- kalorienarm oder kalorienreduziert,
- fettarm oder fettreduziert
- alkoholarm oder alkoholreduziert,
- koffeinarm oder koffeinfrei,
- weniger Kohlensäure.

Fleischerzeugnisse

Viele Wurstsorten gibt es im wahrsten Sinn abgespeckt mit 40 % weniger Fettgehalt, z. B. Salami. Hier werden alternativ fettarme Wurstsorten wie Putenbrust, Geflügelmortadella und magerer Schinken angeboten, sodass auf „light" verzichtet werden kann.

Getränke

Viele Erfrischungsgetränke, insbesondere Cola, Limonaden, Fruchtsaftgetränke oder Fruchtnektare, sind in der Light-Version auf dem Markt. Der hohe Zuckeranteil in den Ursprungsprodukten wird durch Süßstoffe ersetzt. Dadurch haben sie weniger Kalorien, sie sind energiearm und zahnschonend. Trotzdem gewöhnt man sich an den süßen Geschmack von Getränken und verlernt, dass auch ungesüßte Getränke wie reine Säfte mit Mineralwasser vermischt schmecken und nebenbei Vitamine und Mineralstoffe liefern, z. B. Apfelsaftschorle.

Auch bei alkoholischen Getränken, insbesondere bei Bier und Sekt, gibt es Light-Produkte. Ihnen wurde der Alkohol weitestgehend entzogen.

1. Erkunde einen Lebensmittelladen und notiere, welche Light-Produkte in den genannten Nahrungsmittelgruppen angeboten werden. Wie hoch sind die Preise gegenüber vergleichbaren fettarmen Produkten?

2. Untersuche Werbeträger wie Zeitschriften und Fernsehen auf ihre Werbung für Light-Produkte. Welche Werbeaussagen werden getroffen?

3. Bewertet die Light-Produkte gesundheitlich und finanziell. Sind sie eine Lösung bei Gewichtsproblemen?

3 Essstörungen verstehen und bewältigen

Magersucht

B

Lisa erzählt: „Von meiner Sucht zu hungern“

„Es fing mit einer ganz normalen Diät an. Um abzunehmen, habe ich zuerst einfach nur weniger und keine Süßigkeiten mehr gegessen. Ich verlor ganz schnell 3 kg Gewicht. Ich genoss es, dass meine Freundinnen mich bewunderten und fühlte mich ihnen überlegen. Ich musste mich nicht wie sie nach dem Schwimmen mit Pizza vollstopfen. Ich konnte mich gut beherrschen und trank nur Cola light!

Diese Gefühle spornten mich an, noch mehr abzunehmen. Zum Schluss aß ich nur noch drei Äpfel am Tag. Von meinem Körpergewicht hing mein ganzes Selbstwertgefühl ab. Morgens und abends kontrollierte ich mein Gewicht. Stellte ich fest, dass ich abgenommen hatte, fühlte ich mich stark. Sobald ich aber nicht abgenommen hatte, meinte ich versagt zu haben und willensschwach zu sein. Dafür bestrafte ich mich mit zusätzlichen Bahnen beim Schwimmen und noch weniger Essen. Auch als ich nur noch etwa 40 kg wog, konnte ich nicht aufhören. Ich hielt mich immer noch für zu dick.

Zu meinen ehemaligen Freundinnen verlor ich den Kontakt. Sie nervten mich mit ihrer Bevormundung und mit ihren kritischen Bemerkungen über mein Aussehen. In der Schule hatte ich Supernoten. In meiner Freizeit lernte ich nämlich wie eine Besessene. Nur so konnte ich meinen Hunger vergessen. Als meine Eltern misstrauisch wurden, versuchten sie mich zum Essen zu überreden. „So kann das doch nicht weitergehen!“, flehten sie, als ich weiter hungerte. Das war mir auch klar, aber ich fand keinen Ausweg aus dem Teufelskreis."

(Lisa brach schließlich zusammen. Im Krankenhaus wurde ihre Magersucht festgestellt. Sie wurde dann in einer speziellen Klinik für Essgestörte behandelt.)

Reaktionen der anderen auf Lisas Hungern

Lisa mit Freunden

Ursachen und Folgen der Magersucht (Anorexie)

Abnehmen hat vor allem bei Frauen und Mädchen einen hohen Stellenwert. Die Werbung und aktuelle Jugendmode vermitteln ein Schlankheitsideal, das nur mit einem übertriebenen Idealgewicht zu erreichen ist. Wer abnimmt, wird von den anderen bewundert. Deshalb hungern manche Mädchen immer weiter und verachten die natürlichen Bedürfnisse ihres Körpers nach Nahrung. Die Kontrolle über das Essen gibt ihnen das Gefühl, stark und unabhängig zu sein. Drei Viertel der 14–19 jährigen Mädchen hatten bereits das Gefühl, Übergewicht zu haben.

Von Magersucht spricht man, wenn die Betroffene nicht in der Lage ist, mit dem Hungern aufzuhören. Sie ist von diesem Verhalten abhängig geworden. Die körperlichen Folgeschäden von Magersucht können schnell nach Beginn der Erkrankung auftreten. Die Menstruation bleibt aus, die Knochen werden brüchig, Herz-Kreislauf-Störungen, Magen-Darm-Beschwerden, Nierenschäden, Haarausfall und Hautveränderungen können einsetzen. Zehn Prozent der Magersüchtigen sterben an ihrer Erkrankung. Mittlerweile erkranken auch immer mehr Jungen an Magersucht.

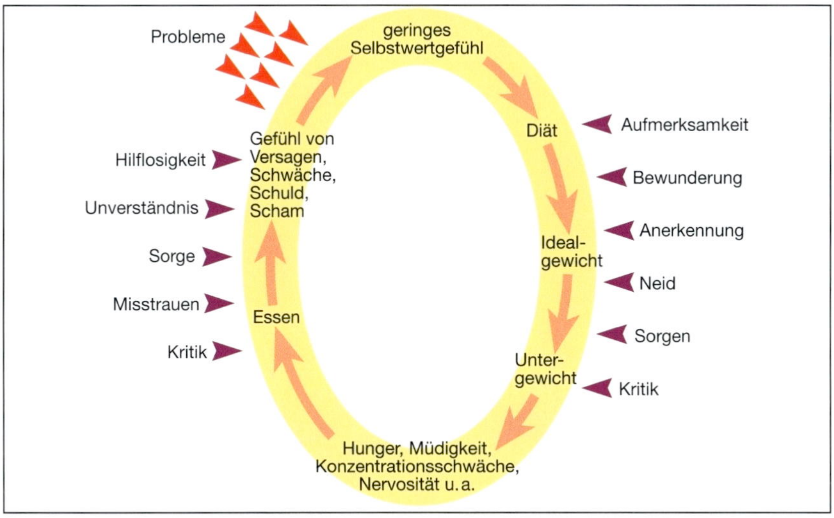

Teufelskreis der Magersucht

INFO

Kennzeichen von Magersucht

- Die Pubertätsmagersucht – 95 % der Betroffenen sind Mädchen – fällt in die Entwicklungsphase zwischen Kindheit und Erwachsenensein. Die eigene Sexualität wird abgelehnt.
- Eine falsche Einschätzung des eigenen Körpergewichts liegt vor. Man ist mager, fühlt sich aber noch trotz seines Untergewichts zu dick.
- Die Gedanken und Gefühle kreisen nur noch um das Essen.
- Fleiß und Ehrgeiz sind extrem hoch.
- Die Krankheit wird geleugnet.
- Es besteht ein Eiweiß-, Vitamin- und Mineralstoffmangel.

1. Lies den Text „Von meiner Sucht zu hungern".
a) Woran erkennt man, dass Lisa vom Hungern abhängig geworden ist?
b) Welche Gründe können bei Lisa zur Magersucht geführt haben?

2. Beschreibe den Teufelkreis der Magersucht. Erkläre Lisas Entwicklung mithilfe des Teufelskreises.

3. Nenne und begründe
a) soziale Folgen,
b) gesundheitliche Folgen der Magersucht.

Ess-/Brechsucht

B **Katrin berichtet von ihrer Ess-/Brechsucht:** „Heute Abend hatte ich mir vorgenommen, endlich wieder normal zu essen: Zwei Scheiben Schwarzbrot mit Butter, Wurst und Käse, einige Tomaten, Kakao. Schon beim Essen überfiel mich wieder die Angst. War das jetzt doch zu viel? Nun nehme ich sicherlich wieder zu! Wenn schon, denn schon! Kühlschrank auf: Kartoffeln, Bratenreste und Pudding vom Mittagessen – alles habe ich runtergeschlungen und anschließend auf der Toilette wieder erbrochen. Abends beim Fernsehen das gleiche Spiel: Kartoffelchips, Cola, Schokolade verdrücke ich mit Heißhunger. Plötzlich wird mir bewusst, was ich da alles gegessen habe und ich bekomme panische Angst dick zu werden."

Katrin wiegt 62 kg bei einer Größe von 178 cm, sie meint, sie wäre zu dick, wobei alle sagen, sie habe eine Klasse-Figur. Durch eine Diät gelang ihr eine Gewichtsabnahme von 5 kg. Dies reichte ihr aber nicht, sie hungerte weiter. Zwischendurch kam es immer wieder zu Heißhungeranfällen, danach fühlte sie sich schuldig und versuchte die Anfälle durch Erbrechen zu beenden. Hungerphasen und Heißhungeranfälle wechselten sich ab. Katrin ist sehr modebewusst und möchte kein Gramm zu viel am Körper haben. „Bloß nicht zunehmen", das ist ihre größte Sorge. Die Anerkennung und das Interesse der Mitschüler an ihrem Outfit sind ihr wichtig. Ihre Eltern wissen keine Lösung.

Katrin in Gedanken

Ess-/Brechsucht (Bulimie)

Besonders junge Frauen im Alter zwischen 15 und 35 Jahren geraten in den Teufelskreis von zu viel Essen und Erbrechen. Oft sind Diäten der Einstieg in diese suchtartigen Essstörungen. Anders als Magersüchtige „schlagen" junge Menschen mit dieser Krankheit beim Essen immer wieder „richtig zu". Man spricht von Essattacken. Dann befördern sie das eben Aufgenommene umgehend wieder aus ihrem Körper heraus. Der Magen kann so seine Verdauungsarbeit gar nicht erst beginnen.

Kennzeichen von Ess-/Brechsucht

- Die Heißhungerattacken werden durch selbst herbeigeführtes Erbrechen beendet.
- Nach übermäßigem Essen erfolgt der Versuch, wieder abzunehmen. Strenge Diät, Erbrechen, Abführmittel und Entwässerungsmittel werden zur Gewichtsabnahme eingesetzt. Es kommt zu Gewichtsschwankungen von bis zu 5 kg.
- Die jungen Menschen haben Angst, die Willenskontrolle über das Essen zu verlieren. Oft ziehen sie sich zurück, haben wenig Kontakt. Minderwertigkeitsgefühle und Selbstvorwürfe folgen den Fressanfällen.
- Durch das Erbrechen werden Magen, Speiseröhre und Zähne geschädigt (aggressive Magensäure). Der Mineralstoffhaushalt wird gestört, es kann zu Vitamin- und Eiweißmangel kommen.

Hilfsangebote

Experten meinen: Diese Formen des unvernünftigen Essverhaltens kann man leichter überwinden als Magersucht. Die Betroffenen brauchen Verständnis inner- und außerhalb der Familie. Sie brauchen jemanden, mit dem sie reden können, dem sie vertrauen, z. B. Freunde, Selbsthilfegruppen. Außerdem ist bewusstes, diszipliniertes Essen erforderlich: fettarme Kost und wenig Zucker.

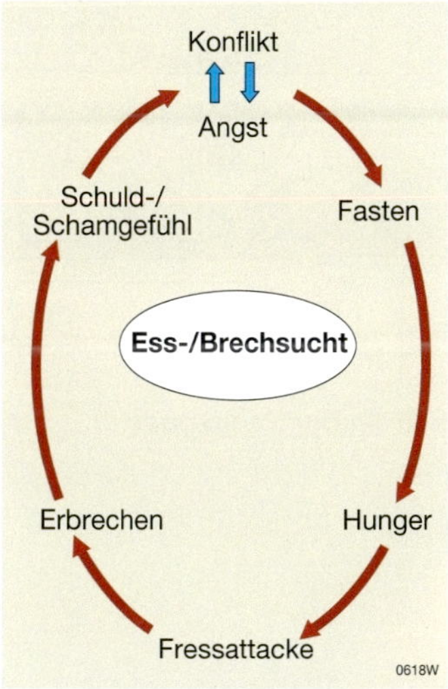

Der Kreislauf des Suchtverhaltens

INFO

Für Magersucht und Ess-/Brechsucht gilt: Nicht das Essverhalten ist die eigentliche Krankheit, sondern die damit verdeckten Probleme.

1. Lies den Bericht von Katrin.
Nenne mögliche Ursachen für das gestörte Essverhalten von Katrin.

2. Nenne und begründe
a) soziale Folgen,
b) gesundheitliche Folgen des gestörten Essverhaltens.

3. Beschreibe den Kreislauf des Suchtverhaltens bei einem gestörten Essverhalten in seinen einzelnen Phasen.

4. Mache Vorschläge: Wie kann Katrin geholfen werden?

5. Führe eine Internetrecherche durch über Hilfsangebote bei Essstörungen und werte sie auf ihre Brauchbarkeit für Lisa und Katrin aus.

Ralf an der Imbissbude

Überernährung

B

„Einmal Pommes mit Majo"

Ralf, 14 Jahre, ist der dickste Junge in seiner Klasse. Die Mitschüler hänseln ihn oft, besonders im Sportunterricht. In solchen Situationen ist Ralf ganz deprimiert. In der anschließenden Pause kauft er sich aus Frust gleich zwei Stücke Gebäck beim Hausmeister.

Seine Mutter kann es nicht verstehen, dass er gehänselt wird und oft allein ist. Sie meint: Ralf ist vielleicht etwas pummelig, aber wenn er erst mal ausgewachsen ist, wird das bisschen Speck von selbst weggehen. Ralfs Mutter ist selbst eine rundliche Person.

Er bringt meist gute Noten mit nach Hause, für die es jedes Mal etwas zum Naschen gibt. Aber auch für eine schlechte Note gibt es zum Trösten Eis und Schokolade. Er ist es gewohnt, nach der Schule allein zu Hause zu sein, denn beide Eltern arbeiten den ganzen Tag. Als er noch jünger war, brachten ihm seine Eltern häufig zur Überraschung abends etwas Leckeres mit, mal eine Tüte Bonbons, mal eine Tafel Schokolade. Heute braucht er nur an den Kühlschrank zu gehen, um sich das, was er mag, selbst zu holen. Oder seine Mutter legt ihm Geld hin, damit er sich etwas kaufen kann. Häufig geht er nach der Schule zur Imbissstube und isst dort sein Lieblingsessen „Pommes mit Majo".

Ralfs Lieblingsbeschäftigung sind Fernsehen und Video schauen. Dabei knabbert er gerne eine Tüte Chips und trinkt eine Flasche Cola dazu – hm, lecker! Dann ist sein Kummer über das Alleinsein nicht ganz so groß. Richtige Freunde hat er keine, denn seine Klassenkameraden gehen nachmittags zur Skaterbahn oder spielen Fußball. Das alles kann er wegen seiner Schwerfälligkeit nicht mitmachen.

Eines Tages beschließt Ralf, dass nun alles anders werden soll. Er möchte auch so gerne einer Clique angehören wie seine Mitschüler.

Übergewicht

Essen und Trinken haben viel mit unserer Psyche zu tun. Kummerspeck kann man zwar wieder abbauen, aber das kostet Kraft und einen eisernen Willen. Einmal aufgebaute Fettzellen lassen sich nicht vollständig weghungern. Bei einer Schlankheitsdiät können sie zwar schrumpfen, doch sie warten darauf, bei nächster Gelegenheit wieder auf ihre alte Größe anzuwachsen. Manche Forscher sagen, Übergewicht sei eine Sache der Vererbung. Andere schieben die überschüssigen Pfunde auf die Erziehung. Das Übermaß an Fettzellen, das die meisten Dicken mit sich herumtragen, sei in früher Kindheit durch allzu reichliche und falsche Kost angefuttert worden.

Warum werden manche Menschen dick und andere nicht, obwohl sie genauso viel essen? Es gibt gute und schlechte „Futterverwerter". In Untersuchungen wurde nachgewiesen, dass schlanke Menschen mehr Wärme – und damit Energie – abgeben als Übergewichtige

Menschen sind wie Öfen unterschiedlicher Qualität. Der eine verbrennt alles und heizt gut, der andere glimmt und schwelt, ohne richtig heiß zu werden. Ein anderer Erklärungsansatz ist der, dass manche Menschen einfach nicht dick werden, weil sie ständig in Bewegung sind. Jeden Handgriff machen sie mit großem Energieeinsatz, springen von ihrem Stuhl auf statt langsam aufzustehen, sie gehen schnell statt zu schlendern. Dadurch wird ein Großteil der Nahrungsenergie verbraucht.

Ursachen und Folgen von Übergewicht

- Übergewichtige merken meist gar nicht, was sie essen, d.h. wie energiereich ihre Speisen sind und wie viel sie essen. Ein natürliches Sättigungsgefühl fehlt. Sie schlingen das Essen in sich hinein, essen große Bissen und schlucken sie wenig zerkaut herunter.
- Falsche Ernährungsgewohnheiten und psychische Probleme führen zu Übergewicht, z.B. Minderwertigkeitsgefühle, Kummer, Frust.
- Übergewicht führt zu gesundheitlichen Gefährdungen:
  - Knochen und Gelenke werden durch Übergewicht überbeansprucht. Es kommt zu Veränderungen an Wirbelsäule, Knien und Füßen.
  - Herz und Kreislauf werden überbelastet, Bluthochdruck kann entstehen.
  - Stoffwechselerkrankungen können durch Übergewicht zum Ausbruch kommen: Zuckerkrankheit (Diabetes), Fettstoffwechselstörungen und Gicht.

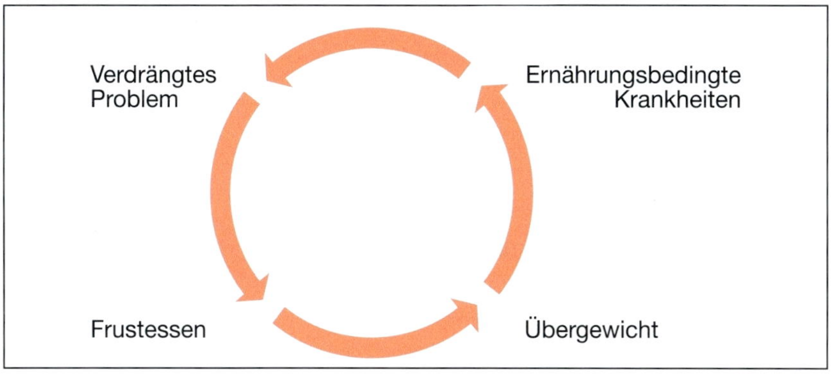

Teufelskreis Übergewicht

1. Nenne mögliche Ursachen für das Übergewicht von Ralf.

2. Beschreibe die Folgen, die das Übergewicht auf Ralfs Verhalten hat.

3. Mache Vorschläge: Wie kann Ralf sein Verhalten ändern?

4. Erläutere den Teufelskreis von Übergewicht.

5. Welche gesundheitlichen Folgen kann Übergewicht auf Dauer haben?

WHO kämpft gegen Fettleibigkeit

Genf (epd). Zwischen 20 und 30 Prozent der Europäer sind nach Einschätzung der EU-Kommission übergewichtig oder fettleibig. „Wenn dieser Trend anhält, werden bald die meisten Europäer als übergewichtig eingestuft werden müssen“, sagte Verbraucherkommissar David Byrne gestern in Brüssel.

Byrne äußerte sich anlässlich der Jahrestagung der Weltgesundheitsorgansation (WHO) in Genf. Die WHO möchte ein Jahr nach der Verabschiedung einer Resolution gegen das Rauchen nun auch das Übergewicht bekämpfen. Zu viel Zucker, Salz und Fett im Essen sind nach ihren Daten für 60 Prozent der jährlich 56 Millionen vermeidbaren Todesfälle verantwortlich.

Auf der bis morgen andauernden WHO-Tagung liegt den Vertretern der 192 Mitgliedstaaten ein Aktionsplan für gesunde Ernährung und ausreichende Bewegung vor.

Zeitungsartikel aus Buxtehuder Tageblatt, 21. Mai 2004

Ernährung bei Übergewicht – Reduktionsdiäten

Um aus dem Teufelskreis der Essstörungen herauszukommen, braucht man einen eisernen Willen und Durchhaltevermögen. Ohne fachkundige Hilfe durch länger andauernde ärztliche Behandlung oder Selbsthilfegruppen ist dies kaum möglich. Die Krankenkassen bieten Trainings- und Ernährungsprogramme an, bei denen die Gewichtsabnahme bzw. bewusstes Ernährungsverhalten in einer Gruppe angestrebt werden. Die Gemeinschaft und der Erfahrungsaustausch in der Gruppe spornen an und stärken das Durchhaltevermögen.

Energiereduzierte Mischkost

Sie ist keine Diät von begrenzter Dauer, sondern eine Lebensweise, die zur Gesunderhaltung beitragen kann. Durch Verzehr von energiearmen Lebensmitteln und durch ein bewusstes Ernährungsverhalten soll es zur Gewichtsabnahme kommen. Hierbei gelten generell die gleichen Grundsätze wie für eine vollwertige Ernährung. Die Energiezufuhr muss jedoch um mindestens 2.000 kJ gesenkt werden.

Verzehr energiearmer Lebensmittel

- Mehr frisches Obst und Gemüse auswählen. Vor jeder Mahlzeit gegen den Heißhunger eine Portion Rohkost essen oder ein Glas Wasser trinken.
- Vollkornprodukte und Kartoffeln essen.
- Stark gezuckerte Lebensmittel meiden, Speisen nicht stark salzen.
- Fettkonsum einschränken. Fettarme Gartechniken auswählen, z. B. Dämpfen, Dünsten, Grillen, Mikrowelle.
- Viel trinken, am besten Mineralwasser.

Energiereiche Lebensmittel meiden!

Regeln für bewusstes Ernährungsverhalten

- **Feststellen, was man eigentlich isst:**
  - Aufschreiben, was man täglich isst.
  - Eine Liste mit energiearmen Lebensmitteln zusammenstellen.
- **Ernährungsgewohnheiten langsam umstellen**
  - Bei der Zubereitung Fett sparen.
  - Kleinere Portionen essen, den Teller nie ganz voll füllen.
- **Nicht unkonzentriert essen**
  - Regelmäßig kleine Mahlzeiten einnehmen. Nicht zwischendurch essen.
  - Während des Essens nicht fernsehen oder lesen.
  - Nicht aus Langeweile essen.
  - Nicht mit Lebensmitteln loben, trösten.

1. Übergewichtige essen oft das Falsche. Mache Vorschläge, was anstelle der abgebildeten energiereichen Nahrungsmittel gegessen und getrunken werden kann.

2. Erläutere und begründe die Regeln für ein bewusstes Essverhalten.

Ernährung bei Zuckerkrankheit – Diabetes-Diät

In Deutschland ist Diabetes in den letzten Jahren zu einer Volkskrankheit geworden, fast 4 Millionen Menschen sind durch Fehlernährung zuckerkrank! Bei der Zuckerkrankheit (Diabetes mellitus) wird zu wenig Insulin – ein Hormon – in der Bauchspeicheldrüse gebildet und ans Blut abgegeben. Bei einem zu hohen Zuckerkonsum erhöht sich der Blutzuckerspiegel, es muss viel Insulin ausgeschüttet werden. Ebenso werden bei überreichlicher Ernährung immer größere Insulinmengen für den Fett- und Eiweißabbau benötigt. Das körpereigene Insulin reicht nicht aus, es kommt zu Stoffwechselstörungen.

Ein zu hoher Zuckerkonsum und Überernährung/Übergewicht können also zum Ausbruch von Diabetes führen!

Stoffwechselstörungen bei Insulinmangel

Kohlenhydratstoffwechsel: Bei einem Diabetiker werden die Kohlenhydrate der Nahrung normal verdaut und ins Blut aufgenommen. Nur Traubenzucker gelangt gar nicht oder viel zu wenig in die Zellen und es kann kein Glykogen (Speicherform des Zuckers in Leber und Muskeln) aufgebaut werden. Es steigt also der Blutzuckerspiegel nach den Mahlzeiten, der Zucker wird mit sehr viel Urin ausgeschieden, der Flüssigkeitsbedarf und der Durst steigen.

Fett- und Eiweißstoffwechsel: Da die Körperzellen trotz des hohen Blutzuckerspiegels nicht genügend mit Traubenzucker versorgt werden, wird Fettgewebe und Körpereiweiß abgebaut, um die Muskulatur mit Energie zu versorgen. Durch den Fett- und Eiweißabbau kann es zu starken Gewichtsverlusten kommen. Man fühlt sich müde und schlapp.

INFO

Diabetes-Diät

Typ-I-Diabetiker:
Die Bauchspeicheldrüse kann kein Insulin bilden, es muss „gespritzt" zugeführt werden. Kohlenhydrat- und Insulinzufuhr müssen genau aufeinander abgestimmt werden. Diese Diabetiker benötigen besondere Kenntnisse über den Nährstoffgehalt der verschiedenen Lebensmittel.

Typ-II-Diabetiker:
Die Bauchspeicheldrüse produziert noch Insulin. Die Krankheit wird zunächst kaum bemerkt. 90 % aller Typ-II-Diabetiker sind übergewichtig. Eine Diät mit 6–7 gleichmäßig verteilten, kleinen Mahlzeiten reicht meist aus, um einen Hormonmangel auszuschließen. Eine energiereduzierte Mischkost kann zu einer Gewichtsnormalisierung und Verbesserung des Stoffwechsels beitragen. Eventuell können Tabletten die Insulinbildung unterstützen.

Q

Lebensmittel für Zuckerkranke verschwinden vom Markt

Seit fast 40 Jahren gehören sie zum Angebot jedes gut sortierten Supermarktes: Brot mit weniger Kalorien, Bier mit weniger Kohlenhydraten, Süßigkeiten und Marmelade mit Süßstoff oder Zuckeraustauschstoff statt Haushaltszucker – Lebensmittel für Diabetiker. Jetzt ist Schluss mit der Extrawurst. Nach einer neuen Verordnung soll es keine Diabetiker-Lebensmittel geben. Zuckerkranke sollen genau wie andere auch abwechslungsreich und ausgewogen essen und Übergewicht vermeiden.

Quelle: Brigitte 24/2010, S. 190

1. Begründe die Anzeichen bei Diabetes:
   a) Durst und Wasserlassen
   b) Müdigkeit und Abgeschlagenheit
   c) Gewichtsabnahme

2. Mache einen Vorschlag für einen Tagesspeiseplan für sechs kleine Mahlzeiten mit energiereduzierter Mischkost. Begründe deine Auswahl.

4 Ernährungsverhalten und Esskultur

Esskultur – Grundlage menschlichen Zusammenlebens

Wenn man von Esskultur spricht, werden schnell gängige Vorstellungen wach: wie man sich bei Tisch benimmt, das Familienmahl am Sonntag oder die französische Küche. Als eher „kulturlos" werden dagegen der Besuch eines Fast-Food-Restaurants oder die englische und amerikanische Küche eingestuft. Esskultur ist allerdings weitaus mehr, als die üblichen Vorurteile vermuten lassen, denn sie ist zentraler Teil der Familienkultur. Sie vermittelt,

- warum die Menschen das essen, was sie essen, und wie sie essen;
- warum es so schwer ist, Essgewohnheiten zu ändern;
- warum Menschen „ihr" Essen so wichtig sein kann;
- warum Familien-Esskultur für Kinder eine gute Voraussetzung für ein verantwortliches und genussvolles Essen ist.

Was versteht man unter Esskultur?

Esskultur umfasst alles, was mit Essen verbunden und von Menschen entwickelt worden ist. Esskultur bezieht sich auf Lebensmittel und Geräte, aber auch auf Vorlieben für Speisen und entsprechende Rezepte. Das gesamte kulturelle Umfeld der Ernährung wie Dekoration und Tischsitten, Rituale und regionale Spezialitäten spielen dabei eine große Rolle.

In der Schulkantine

Was sind typische Merkmale von Esskultur?

„Der Mensch ist, was er isst". Dieser bekannte Ausspruch drückt aus, dass immer bewertet wurde, was, mit wem und wie Menschen aßen. Über das Essen drücken sich Menschen aus (z. B. Liebe geht durch den Magen) und werden Gemeinschaften geschaffen. Es gibt vier typische Merkmale:

- **Die Auswahl und Bewertung der Nahrungsmittel**
  In jeder Kultur wird bestimmt, welche Nahrungsmittel akzeptiert sind oder nicht. Das reicht von ausdrücklichen religiösen Verboten, z. B. Schweinefleischkonsum im Islam, bis hin zum Bewerten von Essgewohnheiten – was gerade „in" oder „out" ist. Es gibt immer noch Vorstellungen, was ein „männliches" Essen ist (nämlich reichlich, kräftig, mit Fleisch) und was ein „weibliches" Essen ist (gemäßigt, mit mehr Obst und Gemüse). Diese Vorstellungen festigen Essgewohnheiten.

Türkische Spezialitäten

- **Die Speisen und Regeln der Küche**
  Obwohl viele Nahrungsmittel in vielen Ländern sehr ähnlich sind, z. B. Getreide oder Bohnen, schmecken sie völlig anders. Das liegt an der „Küche", den Regeln der Zubereitung, an der Kombination mit anderen Zutaten und vor allem an den Gewürzen. Die sich daraus ergebenden Geschmacksrichtungen sind dem Einzelnen so vertraut, dass es irritiert, wenn ein Gericht anders schmeckt als erwartet.

- **Die Mahlzeiten als Gemeinschaft schaffende Einrichtung**
  Gemeinsame Mahlzeiten waren vermutlich die Grundlage der menschlichen Gemeinschaft. Die Entscheidung, wer zu welcher Mahlzeit eingeladen wird, drückt den Platz in der Gemeinschaft aus. An besonderen Festtagen wie Weihnachten lädt man andere Menschen ein als zu einer Party. Essen ist eine Grundlage der sozialen Identität. Gewohntes Essen in vertrauter Atmosphäre gibt Menschen das Gefühl der Zugehörigkeit und des Wohlbefindens. Zum Essen gehört auch das miteinander Reden. Beim Essen werden Geschäfte abgeschlossen, Urlaube geplant, Schulerlebnisse berichtet.

Chinesen beim gemeinsamen Essen

- **Tischsitten**
  Jede Kultur kennt Regeln zum Essen. Die Bedeutung der gemeinsamen Regeln ist so stark, dass heute noch von vielen Menschen „Esskultur“ zuerst mit Benehmen bei Tisch verbunden wird. Früher hatten sie die Aufgabe, die soziale Stellung angemessen wiederzugeben. Traditionell bürgerliche Regeln gelten heute noch, will man sich z. B. im Restaurant nicht blamieren.

Welche Bedeutung hat die Esskultur für den Menschen?
Essen hat Einfluss auf Gefühle. Sättigung schafft z. B. Wohlgefühl und Entspannung. Diese Gefühle werden mit bestimmten Gerichten und Geschmacksrichtungen verknüpft. Welche Vorlieben und Abneigungen damit verbunden sind, hängt von der Esskultur ab, in der ein Mensch aufwächst. Geschmäcker und Speisen der Kindheit sind untrennbar mit Gefühlen und Erlebnissen aus der Kindheit verbunden. Auch typische Gerichte der Familie, die bestimmte Art zu würzen, Nahrungsmittel zu kombinieren, gehören zu dem, was Menschen Geborgenheit und Sicherheit vermitteln kann wie kaum ein Wort.

Freunde beim Grillfest

Q [...] Überholte Vorstellungen bleiben wirksam, z. B. Männer „dürfen“ Fleisch grillen, Frauen „sollen“ kochen. Wie die letzte Elternstudie mit 3.000 Eltern zeigt, kocht bei 85 % der Familien die Mutter und nur bei 11 % wird das Kochen aufgeteilt. [...]

Quelle: Süddeutsche Zeitung vom 23.3.2004, S. 11

1. Macht eine Umfrage in der Klasse/Schule, was die Mitschüler unter Esskultur verstehen und vergleicht die Ergebnisse mit den Ausführungen im Text.

2. Sind euch Esskulturen aus den Mittelmeerländern bekannt? Beschreibt sie und vergleicht sie mit eurer Esskultur.

3. Wenn du an deine Kindheit denkst:
   - Welche Speisen/Gerichte kommen dir in den Sinn, die du heute noch gerne (oder gar nicht) magst?
   - Welche Empfindungen/Erlebnisse sind damit verbunden?

   Berichte über deine Erinnerungen in einem kleinen Aufsatz (Überschrift: „Speisen der Kindheit – Gefühle der Kindheit“) und lies ihn in der Gruppe vor.

Snack in Kambodscha

INFO

Einflussfaktoren auf Esskulturen
- Traditionen und Ernährungsgewohnheiten,
- Sitten und Bräuche,
- regionales und saisonales Lebensmittelangebot,
- landschaftsgebundene Kochkunst,
- Religion und Weltanschauung.

Kriterien für die Beurteilung der Landschaftsküchen
- Vielfalt der Lebensmittel,
- Traditionelle Zubereitungstechniken,
- Genuss- und Gesundheitswert der Speisen,
- Ausgewogenheit der Nährstoffzufuhr (Mangel- oder Überversorgung).

Snack in Bayern

Einflussfaktoren auf Esskulturen

Jedes Land hat seine typischen Speisen und Regeln, die bestimmen, was man isst und wie man sich beim Essen verhält. Esskultur meint vor allem die traditionellen Ernährungsgewohnheiten, die Gerichte und Verhaltensweisen, die von Generation zu Generation weitergegeben werden. Durch Sitten und Bräuche einer Region oder eines Landes haben sich bestimmte Spezialitäten an Speisen entwickelt, die im Alltag oder bei besonderen Anlässen und Festen traditionell gegessen werden. Die landschaftsgebundene Kochkunst hat sich auf der Grundlage des in den einzelnen Gebieten vorkommenden Lebensmittelangebotes historisch entwickelt. Dabei spielen die Vielfalt an Fauna und Flora, Armut und Reichtum eines Landes oder einer Region eine wesentliche Rolle. Auch religiöse Vorschriften und Weltanschauungen beeinflussen das Ernährungsverhalten und somit die Esskultur.

Neben dem Genusswert einer Speise spielt der Gesundheitswert eine Rolle. Dieser hat sich häufig aufgrund der veränderten Lebens- und Arbeitsbedingungen der Menschen im Laufe der Zeit gewandelt. War früher eine deftige Spezialität wie Eisbein mit Sauerkraut und Klößen für einen körperlich arbeitenden Menschen durchaus angemessen, so sind viele traditionelle Gerichte heute bei den mehr sitzenden Tätigkeiten zu energiereich und führen zu Übergewicht.

Esskulturen in Deutschland – Lecker und deftig aus deutschen Küchen

Es gibt keine einheitliche deutsche Nationalküche, sondern eine Vielzahl landschaftsgebundener Küchen, deren Eigenheiten sich zwischen Hamburg und München bzw. Dresden und Aachen so stark voneinander unterscheiden wie etwa die schwedische Küche von der spanischen.

Kulinarische Einflüsse aus den Nachbarländern wirkten sich ganz unterschiedlich auf die deutschen Landschaftsküchen aus. Viele altbayrische Rezepte sind auch in Österreich zu finden und umgekehrt. Die böhmische Knödelküche beeinflusste Niederbayern und die Oberpfalz. Aus den nordischen Ländern kamen Anregungen, die von der norddeutschen Fischküche aufgenommen wurden. Holländische und belgische Rezepte finden sich in abgewandelter Form in Niedersachsen und im Rheinland wieder. Baden und die Pfalz übernahmen Anregungen aus französischen und Schweizer Regionalküchen. In den meisten Fällen dauerte es lange, bis sich die Rezepte aus den Nachbarländern einbürgerten. Fast immer wurden sie den einheimischen Vorstellungen angepasst. Daneben wirkten sich auch Vermischungen innerhalb der deutschen Landschaftsküchen aus. Vor allem die Bevölkerungsbewegungen nach dem Zweiten Weltkrieg sorgten für eine Durchmischung und wechselseitige Befruchtung der traditionellen Kochkunst.

Regionale Esskultur in Niedersachsen

Die Landschaft zwischen Nordsee und Harz sorgt für Abwechslung auf der Speisekarte, jede Region hat ihre eigenen Gerichte und Esskultur. Der Fischereihafen Cuxhaven beliefert neben Bremerhaven das ganze Bundesgebiet mit frischer oder zu Fischkonserven verarbeiteter Ware. Aus dem Steinhuder und Zwischenahner Meer gibt es Aale, Forellen aus den Harzer Bergbächen, Karpfen aus den zahllosen Teichwirtschaften zwischen Emsland und Heide. Traditionelle Fischgerichte sind Matjes nach Hausfrauenart mit Apfel-Zwiebel-Sahnesoße, Maischolle in Speck gebraten, Forelle und Karpfen blau sowie frisch geräucherte Aale, die mit der Hand gegessen werden.

Maischolle

Niedersachsen ist bekannt für deftige Genüsse. Das Rindfleisch von den Wiesen zwischen Elbe und Weser hat einen guten Ruf. Schweine und Geflügel kommen vor allem aus dem Gebiet zwischen Ems und Weser. Dieser Landstrich allein bringt jährlich 4,4 Milliarden Eier und 6 Millionen Schweine auf den Markt. Ammerländer Schinken und Würste wie Pinkelwurst aus Oldenburg, mit Grünkohl auf den Tisch gebracht, sind eine weitere Spezialität. Prominente Wurststadt ist Braunschweig mit seiner Mettwurst, sie kommt getrocknet und geräuchert auf den Markt. Wildenten gibt es aus dem Emsland, Westeuropas größtem Wasserjagdgebiet, und deftige Heidschnuckenbraten kommen aus der Lüneburger Heide.

Grünkohl

Niedersachsen hat aber noch mehr anzubieten: Spargel gibt es mittlerweile in vielen Regionen, die Kartoffeln als Beilage oder für Hauptgerichte wie Kartoffelpuffer mit Apfelmus stammen vor allem von der Geest und aus der Heide. Berühmtes und größtes Obstanbaugebiet für Äpfel und Kirschen ist das Alte Land an der Elbe. Neben der Altländer Hochzeitssuppe darf die Rote Grütze aus vielen Früchten mit Sahne bei keinem festlichen Mahl fehlen, ebenso nicht der Butterkuchen zum Kaffee.

Rote Grütze

1. Befragt eure Eltern/Großeltern nach beliebten Speisen der niedersächsischen Küche, die bei euch zubereitet werden.
- Zu welchen Anlässen werden sie hergestellt?
- Welchen Ursprung haben die Rezepte?
- Wie werden die Speisen gegessen (Tischkultur)?

2. Bringt die Rezepte mit, kopiert sie und stellt daraus eine Rezeptsammlung zusammen mit dem Titel „Niedersächsische Spezialitäten“. Schreibt zu jedem Rezept eine kurze Geschichte über seine Herkunft und Tradition.

3. Bereitet, wenn möglich, einige eurer Lieblingsspeisen zu, so wie ihr sie von zu Hause kennt. Wiederholt dabei eure Kenntnisse über die Grundtechniken der Nahrungszubereitung. Beurteilt die ausgewählten Speisen nach Aussehen, Geschmack, Zeit- und Kostenaufwand.

INFO

Durch die zunehmende Internationalisierung der Märkte und den weltweiten Tourismus haben viele **ausländische Esskulturen** einen Einfluss auf unsere Ernährungsweise und das Lebensmittelangebot.
Die gesunde chinesische Kochkunst ist durch die zahlreichen Restaurants bei uns bekannt und beliebt. Für die Informationen zum Thema sind das Internet sowie Kochbücher eine hilfreiche Quelle.

INFO

Gesundheitswert der Speisen
Chinesische Speisen enthalten sehr viele gesundheitsfördernde Inhaltsstoffe:
- Reis enthält viele Vitamine und Mineralstoffe und bildet in Verbindung mit anderen tierischen und pflanzlichen Produkten eine vollwertige Mahlzeit.
- Haifischflossen, Schwalbennester und Sojabohnen sind reich an Eiweiß, Calcium, Eisen, Vitamin B1 und B2.
- Keimlingsgemüse aus Bohnen und Linsen enthält viel Vitamin A und C sowie Kohlenhydrate.
- Chinakohl enthält reichlich Vitamine und Mineralstoffe.
- Durch das kurze Braten und Dünsten gehen kaum Vitamine verloren.

Chinesische Gerichte

Esskulturen in anderen Ländern und Kontinenten

Chinesische Kochkunst und Esskultur

Die Chinesische Kochkunst gilt als eine der raffiniertesten und phantasievollsten der Welt. Oft sind es ganz einfache Gerichte, die dort auf den Tisch kommen, doch sind sie sehr schmackhaft gewürzt und höchst raffiniert zusammengestellt. Bei der Zubereitung der Gerichte wird große Aufmerksamkeit auf Auswahl und Nährwert der Zutaten, kunstvolle Schnittfertigkeit, geeignete Gewürze und richtige Gartemperatur gerichtet.

Die chinesische Kochkunst kann auf eine lange Geschichte zurückblicken. Schon vor 3000 Jahren vermochte man Sojasoße, Essig, Wein und Marmelade herzustellen, und auch einige Aromastoffe waren zu dieser Zeit schon bekannt.

Traditionelle Zubereitungstechniken

Bestimmte Verarbeitungsweisen sind im ganzen Land gleich oder sehr ähnlich. Da es immer schon einen Mangel an Brennmaterial gab, hat man alle Zutaten zunächst in kleine Stücke geschnitten, damit diese schnell gar wurden. Dabei haben sich bestimmte Größen und Formen eingebürgert. Die meisten Gerichte werden im Wok gegart. Diese halbkugelförmige Pfanne entwickelte sich aus alten dreifüßigen Gefäßen, die ins Feuer gestellt wurden. Die Rundung verteilt die Hitze am besten und dient damit der Ersparnis von Brennstoff. Durch schnelles Garen bei großer Hitze bleiben Eigengeschmack und Nährstoffe weitgehend erhalten.

Manche Gerichte werden auch frittiert oder gedünstet. Da bis heute kaum eine private Küche in China einen Backofen besitzt, werden gegrillte oder gebackene Gerichte nur im Restaurant gegessen. Dazu gehört z. B. die Peking-Ente, die in einem speziellen Ofen unter großer Hitze gegart wird.

Die beliebtesten Gewürze sind Sojasoße, Ingwer, Knoblauch, Essig, Sesamöl, Sojabohnenquark (Tofu), Chilis, Pfeffer und Frühlingszwiebeln. Doch obwohl in Peking, Kanton oder Chengdu die gleichen Gewürze benutzt werden, wird das Ergebnis meist sehr unterschiedlich sein.

China

Regionale Geschmacksrichtungen der chinesischen Küche

China ist ungefähr so groß wie Europa und weist ähnliche klimatische Unterschiede auf. So kann man auch nicht von der einen chinesischen Küche sprechen, sondern muss mindestens vier regionale Küchen unterscheiden:

- **Die kantonesische Küche Südchinas** ist die bekannteste. Das tropenartige, in Seenähe gelegene Klima begünstigt das Wachsen und Gedeihen der Tiere und Pflanzen sehr. Besondere Spezialitäten sind die eiweißreichen Schwalbennester und Produkte des Seewassers, z. B. Haifischflossen. Die Speisen sind mild abgeschmeckt, aber am variationsreichsten.
- **Die Provinz Szechuan im Westen** mit ihrem heißen, feuchten Klima ist von Bergen eingekesselt und entwickelte eine sehr scharf gewürzte Küche, die oft Chilis und Pfeffer einsetzt. Paprika und Pilze werden in großer Vielzahl in der Küche verwendet. Bedingt durch eine weit verbreitete Geflügelzucht wird dieses Fleisch vielfältig verarbeitet. „Zweimal gebratenes Fleisch" sowie Gemüsespeisen mit gekochtem Schinken sind ebenfalls begehrte Speisen.
- **Die nördliche oder Pekinger Küche** ist durch den ehemaligen Sitz des Königshauses und vieler Gelehrter kulturell führend. Peking-Ente, Feuertöpfe und süß-saure Speisen sind besondere Spezialitäten. Das Essen wird schärfer gewürzt, aber nicht übermäßig.
- **Die Speisen Ostchinas** werden durch das Mündungsdelta des Jangtsekiang-Flusses mit den fruchtbarsten Böden Chinas geprägt. Hier sind die vegetarischen Speisen einzigartig, aber auch Schweinefleisch und Fisch gibt es in vielfältigen Varianten.

1. Zur Vorbereitung auf das anschließende Projekt „Esskulturen bei uns und anderswo" sollt ihr am Beispiel von chinesischen Speisen noch einmal die grundlegenden Verarbeitungstechniken und Garmachungsarten wiederholen:
   - sachgerechtes Zerkleinern von Fleisch und Gemüse,
   - Braten und Dünsten als nährstoffschonende Garmachungsarten.

2. Bereitet, wenn möglich, eine chinesische Mahlzeit mit chinesischer Esskultur zu. Vorschläge für Speisen findet ihr auf den beiden nachfolgenden Seiten.

3. Bewertet die Speisen anschließend nach
   - ihrem Genusswert,
   - ihrem Gesundheitswert und
   - dem Zeit- und Kostenaufwand.

INFO

Chinesische Esskultur

Am liebsten essen Chinesen in großen Gruppen. Man setzt sich gemütlich um einen runden Tisch. Das Mahl beginnt meist mit kalten Vorspeisen. Gegessen wird mit Stäbchen. Nach und nach folgen immer mehr Platten mit unterschiedlichen Gerichten, und jeder nimmt von allem. Selbst zu zweit würden Chinesen nicht nur ein Gericht nur für sich selbst bestellen. Isst man in großer Runde, so wird die Menge einer Speise nicht erhöht, sondern es werden mehr Gerichte serviert.
Die Suppe kommt meist ziemlich zum Schluss. Auch den Reis erhält man gegen Ende des Mahls, denn er dient nur zum Auffüllen des Magens, falls jemand noch Hunger verspürt. Sonst geht es meist sehr formell zu. Jeder bedient sich oder legt höflich dem Nachbarn besonders schöne Stücke auf den Teller. Gerne unterbricht man das Essen, um anzustoßen. Die Platten gänzlich leer zu essen, gehört nicht zum guten Ton.

Chop Suey

Rezepte: Chinesische Spezialitäten

Chinesisches Chop Suey (4 Personen)

Menge/Zutaten	Arbeitsschritte/Arbeitsgeräte
250 g Schweineschnitzel	in ca. 1 cm breite und 4 cm lange Streifen schneiden.
Marinade aus: 1 EL Speisestärke 1 EL Wasser 1 gewürfelte Zwiebel 3 EL Sojasoße	verrühren, Fleisch in die Marinade einlegen und ca. 15 Min. darin ziehen lassen.
1 Tasse Langkornreis (möglichst Parboiled-Reis) 2 Tassen Wasser 1 TL gekörnte Gemüsebrühe 1 TL Currypulver	in einer feuerfesten Form zum Kochen bringen und 15 Min. gar ziehen lassen.
1 Stange Porree	längs halbieren, gut waschen, quer in sehr dünne Streifen schneiden.
100 g gekochter Schinken	in sehr feine Stifte schnetzeln.
1 kleine Dose Sojabohnenkeime	Wasser abgießen und abtropfen lassen.
1 kleine Dose Bambussprossen	in sehr feine Stifte schnetzeln.
125 g frische Champignons	in dünne Scheiben schneiden.
Eiermilch aus: 2 Eier 4 EL Milch 1/2 TL Salz, Gewürzpaprika	verrühren.
2 EL Öl	in einer Pfanne erhitzen. Das gewürzte Fleisch von allen Seiten ca. 3 Min. bei starker Hitze anbraten, in die feuerfeste Form zum Reis geben.
2 EL Öl	Die restlichen Zutaten nach und nach in der Pfanne kurz in heißem Öl anbraten und in die feuerfeste Form geben.
1 TL Butter	in der Pfanne erhitzen, Eiermilch zu Rührei stocken lassen, auf das Gemüse in die feuerfeste Form geben. Alles vorsichtig mit zwei Gabeln vermengen.

1/2 TL Salz, 1 TL Chinagewürz
2 EL Sojasoße, 1 TL Paprika, Curry zum Würzen

INFO

Beim **Schnetzeln** schneidet man Fleisch oder Gemüse in streichholzdünne Stifte.

Champignons schneiden

Schweinefleisch süßsauer (4 Personen)

Garen im Wok

Menge/Zutaten	Arbeitsschritte/Arbeitsgeräte
500 g mageres Schweinefleisch	in 2 cm große Würfel schneiden.
2 Eier	
5 EL (50 g) Speisestärke	Eier und Speisestärke kräftig verschlagen, Fleisch darin wenden.
1/4 l Öl	in einer Pfanne stark erhitzen, Fleisch ca. 6–8 Min. darin braten, herausnehmen, restliches Öl abgießen.
1 EL des Öls	in der Pfanne erhitzen.
1 gewürfelte Zwiebel	andünsten.
2 EL Mehl (20 g)	hinzufügen, durchschwitzen lassen.
1/4 l Wasser	
1/8 l Ananassaft	
1 TL gekörnte Hühner- oder klare Gemüsebrühe	zugeben.
250 g Ananasstücke/Dose	
2 EL tiefgefrorene Erbsen	hineingeben.
2 EL Sojasoße	
3 EL Tomatenketchup	
Cayennepfeffer	
1 EL Essig, 1 TL Salz	Soße damit abschmecken, Fleisch wieder zufügen und etwas durchziehen lassen.

Als Beilage eignet sich besonders Reis.

Glasnudelsuppe (4 Personen)

Menge/Zutaten	Arbeitsschritte/Arbeitsgeräte
1 rote Paprikaschote	waschen, putzen, längs vierteln, quer in
1 Stange Porree	dünne Streifen schneiden (schnetzeln).
250 g Sojakeime (frisch o. Dose)	im Sieb abspülen und abtropfen lassen.
1/2 Hähnchenbrustfilet	in feine Streifen schneiden.
1 EL ÖL	im Topf erhitzen, geschnetzeltes Hähnchenfleisch, Paprikastreifen und Porreeringe darin 5 Min. andünsten, Sojakeime zufügen und kurze Zeit mitdünsten.
1 l heißes Wasser	
4 TL gekörnte Hühner- oder klare Gemüsebrühe	zugeben.
50 g Glasnudeln	in ein Sieb geben, heiß abbrausen, mit einer Schere in ca. 4 cm lange Stücke schneiden, in die Suppe geben.
gemahlener Pfeffer	
1–2 EL Sojasoße	
1 Msp. Sambal Oelek (scharf!)	Suppe würzen und aufkochen lassen.

Glasnudelsuppe

Esskulturen bei uns und anderswo

Zielsetzung

Speisen aus verschiedenen Ländern

Projekt Esskulturen – bei uns und anderswo

1. Zielsetzung

Wir wollen ein „weltoffenes Kochbuch" mit Esskulturen aus verschiedenen Ländern herstellen, so wie es am Beispiel der Chinesischen Kochkunst und Esskultur vorgestellt wurde. Es können Herkunftsländer der Mitschülerinnen und Mitschüler sein, aber auch Esskulturen aus Urlaubsländern oder Ländern, die euch interessieren und wo ihr deren Spezialitäten in Restaurants vor Ort kennengelernt und genossen habt. Von ausgewählten landestypischen Rezepten wollen wir ein „Multi-Kulti-Essen" für ein Klassenfest oder Schulfest zubereiten, anbieten und verkaufen.

Das Projekt soll das gegenseitige Verständnis für die unterschiedlichen Herkunftsländer, Essgewohnheiten und Vorlieben der Mitschülerinnen und Mitschüler fördern. Der Verkauf des weltoffenen Kochbuches an Mitschüler, Eltern und Sponsoren ist die beste Werbung für eure Klasse und die Schule.

2. Informationen sammeln

Wählt ein Land eures Interesses aus. Bildet Interessengruppen von zwei bis vier Schülern, damit möglichst vielfältige Esskulturen vorgestellt und die Speisen nachher zubereitet werden können.

Informiert euch über die Esskultur des jeweiligen Landes im Internet, anhand von Kochbüchern, in der Bücherei oder in Buchläden sowie über Befragung von Experten wie Eltern, Großeltern, Verwandten und Restaurantbesitzer. Versucht etwas über die Herkunft und Geschichte der Speisen, Traditionen, Sitten, Bräuche, Religion und Besonderheiten des Landes zu erfahren. Bringt alle Unterlagen mit und sichtet sie in der Gruppe.

3. Planung

- Wertet eure Materialien aus. Schreibt das Wesentliche zu den Esskulturen auf und wählt besondere Speisen aus. Für das Kochbuch stehen euch für jedes Land insgesamt sechs DIN A4-Seiten zur Verfügung für Esskultur und Rezepte.
- Tragt eure Planungsergebnisse der gesamten Projektgruppe vor und macht daraus ein Gesamtkonzept für das Kochbuch und die Projektpräsentation.
- Plant Menge, Zutaten und Arbeitsschritte der Speisen.
- Stellt eine Einkaufsliste zusammen und führt eine Markterkundung durch, wo welche Zutaten am preiswertesten erhältlich sind.
- Kauft die Zutaten und berechnet die Kosten pro Rezept.
- Stellt die ausgewählten Speisen als „Prototypen" her. Macht euch vorher einen Arbeitsablauf- und Zeitplan. Nehmt evtl. Experten zur Mithilfe bei der Zubereitung und zum Berichten über die Esskulturen und Traditionen des Landes hinzu.
- Richtet die Speisen entsprechend der Esskultur mit landestypischem Tischschmuck dekorativ an und fotografiert sie für das Kochbuch.
- Verkostet die Speisen und macht evtl. Verbesserungsvorschläge.
- Plant die Speisenzubereitung für das „Multi-Kulti-Essen". Überlegt gemeinsam, in welcher Menge die Rezepte zubereitet werden sollen: Als einfaches Rezept (meist für vier Personen), doppeltes oder mehrfaches Rezept?
- Klärt: Wer bezahlt die Kosten für die Zutaten und Dekoration, jede Gruppe für sich oder per Umlage? Sollen Getränke gereicht werden? Wenn ja, welche? Was passiert mit dem Gewinn?
- Wie sollen die Speisen zum Verkauf angerichtet werden? Wer besorgt welchen Tischschmuck?
- Wie sollen die Einladungskarten und Werbeplakate aussehen?

4. Durchführung

- Stellt zunächst das Kochbuch her. Jede Gruppe gestaltet ihre Seiten. Für das Gesamtlayout und das Konzept gibt es verantwortliche Schüler, die auch den Druck und das Zusammenheften/Binden mit einer Spiralbindung vornehmen.
- Bereitet die Speisen in der geplanten Menge zu und dekoriert den Tisch entsprechend der Esskultur. Führt die Arbeitsschritte nach eurer Planung durch.
- Bietet die Speisen und Kochbücher bei dem besonderen Anlass in der Schule an und verkauft sie.

5. Auswertung

Bewertet gemeinsam den Projektverlauf und eure Ergebnisse:

- Was war gut gelungen? Wo gab es Probleme?
- Was könnte beim nächsten Mal besser gemacht werden?

Planung

Schülerkochbuch

Durchführung

Auswertung

Am Ende des Kapitels sollst du
- Ernährungsgewohnheiten und Ernährungstrends beschreiben können, z. B. Fast Food, Light-Produkte, industriell vorgefertigte Produkte (Convenience Food),
- das eigene Konsumverhalten diesbezüglich bewerten können,
- Ernährungstrends im Hinblick auf vollwertige Ernährung und persönliche Gesundheit bewerten können,
- die Merkmale und den gesundheitlichen Nutzen von Functional Food beschreiben können,
- die Vor- und Nachteile alternativer Ernährungsformen wie Vegetarismus und Trennkost erklären können,
- Ursachen und Folgen von Essstörungen erläutern und Wege aus dem Teufelskreis aufzeigen können,
- mögliche Nutzen und Risiken unterschiedlicher Diätformen bewerten können,
- die Bedeutung der Esskultur als Grundlage für das menschliche Zusammenleben erklären können,
- Lebensstile und Gewohnheiten des Konsum- und Alltagshandelns und ihre Auswirkungen auf den Wandel in der Esskultur beschreiben können,
- Einflussfaktoren auf das Ernährungsverhalten Jugendlicher nennen können,
- die sozialen, kulturellen und religiösen Zusammenhänge von Lebensstilen und Essgewohnheiten erläutern können (regional, national, international).

Mit folgenden Aufgaben kannst du überprüfen, ob du diese Kompetenzen erworben hast:

Essen „nebenbei“

Picknick im Grünen

1. Beschreibe den Wandel der Esskultur in den Industrieländern und stelle die Vor- und Nachteile dar.

2. Zähle auf, durch welche Faktoren unser Ernährungsverhalten mitbestimmt wird.

3. Bewerte den Fast-Food-Konsum Jugendlicher unter gesundheitlichen, finanziellen, ökologischen und jugendkulturellen Aspekten.

4. Gib Tipps für eine gesunde Sportlerernährung.

5. Stelle die Besonderheiten einer vegetarischen Lebensweise dar.

6. Bewerte die Vor- und Nachteile der Ernährungsform Vegetarismus.

7. Beschreibe die Merkmale einer Trennkost und gib ein Beispiel für einen Trennungsplan.

8. Bewerte Light-Produkte aus gesundheitlicher und finanzieller Sicht. Sind sie eine Lösung bei Gewichtsproblemen?

9. Beschreibe die Merkmale und den gesundheitlichen Nutzen von Functional Food.

10. Bewerte industriell vorgefertigte Gerichte (Convenience Food) unter den Aspekten Gesundheit, Mahlzeitengestaltung, Zeit- und Kostenaufwand und Einkaufsquellen.

11. Stelle dein eigenes Konsumverhalten in Bezug auf die Ernährungstrends dar und bewerte es im Hinblick auf eine vollwertige Ernährung und deine persönliche Gesundheit.

12. Erläutere die Ursachen und Folgen von Essstörungen und zeige Wege aus dem Teufelkreis auf: Magersucht, Ess-/Brechsucht, Übergewicht.

13. Gib Tipps zur Gewichtsabnahme und für ein bewusstes Ernährungsverhalten bei Übergewicht.

14. Erläutere die Stoffwechsel-Veränderungen bei Diabetes und stelle die Grundsätze einer Diabetes-Diät dar.

15. Beschreibe die vier typischen Merkmale von Esskultur und welche Bedeutung sie für den Menschen haben.

16. Nenne Einflussfaktoren auf Esskulturen und erläutere sie an Beispielen aus unserer regionalen Esskultur in Niedersachsen.

17. Begründe, warum die italienische Esskultur bei uns so beliebt ist und welche Auswirkungen das auf unser Ernährungsverhalten hat.

18. Suche aus einem italienischen Kochbuch oder aus dem Internet verschiedene italienische Saucen für ein Pasta-Giro heraus und wähle dazu geeignete Nudelsorten aus.

Convenience Food aus der Mikrowelle

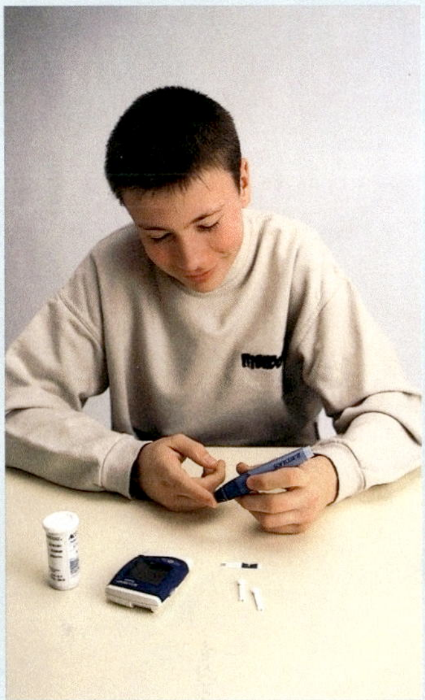

Ein Diabetiker bestimmt seine Blutzuckerwerte.

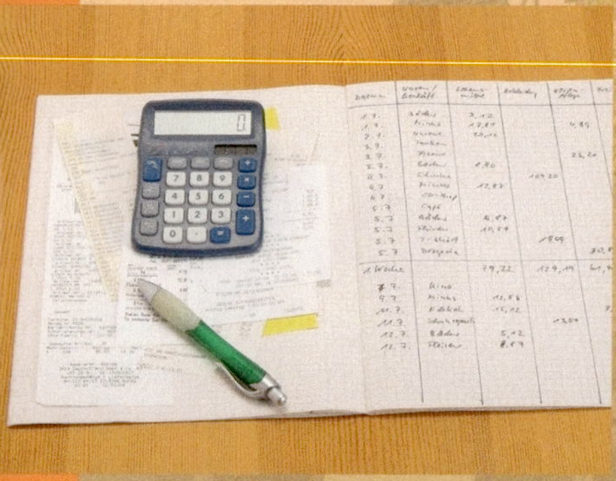

6. Mietkaution
Der Mieter leistet zur Sicherung
50 EURO

V Ökonomie, Ökologie und Soziales

In diesem Kapitel erarbeitet ihr an Fallbeispielen Möglichkeiten einer partnerschaftlichen Aufgabenbewältigung sowie die Nutzung von Eigen- oder Fremdleistung zur Vereinbarkeit von Familie und Berufstätigkeit. Ihr erfahrt, wie man mit den Einkommen wirtschaftlich umgeht und welche Probleme eine Verschuldung mit sich bringen kann. Auch wenn ihr jetzt noch bei euren Eltern wohnt, kommt die Wahl einer eigenen Wohnung über kurz oder lang auf euch zu. Ihr befasst euch mit Wohnbedürfnissen und Formen des Zusammenlebens und erhaltet Informationen, was man alles beim Mieten einer Wohnung bedenken muss.

Privathaushalt
- Funktionen
- Hausarbeit
- Familie und Berufstätigkeit

Wirtschaften
- Haushaltsbuch
- Haushaltsgeräte
- Sparen
- Kredite
- private Vorsorge
- Verschuldung

Ökonomie

Ökologie **Soziales**

Wohnen
- Wohnbedürfnisse
- Standortwahl
- Wohnungsinserat
- Mietvertrag
- Umzug
- Grundriss

Welche Wünsche haben die Haushaltsmitglieder?

1 Privathaushalt

Funktionen des Privathaushalts in der Gesellschaft

Wirtschaftliche Funktionen des Privathaushalts

Der private Haushalt ist die kleinste wirtschaftliche Organisationseinheit. Er versorgt die Haushaltsmitglieder mit Gütern für die Lebenshaltung. Die Güter decken den Eigenbedarf. Im Gegensatz dazu dienen Erwerbsbetriebe der Einkommenserzielung und Marktversorgung, also der Fremdbedarfsdeckung.

Die Haushaltstätigkeiten **Konsumieren** und **Produzieren** sind nötig, um die Existenz der Haushaltsmitglieder zu sichern. Zur **Produktion** im Haushalt gehören die Haushaltsführung, die Güter- und Geldbeschaffung, Lebensmitteleinkauf, Nahrungszubereitung und Wäschepflege. Zum **Konsum** im Haushalt gehören z. B. das Essen, die Hygiene und die Freizeitgestaltung. Alle Arbeiten im Haushalt stehen in enger Beziehung zur Umwelt und Mitwelt. Sie erfordern daher ein ökologisch und sozial verantwortliches Handeln.

Güterversorgung bedeutet zugleich **Entscheidungen** zu treffen. Neben dem Abwägen von Kostenaufwand und Nutzen spielen Gewohnheiten, Tradition, Überzeugung und sogar Zufall eine erhebliche Rolle. Entscheidungen müssen mit den Haushaltsmitgliedern abgestimmt werden. Das kann häufig zu Konfliktsituationen führen, da die Bedürfnisse sehr unterschiedlich sind und nur begrenzte Mittel für die Bedarfsdeckung zur Verfügung stehen. Das **Geldeinkommen** und die soziale Stellung werden im Wesentlichen durch die berufliche Tätigkeit bestimmt, ebenso die für die Hausarbeit zur Verfügung stehende Zeit. Erwerbslosigkeit stellt für den Haushalt eine besondere Belastung dar. Für die Haushaltsproduktion werden Waren von **Gütermärkten** beschafft, z. B. Nahrungsmittel und Haushaltsgeräte. Es werden auch Dienstleistungen des Marktes genutzt wie Wäschereien, Reparaturwerkstätten, usw.

Es gibt ein großes Angebot an Gütern und Dienstleistungen. Dadurch ist es nicht leicht, eine Marktübersicht zu bekommen. Bei den Anbietern und bei Verbraucherberatungsstellen kann man sich jedoch Informationen beschaffen.

Das Lebensniveau der Haushalte wird nicht nur durch die Versorgung mit Gütern des Marktes bestimmt. Auch die Versorgung mit **öffentlichen Gütern** ist wichtig. Dazu gehören soziale Einrichtungen wie Kindergärten, Schulen, Sport- und Freizeitstätten, Krankenhäuser.

Außerdem spielen **unentgeltlich erbrachte Leistungen** wie Nachbarschaftshilfe und Selbsthilfegruppen eine große Rolle.

Soziale Funktionen des Privathaushalts

Ein Haushalt ist nicht nur eine Wirtschaftseinheit, sondern auch eine Sozialeinheit. Hierbei kommt der Familie die größte Bedeutung zu, aber auch Alleinlebende sind als Einpersonenhaushalte eine soziale Einheit. Die Familie hat für die Gesellschaft mehrfache Bedeutung: Sie dient der biologischen Arterhaltung, der Erziehung der Kinder sowie der körperlichen und seelischen Erholung aller Haushaltsmitglieder.

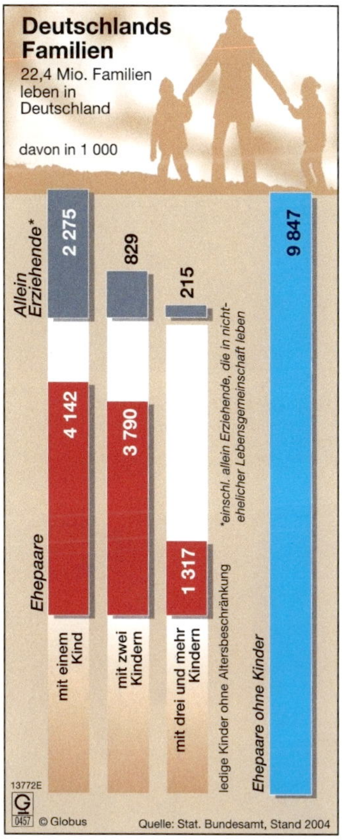

Die **Haushalts- und Familienformen** sind vielfältig. In die Herkunftsfamilie wird das Kind hineingeboren. Ist es erwachsen, gründet es in der Regel eine eigene Familie. Es gibt traditionelle Familien und allein erziehende Elternteile. Die sogenannten „Patchworkfamilien" bestehen aus wiederverheirateten Ehepartnern mit und ohne Kindern aus früheren Verbindungen. Außerdem gibt es Großfamilien, Wohngemeinschaften und Einpersonenhaushalte.

In den Haushalten erfüllen die Familienmitglieder unterschiedliche **Rollen**. Früher herrschte das Bild der Hausfrau und Mutter und des männlichen Haushaltsvorstandes vor. Das ist heute vielfach anders.

Für das Zusammenleben sind Normen und Regelungen als **Orientierungshilfen** notwendig. Das Verhalten wird bestimmt durch die Bedürfnisse der Familienmitglieder, durch Grundanschauungen als Werte und moralische Normen. Aber auch gesetzliche Regelungen wie das Ehe- und Familienrecht beeinflussen das Zusammenleben.

Keiner lebt für sich allein. Nachbarschaft, Freunde, Verwandte, Kollegen und Vereinsmitglieder sind wichtige **soziale Netze** gegenseitiger Beziehungen und Hilfe. Einrichtungen wie Kindergärten, Schulen und Vereine tragen wesentlich zur Erziehung, Bildung und Erholung der Familienmitglieder bei. Sie sind ein wichtiger Bestandteil der **sozialen Umwelt außerhalb der Familie**.

Schließlich sind die Mitglieder privater Haushalte auch **Staatsbürger**. Sie bringen nicht nur im Haushalt und am Markt ihre Wünsche zur Geltung, sondern auch als Wahlberechtigte, evtl. als Parteimitglieder oder Mitglieder von Bürgerinitiativen im politischen Raum.

1. In welcher Familienform lebt ihr? Erstellt eine Übersicht und vergleicht sie mit der Statistik.

2. Nennt Regelungen und Normen als Orientierungshilfen für das Zusammenleben bei euch zu Hause.
Diskutiert Vor- und Nachteile.

3. Welche öffentlichen sozialen Einrichtungen gibt es bei euch vor Ort, die von allen Bürgern genutzt werden können?

Selbstversorgerhaushalt

Dienstleistungshaushalt und ...

... Vergabehaushalt

Haushalte im Wandel

Bis zur Mitte des 20. Jahrhunderts gab es auf dem Land überwiegend **Großfamilien**. Dazu gehörten Eltern, Kinder, Großeltern, aber auch unverheiratete Verwandte, die im Haushalt mitarbeiteten, sowie Knechte und Mägde. Der ganze Haushalt war eine in sich geschlossene Lebens- und Wirtschaftgemeinschaft, in der jeder seine Aufgabe bei der Hausarbeit, im Stall und auf dem Feld erfüllte. Der Haushaltstyp war vorwiegend der **Selbstversorgerhaushalt**. Die Nahrungsmittel wurden selbst angebaut, verarbeitet und bevorratet. Vieh wurde für die Versorgung mit Fleisch- und Milchprodukten gehalten. Die Rohstoffe für Kleidung wie Wolle vom Schaf und Leinen aus Flachs wurden selbst erzeugt. Sie wurden in den Wintermonaten versponnen, verstrickt oder zu Stoffen gewebt. Daraus wurden dann Tisch- und Bettwäsche sowie Unter- und Oberbekleidung hergestellt.

Als gegen Ende des 19. Jahrhunderts immer mehr Industriebetriebe gegründet wurden, zogen viele Menschen vom Land in die Städte. Sie erhofften sich dort ein besseres Leben. Auch wenn der Lohn meist sehr gering war, so konnten sie doch eine eigene Familie gründen.

Heute gibt es überwiegend **Kleinfamilien**. Zur Bewältigung der Hausarbeit werden Sachgüter wie Lebensmittel und Kleidung gekauft, Dienstleistungen wie Kochen, Waschen, Kinderbetreuung werden selbst erbracht. In zunehmendem Maße werden auch Arbeiten an Dienstleistungsunternehmen vergeben, z. B. Wäscherei, Änderungsschneiderei, Kindergärten. Heute ist der Haushaltstyp vorwiegend der **Dienstleistungs- und Vergabehaushalt**.

Die strenge Teilung der Zuständigkeiten – die Frau erledigt die Hausarbeit und der Mann geht der Erwerbsarbeit nach – ist heute überwunden. Gingen Frauen früher nur arbeiten, wenn die finanzielle Situation es erforderte, so ermöglicht eine qualifizierte Berufsausbildung heute Frauen den erfolgreichen Einstieg ins Berufsleben und eine lebenslange Berufstätigkeit. Die Technisierung der Haushalte brachte zwar erhebliche Arbeitserleichterungen, trotzdem ist die Hausarbeit eine zeitaufwendige Tätigkeit geblieben.

1. Erkundet in einem Freilichtmuseum oder mithilfe heimatkundlicher Bücher, wie Menschen früher in Haushalten lebten. Was war früher anders hinsichtlich Personenzahl, Einrichtung, Tätigkeiten, Ernährung?

2. Fragt zu Hause und berichtet: Welche Güter werden bei euch
a) selbst hergestellt?
b) gekauft?
Welche Dienstleistungen werden bei euch
a) selbst erbracht?
b) vergeben?

Was ist die Hausarbeit wert?

B Susannes Mutter führt einen Fünf-Personen-Haushalt im Wesentlichen allein. Für die Hausarbeit benötigt sie mindestens acht Stunden reine Arbeitszeit täglich. Sie hat eine Vielzahl von Berufen: Sie ist Putzfrau, Köchin, Schneiderin, Wäscherin, Büglerin, Buchhalterin, Erzieherin, Krankenpflegerin, Gärtnerin, Innenarchitektin ...
Sie ist eine Hausfrau, deren Arbeit für die Familie sehr wichtig ist, in der Gesellschaft aber wenig Anerkennung findet und nicht entlohnt wird. Wenn sie für mehrere Wochen wegen eines Autounfalls ausfiele und für alle anfallenden Arbeiten Bedienstete eingestellt und bezahlt werden müssten, dann sähe die Rechnung für einen Monat wie in der folgenden Grafik aus. Nicht in jedem Haushalt fallen gleich viele Arbeitsstunden an. Wie lange gearbeitet wird, hängt z. B. von der Größe des Haushalts ab und wie alt die Haushaltsmitglieder sind.

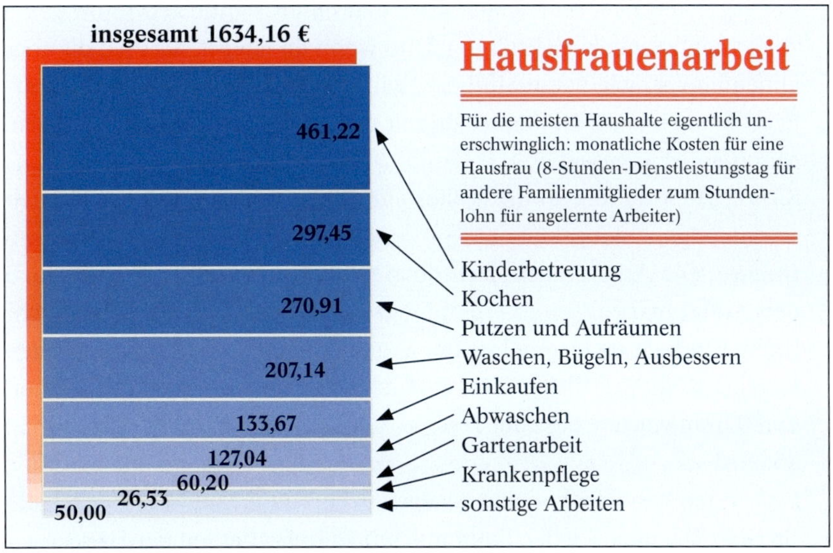

Reform des Ehe- und Familienrechtes 1977: Änderungen im Bürgerlichen Gesetzbuch (BGB)

§ 1356 alt
Die Frau führt den Haushalt in eigener Verantwortung. Sie ist berechtigt, erwerbstätig zu sein, soweit dies mit ihren Pflichten in Ehe und Familie vereinbar ist.

§ 1356 neu
Die Ehegatten regeln die Haushaltsführung im gegenseitigen Einvernehmen. Ist die Haushaltsführung einem der Ehegatten überlassen, so leitet dieser den Haushalt in eigener Verantwortung. Beide Ehegatten sind berechtigt, erwerbstätig zu sein. Bei der Wahl und Ausübung einer Erwerbstätigkeit haben sie auf die Belange des anderen Ehegatten und der Familie die gebotene Rücksicht zu nehmen.

1. Diskutiert folgende Meinungen und Ansichten:
- Hausarbeit ist kein Beruf.
- Meine Mutter arbeitet nicht, sie ist Hausfrau.
- Eine Hausfrau sollte Anspruch auf ein festes Einkommen haben.
- Hausfrauen sollten eine staatliche Altersversorgung erhalten als Anerkennung für ihre geleistete Arbeit.

2. Haushaltsführung ist nicht mehr allein Verpflichtung der Frau.
a) Vergleicht die beiden Paragrafen aus dem Ehe- und Familienrecht vor und nach der Reform. Welche entscheidenden Änderungen wurden vorgenommen?
b) Was bedeuten diese rechtlichen Veränderungen für die Haushaltsführung und die Erwerbstätigkeit der Ehepartner?

Arbeitsteilung im modernen Haushalt?

Brigitte macht den Haushalt alleine …

Partnerschaftliche Haushaltsführung – ein Problem

B

Streitgespräch zwischen Brigitte und Stefan

Brigitte kommt nach einem langen Arbeitstag nach Hause und packt die Einkaufstasche aus. Stefan ist schon länger zu Hause und wartet auf sie.

Brigitte: Du, Stefan, wie spät ist es eigentlich?

Stefan: Gleich sieben. Wo warst du denn so lange? Was gibt es zu essen? Ich habe Hunger!

Brigitte: Darum könntest du dich wirklich auch mal kümmern. Im Büro war heute der Teufel los, dann musste ich auch noch zum Einkauf mit den endlosen Schlangen an den Kassen. Am Ende noch die schwere Tasche schleppen – ich bin kaputt.

Stefan: Und was glaubst du, was ich bin? Schließlich habe ich auch einen Acht-Stunden-Tag hinter mir. Da will ich wenigstens abends meine Ruhe haben. Und vom Haushalt verstehe ich sowieso nichts.

Brigitte: Ach nee! Nun mach aber mal einen Punkt. Ich finde deine Ansichten ziemlich rückständig. Und wenn du meinst, dass ich dir alles abnehme – so wie deine Mutter –, dann bist du aber im Irrtum! Ich arbeite genau wie du. Da kannst du mir nicht alles im Haushalt aufhalsen. Mitarbeit ist angesagt.

Stefan: Aber du kannst doch alles viel besser und bis jetzt hat es auch so immer ganz gut geklappt.

Brigitte: Die Arbeit macht sich doch nicht von allein! Ich würde auch lieber öfter mal zu meiner Freundin gehen oder einfach die Beine hochlegen. Du hast ja zweimal in der Woche dein Training und noch den Kursus. Während dieser Zeit darf ich den ganzen Haushalt machen und darauf warten, dass der Herr zurückkommt. Das muss sich endlich ändern!

Stefan: Ich habe doch nichts dagegen, wenn du mal abends weggehst!

Brigitte: Tja, mein Lieber, dann müssen wir uns aber mit der Hausarbeit etwas einfallen lassen. So kann es jedenfalls nicht weitergehen.

Am Beispiel von Brigitte und Stefan wird deutlich, wie notwendig es ist, die anfallenden Arbeiten im Haushalt gerecht aufzuteilen. Es ist nicht immer leicht, bei Berufstätigkeit beider Partner die Haushaltsführung „im gegenseitigen Einvernehmen“ (BGB § 1356 neu) zu regeln. Wichtig ist, gemeinsam zu überlegen: Wer kann welche Aufgaben eigenverantwortlich übernehmen? Welche Tätigkeiten können gemeinsam erledigt werden? Was kann im Wechsel getan werden? Jede Hausarbeit ist erlernbar, wenn man es will.

Bei der Aufgabenverteilung ist ebenfalls der erforderliche Zeitaufwand für die einzelnen Arbeiten zu berücksichtigen. Er ist auch abhängig davon, ob die Aufgaben täglich anfallen oder nur einmal in der Woche bzw. noch seltener.

Tages- und Wochenarbeitsplan von Brigitte und Stefan

Täglich anfallende Arbeiten Tagesarbeitsplan von Brigitte und Stefan		
Brigitte	**Zeit**	**Stefan**
Aufstehen, Bad	6.30 Uhr	
Frühstück und Brote für beide zubereiten	7.00 Uhr	Aufstehen, Bad
Frühstück	7.15 Uhr	Frühstück
Abfahrtszeit zur Arbeitsstelle	7.30 Uhr	Abfahrtszeit zur Arbeitsstelle
Beginn der Arbeitszeit	8.00 Uhr	Beginn der Arbeitszeit
Mittagspause mit Broten	12.00 Uhr	Mittagspause mit Broten
Ende der Arbeitszeit	16.30 Uhr	Ende der Arbeitszeit
Einkäufe erledigen		
Frühstückstisch abräumen	17.00 Uhr	Zeitung lesen
Abwaschen		Fernsehen
Kochen, Tisch decken		
Essen (warm)	18.15 Uhr	Essen (warm)
Abräumen	18.45 Uhr	Abräumen
Aufräumen der Wohnung		Reparaturarbeiten, Hobby
Betten machen		
Sonderaufgaben: z. B. Bügeln	20.00 Uhr	Fernsehen

Sonderaufgaben Wochenarbeitsplan von Brigitte und Stefan		
Brigitte	**Tag**	**Stefan**
Wäsche	Mo	
Staubsaugen	Di	20.00–22.00 Uhr Fußballtraining
20.00–21.00 Uhr Gymnastik	Mi	
Bügeln	Do	
Wochenendeinkauf	Fr	19.00–21.00 Uhr Kursus
Fenster putzen, Reinigung der Wohnung	Sa	14.00–17.00 Uhr Fußballspiel

Nach der Aufgabenverteilung: Stefan kocht!

1. Tragt das Streitgespräch mit verteilten Rollen vor.

2. Schaut euch den Tages- und Wochenplan von Brigitte und Stefan an. Beschreibt, worin Brigittes Problem besteht.

3. Stellt in Partnerarbeit einen Tages- und Wochenarbeitsplan entsprechend der obenstehenden Tabelle auf, bei dem die Arbeit für Brigitte und Stefan gerecht verteilt ist.

4. Tragt die Verbesserungsvorschläge vor und besprecht die Möglichkeiten einer partnerschaftlichen Aufgabenverteilung.

Familie Krüger bei der Hausarbeit ...

... jetzt muss jeder mithelfen!

Familie und Berufstätigkeit – Aufgabenbewältigung durch sinnvolle Arbeitsorganisation

B **Fallsituation: Frau Krüger will wieder in ihrem erlernten Beruf arbeiten**

Familie Krüger wohnt in einer Kleinstadt in einem Einfamilienhaus mit Nutzgarten am Stadtrand. Ernst Krüger ist 48 Jahre alt und Industrieelektroniker in einer größeren Maschinenbaufirma. Seine Frau Helga ist 45 Jahre alt. Seit der Geburt ihrer Kinder ist sie Hausfrau und führt den Haushalt. Die Tochter Lisa ist 12 Jahre und der Sohn Nico 14 Jahre alt. Beide gehen auf die Realschule in ihrem Wohnort.

Hausarbeiten wie Kochen, Vorratshaltung, Wäschepflege und Kinderbetreuung macht Frau Krüger selbst. Sie versucht mit dem zur Verfügung stehenden Haushaltsgeld möglichst sparsam zu wirtschaften und die Hausarbeiten selbst zu erledigen. Seit längerer Zeit fühlt sich Frau Krüger nicht mehr im Haushalt genügend gefordert. Sie will gerne wieder in ihrem erlernten Beruf als Bürokauffrau arbeiten.

Beim gemeinsamen Abendessen berichtet Helga Krüger freudestrahlend, dass es jetzt endlich mit der Bewerbung um einen Büroarbeitsplatz in ihrer alten Firma geklappt hat. Sie kann halbtags am Vormittag arbeiten. Herr Krüger und die Kinder freuen sich mit ihr und besprechen gemeinsam, wie die anfallende Hausarbeit in der neuen Situation zu bewältigen ist. Lisa und Nico sind bereit, die Mutter verstärkt bei der Hausarbeit am Nachmittag zu unterstützen und Ernst Krüger überlegt, welche Aufgaben er in der Zeit nach Dienstschluss im Haushalt übernehmen kann. Die Familie beschließt auch weiterhin zu versuchen, die anstehenden Aufgaben durch Eigenleistung und sinnvolle Arbeitsorganisation zu bewältigen.

Möglichkeiten der Arbeitsverteilung auf die Haushaltsmitglieder

B Herr Krüger ist von 7.30 bis 16.30 Uhr in der Firma, mittags isst er das mitgenommene Brot. Er verlässt um 7.00 Uhr das Haus und ist um 17.00 Uhr zurück. Frau Krüger arbeitet jetzt im Büro von 8.00 – 13.00 Uhr. Sie verlässt mit den Kindern um 7.30 Uhr das Haus und ist etwas vor den Kindern um 13.30 Uhr wieder zu Hause. Lisa geht am Montag und Donnerstag zum Leichtathletik-Training, Nico trainiert freitags mit seiner Fußballmannschaft. Er trifft sich häufig mit Freunden zum Spielen am Computer. Bislang hat Frau Krüger für die Kinder mittags eine warme Mahlzeit zubereitet und für den Vater abends das Essen aufgewärmt. Jetzt beschließen sie, mittags nur eine kalte Mahlzeit zu sich zu nehmen und abends um 18.00 Uhr mit dem Vater warm zu essen. So bleibt mehr Zeit für die Vor- und Zubereitung des Essens und alle haben mehr Möglichkeiten für die Erledigung der anfallenden Arbeiten.

Beispiel: Tagesarbeitsplan am Dienstag

<table>
<tr><th>Uhrzeit</th><th>Mutter</th><th>Vater</th><th>Lisa</th><th>Nico</th></tr>
<tr><td>7.00 Uhr</td><td></td><td></td><td></td><td></td></tr>
<tr><td>8.00 Uhr</td><td rowspan="6">Berufsarbeit</td><td rowspan="9">Berufsarbeit</td><td rowspan="6">Unterricht</td><td rowspan="6">Unterricht</td></tr>
<tr><td>9.00 Uhr</td></tr>
<tr><td>10.00 Uhr</td></tr>
<tr><td>11.00 Uhr</td></tr>
<tr><td>12.00 Uhr</td></tr>
<tr><td>13.00 Uhr</td></tr>
<tr><td>14.00 Uhr</td><td></td><td></td><td></td></tr>
<tr><td>15.00 Uhr</td><td></td><td></td><td></td></tr>
<tr><td>16.00 Uhr</td><td></td><td></td><td></td></tr>
<tr><td>17.00 Uhr</td><td></td><td></td><td></td><td></td></tr>
<tr><td>18.00 Uhr</td><td></td><td></td><td></td><td></td></tr>
</table>

Sonderaufgaben: Wochenarbeitsplan

Montag			Training	
Dienstag				
Mittwoch				
Donnerstag			Training	
Freitag				Training
Samstag				

1. Sammelt die in der Familie Krüger vermutlich anfallenden Arbeiten auf Kärtchen an der Tafel und ordnet sie nach täglich, wöchentlich, monatlich und seltener anfallenden Arbeiten.

2. Schlüpft in Vierergruppen in die Rollen der Familie und stellt für die veränderte Situation einen Haushaltsplan entsprechend der Tabelle auf der nächsten Seite auf. Verteilt die anfallenden Aufgaben gerecht auf alle Familienmitglieder. Stellt anschließend eure Ergebnisse den anderen Gruppen vor und begründet die Lösungen.

3. Welche Kenntnisse und Fertigkeiten sind für die einzelnen Arbeiten im Haushalt erforderlich, zum Beispiel Essen kochen, einkaufen, Wäsche pflegen?
Was könnt ihr davon bereits bzw. wo müsst ihr euch noch Kenntnisse/Fertigkeiten aneignen?

4. Lisa und Nico wollen am Samstag eine Mittagsmahlzeit zubereiten. Es soll Möhrengemüse, Kartoffeln, Frikadellen und Quarkspeise mit Obst (Rezept S. 81) geben. Macht einen Arbeitsablaufsplan und Zeitplan, wer was wann macht.

5. Seid ihr schon fit für die Hausarbeit? Bereitet in der nächsten Unterrichtsstunde die Mahlzeit in Partnerarbeit zu und überprüft eure Planungen.

Nutzung von Eigen- oder Fremdleistung zur Bewältigung der Hausarbeit

B Bei Familie Krüger hängt der Haussegen schief. Die Übernahme von Hausarbeit durch die ganze Familie klappt nicht so gut wie geplant. Die Kinder müssen nachmittags häufig viele Schularbeiten erledigen oder sind mit Freunden verabredet. Herr Krüger muss sich erst noch in die neuen Haushaltsaufgaben einarbeiten. Die Familie überlegt, ob sie weiterhin die Hausarbeit überwiegend selbst erledigen soll. Sie können auch Fremd- und Dienstleistungen in Anspruch nehmen, z. B. eine Reinigungskraft einstellen, die einmal in der Woche die Wohnung reinigt. Sie können auch ihre Wäsche in die Wäscherei bringen. Das würde zwar Geld kosten, aber gleichzeitig eine Arbeitsentlastung bringen, also ihre eigene Arbeitskraft und Zeit einsparen. Familie Krüger steht durch die Berufstätigkeit der Mutter mehr Geld zur Verfügung. Sie haben dadurch aber auch weniger Zeit, sodass sie entscheiden müssen, wie sie ihre Arbeitskraft, Zeit und Geld am besten einsetzen.

1. Erstellt eine Übersicht über Angebote an Fremdleistungen und Dienstleistungen für Haushalte.

2. Frau Krüger erhält durch ihre Halbtagstätigkeit als Bürokauffrau ca. 680 Euro netto als Geldeinkommen. Welche Möglichkeiten der Arbeitsentlastung durch Fremd- und Dienstleistungen wären für die Familie sinnvoll? Welche Arbeiten im Haushalt sollten weiterhin selbst erbracht werden? Macht Vorschläge und begründet sie.

3. Führt ein Streitgespräch zum Thema „Pro und Kontra von Fremdleistungen im Haushalt“.

Die Betriebsmittel des privaten Haushalts sind Arbeitskraft, Zeit, Waren und Dienstleistungen, Geldeinkommen aber auch die Natur bzw. die Umwelt als Produktions- und Konsumgut. Sie sind teilweise austauschbar.

Arbeitskraft und Zeit wird vorrangig eingesetzt ...
bei geringem Geldeinkommen oder bei einem erhöhten Umweltbewusstsein. In diesen Haushaltssituationen entsteht zusätzliche Arbeit durch
- verstärkte Eigenleistung im Haushalt, z. B. Herstellung von Mahlzeiten aus frischen Lebensmitteln, Vorratshaltung, Wäsche selbst bügeln,
- Nutzung von preisgünstigen Einkaufsstätten, Secondhandläden, genaue Buchführung und Einteilung des Haushaltsgeldes,
- Verringerung des Einsatzes von Reinigungsmitteln und energieaufwendigen Haushaltsgeräten.

Geldeinkommen wird verstärkt eingesetzt ...
bei dem Wunsch nach Erwerbstätigkeit und weniger zur Verfügung stehender Zeit oder bei fehlenden Fachkenntnissen und Geschicklichkeit. Zusätzliche Kosten entstehen durch die
- Anschaffung von arbeitserleichternden Geräten, z. B. Geschirrspülmaschine,
- Kauf von vorgefertigten oder fertigen Produkten, z. B. Fertiggerichte,
- Vergabe von Arbeiten an Dienstleistungsunternehmen, z. B. Essen gehen, Reparaturen, Änderungsschneiderei.

INFO

Fremdleistung:
pro:
- die Arbeit ist zu kraft- und zeitaufwendig
- es ist bequem
- man hat dadurch mehr Freizeit
- die Arbeit ist zu kompliziert
- die Arbeit macht keinen Spaß

kontra:
- der Preis ist zu hoch
- die Qualität entspricht nicht den eigenen Ansprüchen
- die Arbeitserleichterung ist nicht groß genug
- bestimmte Fähigkeiten gehen verloren

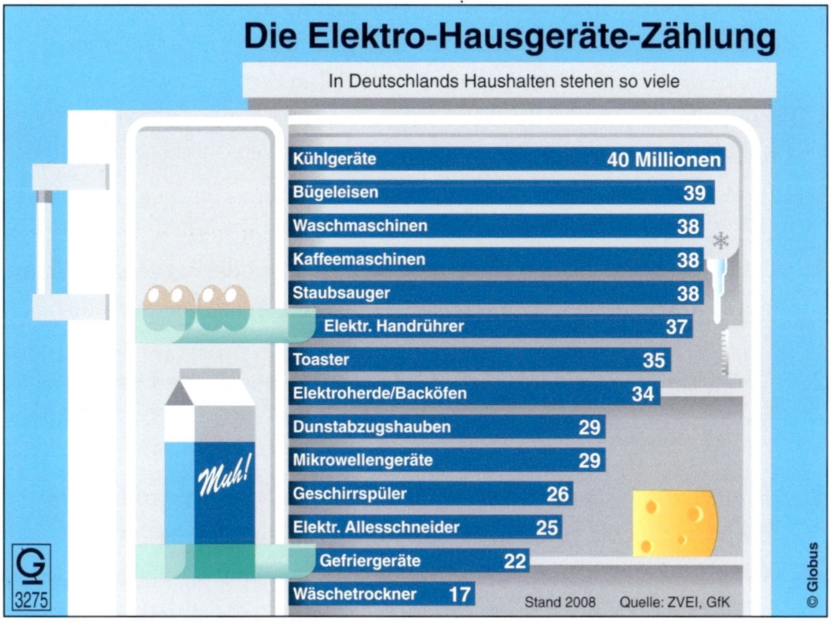

1. Überlegt gemeinsam, welche Elektrogeräte
- die Arbeitszeit verkürzen,
- in einem umweltfreundlichen Haushalt unnötig sind.

Speisen, selbst hergestellt oder vorgefertigt?

Vorgefertigte Lebensmittel und Speisen sind meist teurer und aufwendiger verpackt als selbst hergestellte. Die Qualität (Aussehen, Geschmack, Beschaffenheit, Nährstoffgehalt) unterscheidet sich oft wesentlich vom Frischprodukt. Vor der Entscheidung sollten folgende Überlegungen angestellt werden:

- Wie viel Zeit wird bei der Zubereitung und bei der Reinigung der Geräte vermutlich eingespart?
- Wie hoch sind die zusätzlichen Kosten?
- Wie ist die Qualität des Produktes zu beurteilen?
- Gibt es eine preiswerte Alternative aus Frischprodukten?
- Wie stark belastet die Verpackung die Umwelt?

B

Beispiel:
Pizza, selbst hergestellt oder vorgefertigt?
Lisa und Nico wünschen sich zum warmen Abendessen eine Pizza. Welches Produkt ist dafür geeignet?

Pizza, selbst hergestellt (vgl. Rezept S. 80)

Pizza, teilfertiges Produkt
Zutaten für 4 Portionen (1 Blech):
1 P. Pizzateig, garfertig
1 P. oder 1 Glas zubereitete Tomatensoße
Belag nach Wahl: siehe Pizza selbst hergestellt

Pizza, zubereitungsfertiges Produkt
2 tiefgefrorene Fertigpizzas
2 Pizzas vom Pizzaservice, Fertigprodukt

1. Informiert euch im Supermarkt über die Kosten für die Zutaten der Pizza aus frischen Zutaten, für das teilfertige Produkt und das Fertigprodukt.

2. Vergleicht die Zutaten des Fertigproduktes mit den Zutaten für das Frischprodukt und bewertet sie.

3. Bereitet, wenn möglich, das Frischprodukt, das teilfertige Produkt und das Fertigprodukt zu. Vergleicht Menge, Kosten, Arbeitszeit und Geschmack. Fertigt dazu eine Tabelle an.

Pizza	selbst hergestellt	teilfertig	backfertig
Menge Preis Zeit Geschmack			

4. Gibt es bei euch im Ort einen Pizza-Service? Dann bezieht eine Pizza vom Pizza-Service in euren Vergleich mit ein.

5. Welche Pizza würdet ihr bevorzugen? Begründet eure Entscheidung.

Ausgabenkontrolle durch Führung eines Haushaltsbuches

Geld ausgeben will gelernt sein. Das merkt jeder spätestens dann, wenn das Konto schon vor der nächsten Lohnzahlung fast leer geräumt ist. Wird so etwas zum Dauerzustand, kann ein Haushaltsbuch weiterhelfen. Darin werden alle Ausgaben und Einnahmen jeweils monatsweise aufgelistet und miteinander verrechnet.

Durchschnittlich werden etwa 20 % des Geldes für Ernährung, 25 % für Miete und Energie, knapp 20 % für Verkehr, Post und Telefon und 10 % für Hobbys ausgegeben. Während an der Miete nur wenig gespart werden kann, ist das bei Strom, Wasser, Gas und Versicherungsprämien schon eher möglich. Vor allem sind aber viele Kleinigkeiten kostspielig, das Schnäppchen am Wühltisch genauso wie der Wochenendeinkauf. Wer Monat für Monat aufschreibt, was er ausgibt, bekommt einen guten Überblick. Ein solches Haushaltsbuch kann in Papierform geführt werden. Wer einen Computer zur Verfügung hat, kann hier die Tabellenkalkulation einsetzen.

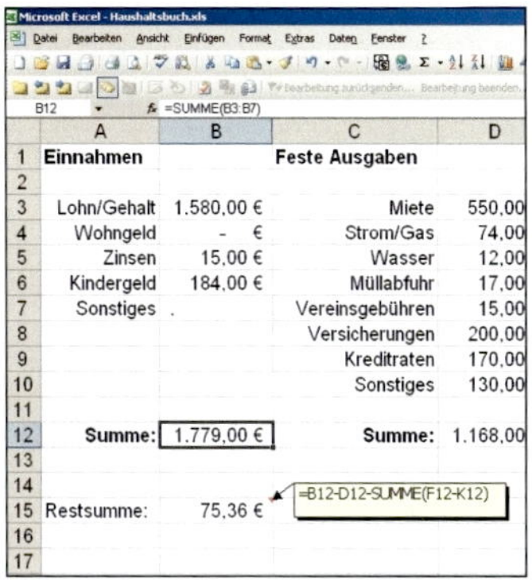

Microsoft Excel - Haushaltsbuch.xls

B12 =SUMME(B3:B7)

	A	B	C	D
1	Einnahmen		Feste Ausgaben	
2				
3	Lohn/Gehalt	1.580,00 €	Miete	550,00
4	Wohngeld	- €	Strom/Gas	74,00
5	Zinsen	15,00 €	Wasser	12,00
6	Kindergeld	184,00 €	Müllabfuhr	17,00
7	Sonstiges	.	Vereinsgebühren	15,00
8			Versicherungen	200,00
9			Kreditraten	170,00
10			Sonstiges	130,00
11				
12	Summe:	1.779,00 €	Summe:	1.168,00
13				
14				
15	Restsumme:	75,36 €	=B12-D12-SUMME(F12-K12)	
16				
17				

Entwurf eines Haushaltsbuches: Einnahmen und feste Ausgaben

Entwurf eines Haushaltsbuches mit einem Kalkulationsprogramm

Für ein solches Haushaltsbuch müsst ihr euch Spalten anlegen für Einnahmen, feste und tägliche Ausgaben. Der Übersichtlichkeit halber solltet ihr für die täglichen Ausgaben mehrere Spalten anlegen. Die entsprechenden Beträge können dann direkt in die dafür vorgesehenen Zellen eingetragen werden. Die Summen der Zelleninhalte werden mit Formeln berechnet.
Im Bild rechts wurde die Summe im Feld B12 mit der Formel = SUMME (B3: B7), sprich B3 bis B7, ausgerechnet. Dies muss nun für alle Spalten wiederholt werden. Die Restsumme errechnet sich aus Addition und Subtraktion aller Einzelsummen wie unten gezeigt.
Bei jeder Eingabe von Ausgaben in einzelne Zellen kann die Veränderung der Restsumme verfolgt werden. Diese sollte immer über 0 liegen. Liegt sie darunter, sollte mit allen Beteiligten abgestimmt werden, wo im nächsten Monat gespart werden kann. Das Haushaltsbuch liefert dazu wertvolle Hinweise.

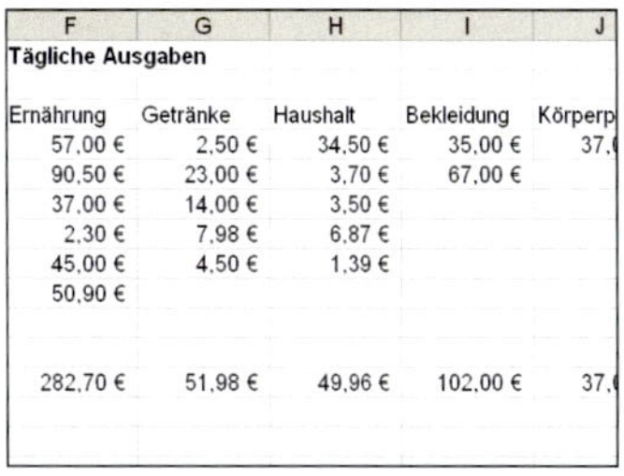

F	G	H	I	J
Tägliche Ausgaben				
Ernährung	Getränke	Haushalt	Bekleidung	Körperp
57,00 €	2,50 €	34,50 €	35,00 €	37,
90,50 €	23,00 €	3,70 €	67,00 €	
37,00 €	14,00 €	3,50 €		
2,30 €	7,98 €	6,87 €		
45,00 €	4,50 €	1,39 €		
50,90 €				
282,70 €	51,98 €	49,96 €	102,00 €	37,

Entwurf eines Haushaltsbuches: tägliche Aufgaben

1. Wo ist nur das Geld geblieben?
Nennt Situationen, in denen ihr diesen Ausspruch schon mal gehört oder selbst gesagt habt.

2. Warum ist eine Übersicht über Einnahmen und Ausgaben wichtig? Begründet.

3. Entwerft ein Haushaltsbuch mit einem Tabellenkalkulationsprogramm. Ihr könnt euch dazu von Verbraucherzentralen oder vom Statistischen Bundesamt die durchschnittlichen Zahlen für Einkommen und Ausgaben privater Haushalte in Deutschland geben lassen.

Das Haushaltsbuch der Verbraucherzentrale

Wo ist das Geld geblieben? –
Das Haushaltsbuch verrät's auf den Cent

Mit einem Haushaltsbuch kann man sich gut einen Überblick über Einnahmen und Ausgaben verschaffen. Musterbeispiele helfen leichter eine Übersicht anzufertigen.

Schritt 1: Einnahmen ermitteln

Zu den Einnahmen zählen die Nettolöhne und -gehälter aller im Haushalt lebenden Personen, private Zahlungen sowie staatliche Zahlungen, wie z. B. Kindergeld, Urlaubs- und Weihnachtsgeld, Steuerrückerstattungen und die Einkommen aus Vermögen wie Zinsen und Mieteinnahmen.
In einer Übersicht werden möglichst im Voraus die Einnahmen zusammengestellt, mit denen in den kommenden Monaten gerechnet werden kann. Mögliche Einkommensengpässe sind so auf einen Blick erkennbar. Das Muster auf der nächsten Seite dient der Orientierung.

Schritt 2: Feste Ausgaben erfassen

Es gibt feste und veränderliche Ausgaben. Die festen Ausgaben sind die regelmäßig wiederkehrenden Ausgaben wie Miete, Versicherungsbeiträge, Zeitungsabonnements, Rundfunk- und Fernsehgebühren etc. Man kann hier keine Einsparungen vornehmen, es sei denn, man kündigt ein Abonnement oder eine Versicherung. Die entsprechenden Beiträge werden meist zu festgesetzten Terminen vom Girokonto abgebucht.
Aus den Einnahmen abzüglich der festen Ausgaben ergibt sich das Budget für die veränderlichen Ausgaben.

Schritt 3: Veränderliche Ausgaben erfassen

Zu den veränderlichen Ausgaben zählen unter anderem Lebensmittel, Kleidung, Kosmetik, Kino. Diese können je nach Bedürfnissen und finanziellen Mitteln sehr unterschiedlich sein und auch von Monat zu Monat schwanken. Da die Wünsche häufig größer sind als das zur Verfügung stehende Geld, müssen gerade die veränderlichen Ausgaben gut geplant werden, um festzustellen, welche Spielräume bei den Ausgaben vorhanden sind. Für die Haushaltsbuchführung bietet es sich an, Ausgabenbereiche festzulegen. In einer rechten Summenspalte können die Tagesausgaben erfasst werden.
Für nahezu jede Ausgabe gibt es einen Beleg. Es ist sinnvoll, Kassenbons, Quittungen und Rechnungen z. B. in einem Umschlag zu sammeln und anhand der Belege in möglichst kurzen Abständen, am besten täglich, die Ausgaben in das Haushaltsbuch einzutragen.
Die Übersicht über Soll und Haben (Saldo) am Ende des Monats kann ermittelt werden, indem man vom Monatsbudget für veränderliche Ausgaben die tatsächlichen Ausgaben abzieht.

1. Jeder fertigt für sich selbst ein „Haushaltsbuch" an. Tragt eure Einnahmen sowie feste und veränderliche Ausgaben für einen Monat ein.

Einnahmen	Januar	Februar	März	April	Mai	Juni
Lohn Peter	2.000,–	2.000,–	2.000,–	2.000,–	2.000,–	2.000,–
Gehalt Petra	720,–	720,–	720,–	720,–	720,–	720,–
Kindergeld	164,–	164,–	164,–	164,–	164,–	164,–
Urlaubsgeld Peter						300,–
Steuerrückerstattung				310,–		
Zinsen	200,–					
Einnahmen gesamt	3.084,–	2.884,–	2.884,–	3.194,–	2.884,–	3.184,–

Feste Ausgaben	Januar	Februar	März	April	Mai	Juni
Miete inkl. Nebenkosten	620,–	620,–	620,–	620,–	620,–	620,–
Strom	120,–	120,–	120,–	120,–	120,–	120,–
Rundfunk/Fernsehen	48,–			48,–		
Grundgebühr Telefon	25,–	25,–	25,–	25,–	25,–	25,–
Hausratversicherung	130,–					
Kfz-Steuer		150,–				
Kfz-Versicherung	350,–					
Sparen	150,–	150,–	150,–	150,–	150,–	150,–
Lebensversicherung Peter	50,–	50,–	50,–	50,–	50,–	50,–
Kredit	200,–	200,–	200,–	200,–	200,–	200,–
Feste Ausgaben gesamt	1.693,–	1.315,–	1.165,–	1.213,–	1.165,–	1.165,–
Budget für veränderliche Ausgaben	1.391,–	1.569,–	1.719,–	1.981,–	1.719,–	2.019,–

Meine veränderlichen Ausgaben

Januar										
Tag	**Erläuterungen**	**Wohnen**		**Ernährung**		**Bekleidung**		**Verkehrsmittel**	
2.1.	Getränke			13,00	B				
4.1.	Obst & Gemüse			16,00	B				
10.1.	Supermarkt			20,20	B				
12.1.	Bäcker/Pullover			7,60	B	75,00	K		
13.1.	Monatskarte							75,00	K
	Gesamt			67,70		75,00		75,00	

B = Bar K = Kreditkarte

Entscheidungsprozess: Kostenaufwand und Gebrauchsnutzen elektrischer Haushaltsgeräte

Lohnt sich die Anschaffung einer Geschirrspülmaschine?
Familie Krüger erwägt den Kauf einer Geschirrspülmaschine, damit das zeitaufwendige Abwaschen nach dem warmen Abendessen entfällt und das Frühstücksgeschirr schnell verschwindet, bevor die Familie morgens das Haus verlässt. Die Frage ist, wie hoch die Zeit- und Kraftersparnis durch den Einsatz der Geschirrspülmaschine im Vergleich zum Spülen mit der Hand ist und welche Kosten für den Kauf und die Nutzung entstehen.

Geschirrspüler, Waschmaschine, Kühl- und Gefriergerät sind eine Anschaffung für viele Jahre. Energieverschwendung kann da ganz schön ins Geld gehen. Umso wichtiger ist es, beim Neukauf auf besonders sparsame Geräte zu achten. Manchmal sind die Betriebskosten während der zehnjährigen durchschnittlichen Lebensdauer deutlich höher als der Anschaffungspreis. Der Kauf von hochwertigen Gebrauchsgütern muss wohl überlegt sein.

Eine planvolle Kaufentscheidung kann in folgenden Phasen ablaufen:

Der Fall

1. Problemphase – Bedürfnisse erkennen, Probleme analysieren
Zunächst muss überlegt werden, welche Gesichtspunkte für die Familie wichtig sind. Es gilt, möglichst vielfältige Fragen zu stellen, die das Problem analysieren. Solche Fragen können sein:
- Wie viel Geld steht zur Verfügung und welches Geräteangebot gibt es in dieser Preislage?
- Welche Ausstattung soll das Gerät haben?
- Welche Marken kommen infrage?
- Welche Einkaufsmöglichkeiten gibt es?
- Welche Serviceleistungen bieten die Geschäfte?
- Wo kann das Gerät aufgestellt werden? Sind entsprechende Anschlüsse vorhanden oder notwendig?

Informationsbeschaffung

2. Informationsphase – Informationen beschaffen
Um die Fragen von Punkt 1 beantworten zu können, werden vielfältige Informationen benötigt. Informationsquellen können sein:
- Prospektmaterial,
- Kennzeichnung an Geräten, z. B. Energielabel für Geschirrspülmaschinen (A+++ für niedrigsten Verbrauch, G für höchsten Verbrauch),
- persönliche Beratung in Fachgeschäften,
- Erfahrungen von Freunden und Bekannten,
- Informationsmaterial und Beratung in Verbraucherberatungsstellen,
- Testberichte der Stiftung Warentest,
- Werbung in Medien,
- Berichte in Zeitschriften.

3. Beurteilungsphase – Informationen auswerten

Diese Phase ist die schwierigste bei der Kaufentscheidung, denn die Informationen müssen kritisch beurteilt und ausgewertet werden. Brauchbare Informationsquellen sollten
- über die benötigten Informationen Auskunft geben,
- einen Überblick über das derzeitige Angebot verschaffen,
- schnell verfügbar sein,
- aktuell sein,
- kostenlos oder zumindest preiswert sein,
- allgemein verständlich sein,
- den Kaufgegenstand anschaulich darstellen,
- die Handhabung des Gegenstandes ermöglichen.

Die brauchbaren Informationsquellen werden nun ausgewertet. Dabei gilt es, Kriterien aufzustellen, mit deren Hilfe die verschiedenen Geräte des Angebotes verglichen werden können. Vergleichskriterien, die für den Kauf von energiesparenden Geschirrspülmaschinen infrage kommen, sind z. B. (siehe „test" Nr. 2, Februar 2010, nächste Seite):
- Anbieter,
- Ausstattung,
- Spültemperaturen,
- Strom- und Wasserverbrauch pro Spülgang/Energieklasse,
- Gerätepreis,
- Gesamtkosten pro Jahr (Anschaffungskosten + Betriebskosten) im Vergleich zum Geschirrspülen von Hand.

4. Entscheidungsphase – sich entscheiden und handeln

Wenn nach allem Vergleichen und Abwägen die Entscheidung gefallen ist, muss überlegt werden, wo das Gerät am günstigsten gekauft werden kann. Klar, dass die Preise in verschiedenen Einkaufsstätten unter die Lupe genommen werden und wahrscheinlich dort gekauft wird, wo es vermeintlich am günstigsten ist. Folgendes muss aber mit bedacht werden:
- Welche Serviceleistungen werden geboten?
- Ist das Aufstellen des Gerätes im Preis enthalten?
- Wie teuer ist das Anschließen des Gerätes?

Bevor der Kaufvertrag abgeschlossen wird, sollten mit dem Händler auch die rechtlichen Fragen geklärt werden wie Lieferbedingungen, Zahlungsbedingungen, Preisnachlässe (Skonto, Rabatt) und Garantiezeit.

5. Kontrollphase – Entscheidung überprüfen

Ob die Entscheidung für ein bestimmtes Gerät richtig war, zeigt sich meist erst, nachdem das Gerät in Betrieb genommen wurde. Es sollte auf jeden Fall anhand der Betriebsanleitung überprüft werden, ob alle Teile geliefert wurden und betriebsbereit sind. Werden beim ersten Gebrauch Mängel festgestellt, sollten die Rechte als Verbraucher geltend gemacht werden.

Lösungsmöglichkeiten

Entscheidung

Diskussion

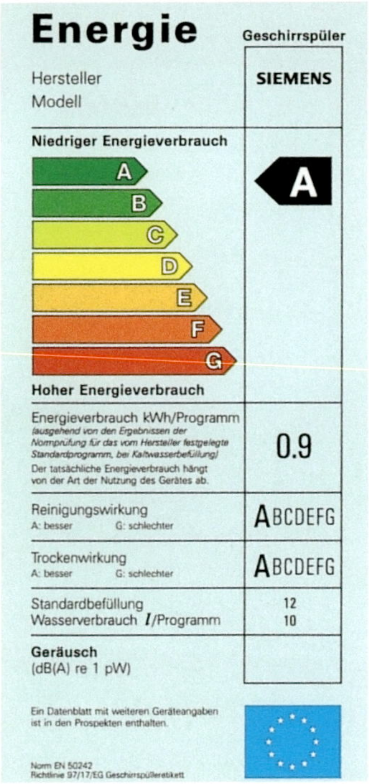

test Geschirrspüler

		Einbaugeräte (teilintegriert)						
	Gewichtung	1 Bosch SMI68 M35EU[1)]	2 Miele G1355 SCi	3 Neff S41M68N3E U[1)]	4 Siemens SN56 M584EU[1)]	5 Neff S41N69 N1EU	6 Siemens SN56 N591EU	7 Bosch SMI69 N15EU
Preisspanne in Euro ca.		680 bis 1 200	1 240 bis 1 400	690 bis 1 030	700 bis 1 200	650 bis 1 000	740 bis 1 190	660 bis 1 200
Mittlerer Preis in Euro ca.		900	1 330	885	875	790	900	870
test-QUALITÄTSURTEIL	100 %	**GUT (1,6)**	**GUT (1,6)**	**GUT (1,6)**	**GUT (1,6)**	**GUT (1,7)**	**GUT (1,7)**	**GUT (1,8)**
REINIGEN UND TROCKNEN	40 %	**sehr gut** (1,5)	**sehr gut** (1,5)	**sehr gut** (1,5)	**sehr gut** (1,5)	**gut** (1,7)	**gut** (1,7)	**gut** (1,7)
Reinigen im Sparprogramm		++	++	++	++	++	++	++
Reinigen im Automatikprogramm		++	++	++	++	++	++	++
Reinigen im Kurzprogramm		+	+	+	+	+	+	+
Trocknen im Sparprogramm		++	++	++	++	+	+	+
Trocknen im Kurzprogramm		+	++	+	+	+	+	+
Dauer im Sparprogramm / Minuten		⊖ / 157	⊖ / 145[2)]	⊖ / 157	⊖ / 157	⊖ / 152	⊖ / 152	⊖ / 152
Dauer im Automatikprogramm, normal verschmutzt / Minuten		⊖ / 133	⊖ / 131[2)]	⊖ / 133	⊖ / 133	⊖ / 140	⊖ / 140	⊖ / 140
Dauer im Automatikprogramm, stark verschmutzt / Minuten		⊖ / 153	⊖ / 143[2)]	⊖ / 153	⊖ / 153	⊖ / 159	⊖ / 159	⊖ / 159
Dauer im Kurzprogramm / Minuten		+ / 74	+ / 80[2)]	+ / 74	+ / 74	+ / 73	+ / 73	+ / 73
Programmgestaltung		++	++	++	++	++	++	++
UMWELTEIGENSCHAFTEN	30 %	**sehr gut** (1,5)	**sehr gut** (1,5)	**sehr gut** (1,5)	**sehr gut** (1,5)	**gut** (1,6)	**gut** (1,6)	**gut** (1,6)

Betriebskosten für eine energiesparende Geschirrspülmaschine der A-Klasse, 1 Spülgang pro Tag

Betriebsstoffe	Verbrauch	Kosten
Wasser	12–14 l	0,04 €
Strom	1,05 kWh	0,21 €
Spülmittel	30 g	0,06 €
Klarspüler, Salz	23 g	0,04 €
tägliche Kosten		**0,35 €**

Energie sparen lässt sich durch bewusstes Handeln:

Platz voll ausnutzen. Gerät erst anstellen, wenn es wirklich voll beladen ist. Aber: Alle Teile müssen vom Wasser gut umspült werden können, damit sie richtig sauber werden. **Wasser sparen.** Speisereste nicht unter fließendem Wasser abspülen. Lieber mit einem Papiertuch in den Müll befördern. **Spar- und Kurzprogramm.** Das ist genau das Richtige für leicht Verschmutztes wie Gläser und Kaffeegeschirr.

1. Führt eine Markterkundung durch und informiert euch über das aktuelle Angebot an energiesparenden Geschirrspülmaschinen.

a) Welche geeigneten Einkaufsstätten gibt es am Ort?
b) Welche Marken werden angeboten?
c) Wie teuer sind die Maschinen? Vergleicht die Preise mit den Richtpreisen aus „test" Nr. 2/2010.
d) Welche Angaben stehen auf dem jeweiligen Energielabel der Maschinen?
e) Welche Serviceleistungen bieten die Geschäfte?

2. Sichtet Prospektmaterial über Geschirrspülmaschinen und vergleicht die Angaben mit den Informationen aus „test" Nr. 2/2010.

Betriebskosten beim Geschirrspülen von Hand, 2 Spülgänge pro Tag

Betriebsstoffe	Verbrauch	Kosten
Wasser	40 l	0,09 €
Strom	2 kWh	0,40 €
Spülmittel	6 g	0,01 €
tägliche Kosten		**0,50 €**

Gesamtkosten pro Jahr

Kostenart	Geschirrspülen Maschine	Geschirrspülen von Hand
Anschaffungskosten: 10 Jahre Nutzungsdauer	ca. 700 : 10 = 70 €	keine, da Spüle vorhanden
Kosten für Anschluss	ca. 100 : 10 = 10 €	keine
Betriebskosten	365 x 0,35 = 127,75 €	365 x 0,50 = 182,50 €
Gesamtkosten	**207,75 €**	**182,50 €**

Arbeitsaufwand Geschirrspülen mit der Maschine oder von Hand

Das Fassungsvermögen einer Geschirrspülmaschine wird in Maßgedecken angegeben. Es beträgt in der Regel 10, 12 oder 14 Maßgedecke einschließlich Serviergeschirr. Das entspricht der Geschirrmenge, die in einem 4-Personenhaushalt täglich anfällt. Aufgrund des Fassungsvermögens ist täglich ein Spülgang mit der Maschine notwendig.

Beim Spülen mit der Hand wird diese Geschirrmenge meist in zwei Spülgängen gereinigt.

Die Arbeitszeit für das Geschirrspülen pro Tag beträgt:

- mit der Maschine etwa 15 Min. (einräumen, ausräumen),
- von Hand etwa 60 Min. (abwaschen, abtrocknen).

Gesamtarbeitszeit pro Jahr

	Geschirrspülen Maschine	Geschirrspülen von Hand
Arbeitszeit pro Tag	15 Min.	60 Min.
Arbeitszeit pro Jahr	365 x 15	365 x 60
Gesamtarbeitszeit	**54 Std. 45 Min.**	**219 Std.**

1. Lohnt sich für Familie Krüger die Anschaffung einer Geschirrspülmaschine?

a) Vergleicht die Angaben über Kosten- und Zeitaufwand.

b) Bewertet das Geschirrspülen mit der Maschine und von Hand unter ökologischen Gesichtspunkten.

c) Schreibt auf, was für oder gegen eine Anschaffung spricht und entscheidet euch.

c) Diskutiert eure Entscheidungen und begründet eure Meinungen.

INFO

Euro-Blume

Das europäische Umweltzeichen für Geschirrspüler kennzeichnet Geräte, die energie- und wassersparend sind. Hier werden bestimmte Grenzwerte für den Wasserverbrauch und die Geräuschemission festgelegt.

Spar- und Anlageformen

Rund ums Sparbuch

B

Herr Wiesner hat durch eine Erbschaft 50.000 Euro erhalten. Nach einem Gespräch mit der Anlageberaterin seiner Sparkasse beschließt er, auf jeden Fall sein Sparbuch etwas aufzustocken. Seine Überlegung ist dabei, dass vom Sparbuch unvorhergesehene Ausgaben bezahlt werden können. Muss kein Geld abgehoben werden, dann kommen Zinsen aufs Sparbuch. Das restliche Geld will er längerfristig anlegen.

Jens Müller hat nicht so viel Geld, dass er auf einmal eine größere Summe auf sein Sparbuch einzahlen kann. Er hat mit seiner Bank einen Spardauerauftrag abgeschlossen: Jeden Monat wird von seinem Girokonto eine Rate von 40 Euro auf sein Sparbuch überwiesen. Durch diese Sparmaßnahme ist für ihn das verfügbare Einkommen auf seinem Girokonto geringer. Deshalb muss er sich beim Geldausgeben zurückhalten. Dafür wächst sein Vermögen stetig. Da er weiß, dass er sich erst in zwei Jahren ein Auto kaufen kann, vereinbart er eine zweijährige Kündigungsfrist, um höhere Zinsen zu bekommen.

Sparziel: Notgroschen

Lisa dagegen möchte ständig über ihr gesamtes Einkommen verfügen. Sie hat daher einen anderen Vertrag mit ihrer Bank abgeschlossen: Was am Ende eines Monats noch als Guthaben auf ihrem Girokonto vorhanden ist, wird auf ihr Sparbuch überwiesen, Plussparen wird diese Sparform genannt.

Wer die Entscheidungen von Herrn Wiesner, Jens und Lisa überprüft, wird feststellen, dass alle drei die richtige Entscheidung getroffen haben. Ihnen kommt es darauf an, kurzfristig über ihr Vermögen zu verfügen und keine Risiken einzugehen. Darüber hinaus sind Ein- und Auszahlungen gebührenfrei.

Sparform	Liquidität	Rendite	Risiko
Sparbuch	hoch	gering (ca. 1–2 % Zinsen)	gering

1. Erkundigt euch bei Banken und Sparkassen nach Angeboten „rund ums Sparbuch". Vergleicht dabei die Zinsen, die für verschiedene Laufzeiten (Zeiten, für die man das Geld festlegen muss) geboten werden.

2. Erkundigt euch im Internet, was sich hinter den Worten „Termingeld", „Sparbriefe" und „Ratensparen" verbirgt.

Beim Sparen planvoll vorgehen

Bevor man mit dem Sparen beginnt, sollte man sich fragen, wofür gespart werden soll und wie wichtig die einzelnen Sparziele sind.

Liste der Sparziele	Wichtigkeit	Verfügbarkeit
Anschaffungen (z. B. Möbel, Auto)	weniger wichtig	mittelfristig
Hobby und Reisen	weniger wichtig	mittelfristig
Ausbildung der Kinder	wichtig	mittelfristig
Vorsorge für tägliche Risiken (z. B. Reparaturen am Auto)	wichtig	ständig
Altersvorsorge	wichtig	langfristig
allgemeine Vermögensbildung	weniger wichtig	langfristig

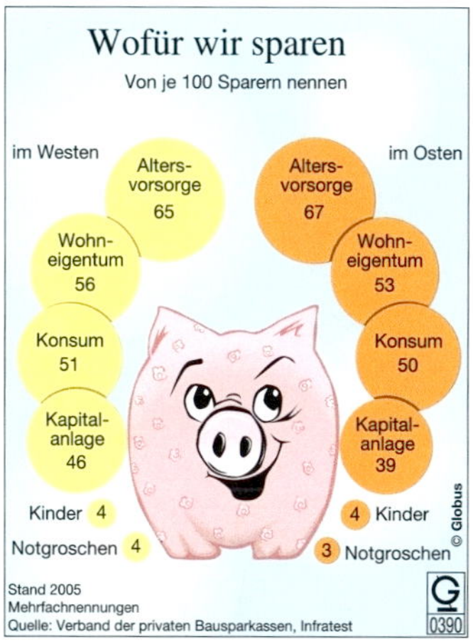

Wer Freunde und Bekannte befragt, warum sie sparen, der wird wahrscheinlich feststellen, dass sie unterschiedliche Gründe nennen. Diese können zu zwei großen Gruppen zusammengefasst werden: dem **Zwecksparen** und dem **Vorsorgesparen**. Beim Zwecksparen weiß der Einzelne genau, was er später einmal kaufen will: einen Einrichtungsgegenstand, ein Auto, ein Haus. Beim Vorsorgesparen verfolgt man keine genauen Ziele. Gespart wird, weil sich in der Zukunft etwas ereignen kann, wofür man Geld benötigt.

Sparziel: Auto

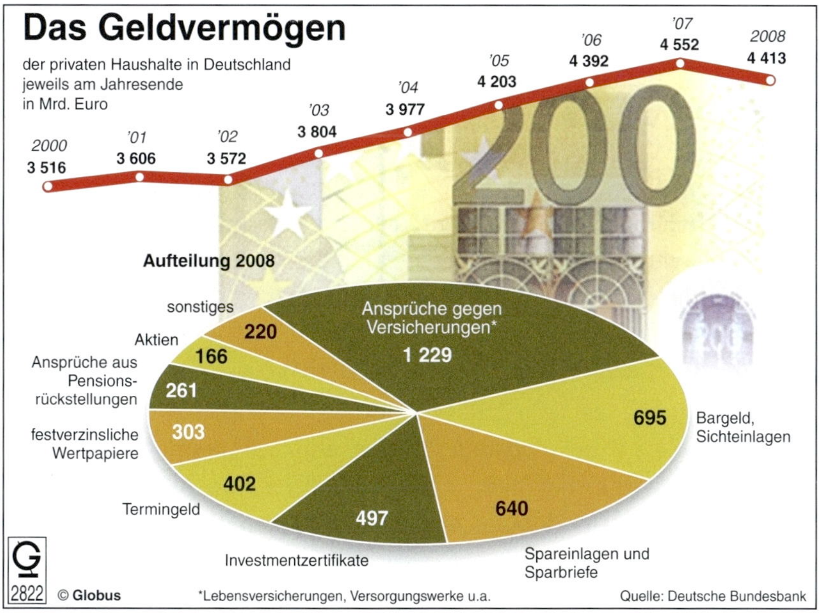

1. Stellt für euch eine Tabelle der Sparziele auf und bewertet ihre Wichtigkeit.

Aktienbörse

Aktien und Investmentfonds

B Herr Wiesner überlegt, ob er nicht einen Teil seines geerbten Geldes in Wertpapieren anlegen soll. Was ihn zunächst davon abhält, ist das Risiko, dass er das eingesetzte Vermögen auch verlieren kann. So informiert er sich zunächst.

Handel und Aufbewahrung von Wertpapieren

Es ist üblich, dass Aktien und Fondspapiere von einer Bank oder Sparkasse im Auftrag von Kunden gekauft und verkauft werden. Die Wertpapiere werden im Depot des entsprechenden Geldinstituts aufbewahrt. Dies geschieht schon aus Sicherheitsgründen, denn **„Effekten"** sind wie z. B. Geldscheine **„Inhaberpapiere"**: Wer ein solches Papier besitzt, hat alle Rechte, die damit verbunden sind. Für den Handel und die Aufbewahrung von Wertpapieren entstehen Kosten.

Aktienkurs

Aktien

Wer Aktien erwirbt, wird Miteigentümer an einem oder mehreren Unternehmen. In welchem Maße er Miteigentümer ist, hängt von der Zahl der Aktien ab, die er besitzt. Wie jeder Unternehmer trägt der Aktieninhaber in zweifacher Weise ein Risiko:

- Gehen die Geschäfte schlecht, wird die Dividende, d. h. der Anteil am Gewinn, gering sein oder ganz ausfallen. Einen festen Anspruch auf Verzinsung, wie z. B. beim Sparbuch, gibt es also nicht.
- Aktien haben einen bestimmten Nennwert, der auf der Aktie aufgedruckt ist, z. B. 22 Euro. Gekauft und verkauft aber werden Aktien zum Kurswert, der an den Börsen täglich durch Angebot und Nachfrage bestimmt wird. Kaufen viele die Aktien eines Unternehmens, steigt der Kurs, verkaufen viele, dann fällt er. Wer also Aktien eines Unternehmens zu einem hohen Kurswert gekauft hat, verliert an Vermögen, wenn dieses Unternehmen in eine Krise gerät.

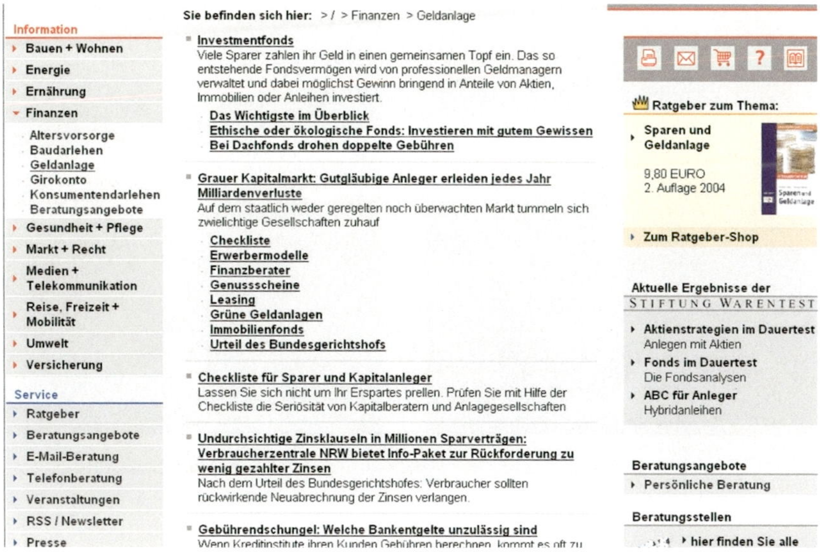

Zu Investmentfonds bietet das Internet breite Informationsmöglichkeiten.

Investmentfonds

Um das Risiko für den Einzelnen zu verringern und auch Kleinanlegern die Vermögensbildung zu erleichtern, wurden Fondsgesellschaften (Kapitalanlagegesellschaften) gegründet. Sie kaufen Wertpapiere in großem Umfang auf und bieten Anteile dieser Fonds über Banken und Sparkassen an. Mit diesen Anteilen wird man Miteigentümer am Fondsvermögen.

Es gibt Fondsgesellschaften, die ausschließlich in Aktien anlegen (**Aktienfonds**), in Immobilien (**Immobilienfonds**) oder die Anlagen mischen (**Mischfonds**). Dabei gibt es zahlreiche Sonderformen, so z. B. Fonds, die nur in Aktiengesellschaften einer bestimmten Branche investieren. Die Fondsgesellschaften müssen in jedem Fall das Geld ihrer Anteilseigner so anlegen, dass das Risiko gemischt wird, d. h. verringert wird. Wie bei einer Aktie wird der Wert eines Anteilscheins täglich an der Börse festgestellt. Die Vorteile dieser Geldanlageform liegen im geringeren Risiko und den niedrigeren Kosten für die Anleger. Allerdings sind die Gewinnaussichten niedriger.

Sparform	Liquidität	Rendite	Risiko
Aktie	gering (können ständig verkauft werden, aber dann u. U. mit Verlust)	hoch	hoch
Investmentfonds	gering (können ständig verkauft werden, aber dann u. U. mit Verlust)	mittel	gering

1. Auf Seite 136 ist dargestellt, wie Liquidität, Rendite und Risiko beim Sparbuch einzustufen sind. Zeichnet Ähnliches für Aktien und Investmentfonds.

Private Haushalte, Unternehmen und der Staat benötigen Kredite für Hausbau, Industriebau und Straßenbau.

Kredite

Kredite zu gewähren ist eines der wichtigsten Geschäftsfelder der Kreditinstitute. Kredite sind auch ein wichtiger Bestandteil des Wirtschaftens:

- Der Staat, also Bund, Länder, Städte und Kreise nehmen Kredite auf, um öffentliche Vorhaben zu finanzieren, etwa Straßen, Schulen und Krankenhäuser.
- Die Unternehmen benötigen Kredite, um in neue Maschinen, Computereinrichtungen oder neue Produktentwicklungen zu investieren.
- Die privaten Haushalte oder einzelne Mitglieder nehmen Kredite auf, um z. B. ein Haus oder eine Wohnung zu erwerben, Möbel und andere Einrichtungsgegenstände oder ein Auto zu kaufen.

Diese Art von Krediten muss in der Regel in festen monatlichen Raten zurückgezahlt werden, man bezeichnet sie daher als **Ratenkredite**.

Neben den Ratenkrediten gibt es **Dispokredite**. Wer über ein Girokonto verfügt und regelmäßige Einnahmen hat, bekommt von seinem Kreditinstitut einen Überziehungskredit eingeräumt, z. B. in zweifacher Höhe des regelmäßigen Monatseinkommens. Bis zu dieser Grenze darf das Girokonto überzogen werden, ohne dass bei der Bank nachgefragt werden muss. Da beim Dispokredit wesentlich höhere Zinsen gezahlt werden müssen als bei Ratenkrediten, sollte er nur dann genutzt werden, wenn es kurzfristige Zahlungsengpässe gibt.

Rechtliche Grundlagen für Ratenkredite an Konsumenten:

1. Kredite abschließen darf nur, wer voll geschäftsfähig ist, also Personen, die das 18. Lebensjahr vollendet haben.
2. Kreditverträge müssen schriftlich abgefasst werden. Sie müssen den effektiven Jahreszins angeben und dürfen innerhalb einer Woche nach Unterzeichnung widerrufen werden.

INFO

Der **effekte Jahreszins** ist der Zinssatz für die Kreditsumme zzgl. aller Nebenkosten, der in einem Jahr zurückgezahlt werden muss.

Private Vorsorge

B **Versicherung gegen Risiken aller Art?**
Schäden, deren Beseitigung häufig mit hohen Kosten verbunden ist, lauern heute überall: Einen Moment hat ein Autofahrer nicht aufgepasst und schon ist er auf den vor ihm stehenden Pkw aufgefahren, ein Rohrbruch in den eigenen vier Wänden setzt die Nachbarwohnung unter Wasser, ein Kind verursacht mit dem Fahrrad einen Verkehrsunfall, ein junges Ehepaar kann eine bereits bezahlte Urlaubsreise nicht antreten, die neuen Skier werden vom Skigepäckträger des Autos gestohlen …

Ein typischer Regulierungsfall einer Versicherung

Kosten entstehen in all diesen Fällen für den Verursacher der Schäden. Gegen einige Risiken muss man sich in Deutschland privat versichern. So müssen z. B. Autofahrer eine Haftpflichtversicherung abschließen. Darüber hinaus bieten heute Versicherungen gegen Schäden und Risiken aller Art ihre Dienste an. Von der Ausbildungs- bis zur Zivilrechtsschutzversicherung reicht die Palette, die wortgewandte Versicherungsvertreter an den Mann und an die Frau zu bringen versuchen. Aber bei Weitem nicht alle sind notwendig. Ob es sinnvoll ist, eine Skibruchversicherung oder eine Gepäckschutzversicherung abzuschließen, muss gut bedacht werden. Bevor man daher eine private Versicherung abschließt, sind einige Überlegungen notwendig.

Tipps für den Abschluss von Versicherungen
- Ist der angebotene Versicherungsschutz überhaupt notwendig?
- Ist der angebotene Schutz schon durch eine bestehende Versicherung gedeckt?
- Angebotsvergleiche bei Leistungen und Prämien sind wichtig.
- Lies die Versicherungsbedingungen sorgfältig.
- Denke daran: Es ist gar nicht so einfach, aus einmal abgeschlossenen Verträgen wieder herauszukommen.

1. Versichern kann man sich fast gegen alles.
a) Stellt eine Liste von Risiken zusammen, gegen die ihr euch versichern würdet.
b) Sucht ein Risiko heraus und erkundigt euch bei einer Versicherungsgesellschaft, ob sie dieses Risiko versichert und welche Versicherungsprämie ihr zahlen müsstet.

2. Überlegt in euren Familien geeignete Versicherungen.

3. Sammelt Schadensmeldungen aus der Zeitung und überlegt, welche Versicherungsarten dafür eintreten könnten.

4. Recherchiert im Internet verschiedene Versicherungsarten und entwickelt ein persönliches Vorsorgekonzept.

Risiken einer Verschuldung und Überschuldung

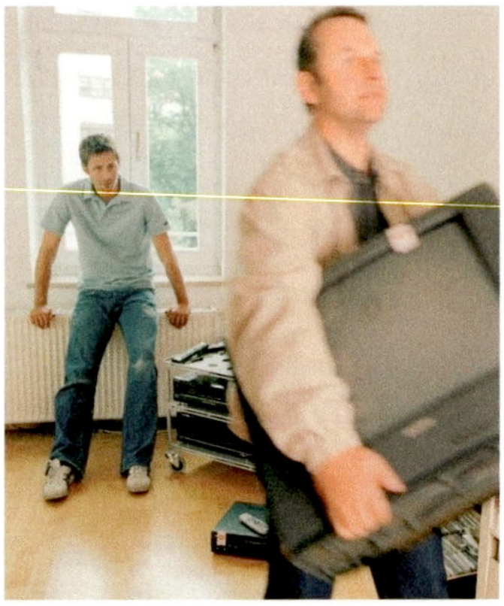
Der Gerichtsvollzieher

B Herr Lehmann ist geschieden und bewohnt eine kleine Zweizimmerwohnung. Er arbeitet in einer Druckerei als Druckformhersteller. Da er gut verdient, kauft er über einen Kredit in Höhe von 8.000 Euro einen Gebrauchtwagen. Er hat aber schon bei einem großen Möbelhändler einen Kundenkredit für einen Teil der Wohnungseinrichtung aufgenommen. Kurze Zeit später meldet der Betrieb Insolvenz an und Herr Lehmann verliert seine Arbeit. Eine andere Stelle findet er nicht, denn in der kleinen Stadt, in der er lebt, gibt es keine weitere Druckerei und ohnehin nur wenige freie Stellen. Vom Arbeitslosengeld kann er seinen Lebensstandard nicht halten. Da Herr Lehmann keine Möglichkeiten sieht zu sparen, bezahlt er die fälligen Kredite nicht, gerät mit der Miete in Rückstand. Mahnungen liest er nicht und merkt daher nicht, dass er über Verzugszinsen immer tiefer in die Schuldenfalle gerät: Die Wohnung wird ihm gekündigt, ebenso die Kredite, der Gerichtsvollzieher kommt zu ihm.

Gründe für die Überschuldung

Herr Lehmann ist kein Einzelfall. Rund zwei Millionen Bundesbürger sind überschuldet. Manche haben die Übersicht verloren und Bank- und Kundenkredite in Kaufhäusern aufgenommen, dazu den Dispokredit ausgeschöpft und nur noch mit Kreditkarten bezahlt. Sie haben die Gefahr nicht erkannt, die besteht, wenn man das Geld nicht in den Händen hält, sondern bargeldlose Zahlungsströme fließen. Viele Haushalte sind auch überschuldet, weil eine Kreditrückzahlung durch z. B. Arbeitslosigkeit, Krankheit oder Scheidung nicht mehr möglich ist.

Vorsicht bei Kreditaufnahmen

Wenn es heute auch leicht ist, Kredit zu erhalten, so muss man doch bei der Kreditaufnahme sehr vorsichtig sein und Kredite in der Höhe aufnehmen, in der die Rückzahlung aller Voraussicht nach geleistet werden kann.

1. Auch junge Menschen geraten immer häufiger in die Schuldenfalle. Als einer der Gründe wird genannt, dass sich in den Familien eine Konsummentalität breit gemacht habe: „Man hat sich daran gewöhnt, auf nichts mehr zu verzichten." Hinzu kommt weiterhin, dass eine Veränderung in der Haltung gegenüber Schulden stattgefunden hat. So sagte eine Schülerin: „Meiner Oma waren Schulden noch peinlich, mir überhaupt nicht." Diskutiert in der Klasse über diese Entwicklung.

2. Eine Schuldenfalle ist das Handy. So hat ein junger Mann in wenigen Monaten bei Telefongesellschaften 5.000 Euro Schulden angehäuft. Rechnet aus, welche Monatsraten er zahlen muss, wenn er zur Rückzahlung einen Bankkredit aufnimmt, Zinssatz 13 %, Laufzeit 36 Monate.

Verhalten bei Überschuldung

In Zeitungsanzeigen sind regelmäßig Umschuldungsangebote zu lesen. In ihnen werden Schuldner damit gelockt, dass ein weiterer Kredit gewährt wird. In der Regel müssen an solche Anbieter weit höhere Zinsen gezahlt werden als beim ursprünglichen Kredit. Statt auf solche zweifelhaften Angebote einzugehen, sollte man lieber eine Schuldnerberatungsstelle aufsuchen. Diese gibt es in allen Städten und Kreisen. Träger können kommunale Verwaltungen, Wohlfahrtsverbände oder Verbraucherberatungsstellen sein. Sie beraten in finanziellen und rechtlichen Fragen beim Abbau von Schulden und untersuchen die Ursachen, die zur Überschuldung geführt haben.

Bei der Schuldnerberatung

Die Insolvenzordnung

Für Privatpersonen besteht die Möglichkeit, nach sieben Jahren von den Schulden befreit zu werden:

- Während dieser Zeit müssen sie den pfändbaren Teil ihres Einkommens an einen Treuhänder abtreten, der das Geld an die Gläubiger verteilt.
- Bevor ein Insolvenzverfahren und eine Restschuldbefreiung beim Amtsgericht beantragt werden kann, muss bewiesen werden, dass mithilfe z. B. einer Schuldenberatungsstelle versucht wurde, einen „Schuldenbereinigungsplan" aufzustellen.

Mit Krediten sollte in jedem Fall vorsichtig umgegangen werden, denn sieben Jahre „Wohlverhalten" sind eine lange Zeit.

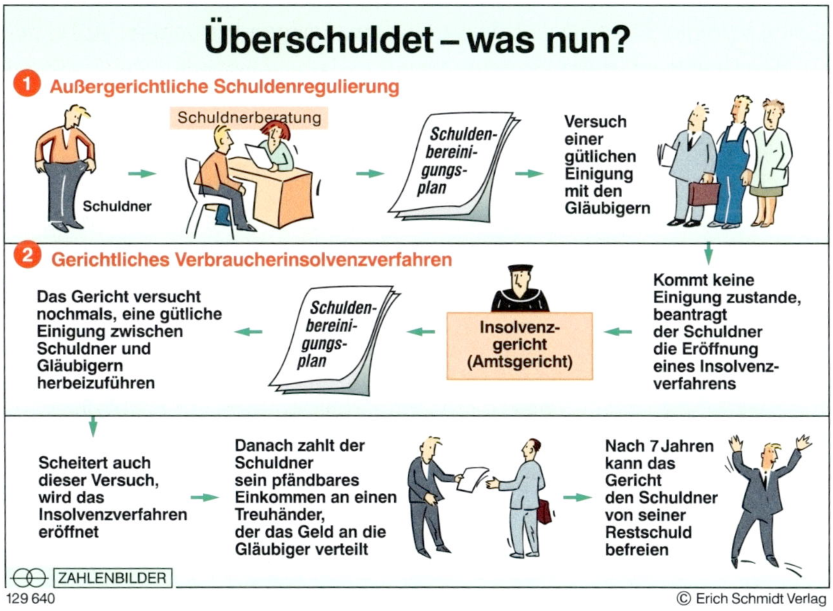

1. Erkundet eine Schuldnerberatungsstelle. Legt dabei den Schwerpunkt auf das Thema „Jugendliche Schuldner".

2. Fasst die einzelnen Schritte der Grafik mit eigenen Worten zusammen.

Eckdaten des deutschen Wohnens		
	50er Jahre	2010
Wohnfläche pro Kopf	14 m^2	43 m^2
Durchschnittliche Größe einer neu fertig gestellten Wohnung	57 m^2	118 m^2
Durchschnittliche Haushaltsgröße	3,00 Personen	2,05 Personen
Anteil an Singlehaushalten	20 %	39 %

3 Wohnbedürfnisse und Wohnkulturen

B Du erhältst eine Ausbildungsstelle in einem anderen Bundesland, sehr weit weg von zu Hause. Aufgrund der Entfernung wirst du eine eigene Wohnung beziehen. Was ist zu tun, damit dein erster Haushalt nicht zum Chaos, sondern zur Chance wird?

In Deutschland leben zurzeit 16,8 % der Gesamtbevölkerung in sogenannten **Einzelhaushalten**. Dabei unterscheiden wir drei Formen: Singlehaushalt, Wohngemeinschaft, Leben im Verbund.

Der Single-Haushalt: Eine Person lebt in einer separaten Wohnung und wirtschaftet für sich allein. Diese Wohnform hat Vor- und Nachteile. Wer sich dafür entscheidet, wird sich voraussichtlich an den Vorteilen orientiert haben. Die maximale Freiheit und keinerlei persönliche Einschränkungen sind allerdings nur die eine Seite. Die alleinige Verantwortung für die Erledigung der Alltagsaufgaben, z. B. Einkaufen, Abwaschen, Müll entsorgen und das Tragen der gesamten Kosten sind Gesichtspunkte, die man unbedingt beachten sollte. Studien ergaben auch, dass diese Wohnform oft zur gesellschaftlichen Isolierung und Vereinsamung führen kann.

Die Wohngemeinschaft: Es ist eine Wohnform, in der zwei oder mehrere Personen zusammenleben. Für diese Möglichkeit des Wohnens entscheiden sich heute sehr häufig vor allem jüngere Menschen. Aufgrund der wirtschaftlichen Vorteile, das sind u. a. die geringeren Kosten und weniger Aufgaben für den Einzelnen, ist das ein guter Schritt in das eigenständige Leben. Damit das Zusammenleben auch reibungslos funktioniert, sollte man im Vorfeld mit den Mitbewohnern Regeln aufstellen, wie z. B. einen Reinigungs- und Kostenplan. Ebenso sollten Absprachen über den Aufenthalt von Gästen und die finanzielle Beteiligung bei Neuanschaffungen getroffen werden.

Das Leben im Verbund: Typische Beispiele sind das Internat und die Kaserne. Für den Mieter entstehen hier sehr geringe Kosten. Die Verpflegung und Versorgung sowie die Aufgaben des Alltags, wie Müll entsorgen, Reparaturarbeiten u. a., werden hier durch Dritte übernommen. Als nachteilig kann sich erweisen, dass oft mehrere Personen in einem Raum leben müssen. Für diesen Fall sind aber zusätzlich spezielle Gemeinschaftsräume zum Ausgleich vorgesehen. Allerdings muss man sich bei dieser „bequemen" Wohnform an festgelegte Regeln halten, z. B. Nachtruhe und Essenszeiten. Auch kann sich als großer Nachteil die Beschränkung der Privat- und Intimsphäre des Einzelnen erweisen.

1. Stellt die Vor- und Nachteile der Haushaltsformen in einer Tabelle dar.

2. Welche Form des Wohnens würdet ihr wählen? Begründet.

Die Standortwahl von Wohnungen

B Nachdem dein neuer Wohnort und die Wohnform feststehen, musst du dich ausreichend über Wohnen zur Miete informieren und dann entscheiden, welche Mietwohnung für dich infrage kommt.

Als erstes ist zu klären, wo der neue Wohnungsstandort sein soll. Es muss berücksichtigt werden, dass die Arbeits- bzw. Lernorte der Haushaltsmitglieder in der Nähe liegen.
Des Weiteren spielen die **Verkehrsanbindungen** (Straßen, evtl. Bus- und Bahnlinien) sowie das Vorhandensein von Angebotsmärkten (Verkaufseinrichtungen, medizinische Einrichtungen, Dienstleistungsbetriebe usw.) eine große Rolle.
Für viele Menschen haben **Kultur- und Freizeiteinrichtungen** einen hohen Stellenwert. Andere Familien legen sehr viel Wert auf **Natur und Umwelt**. Sie werden eher eine Wohnung am Stadtrand oder in dörflicher Gegend suchen. Ein sehr dominanter Faktor bei der Wohnungssuche ist das **soziale Umfeld**. Sehr häufig ziehen Familien oder Familienmitglieder in die Nähe der Angehörigen.
Jede Person bzw. jede Familie wird die Rangfolge der Entscheidungskriterien unterschiedlich bewerten und für sich selbst entscheiden und verwirklichen.

Verkehrsanbindung: Bushaltestelle

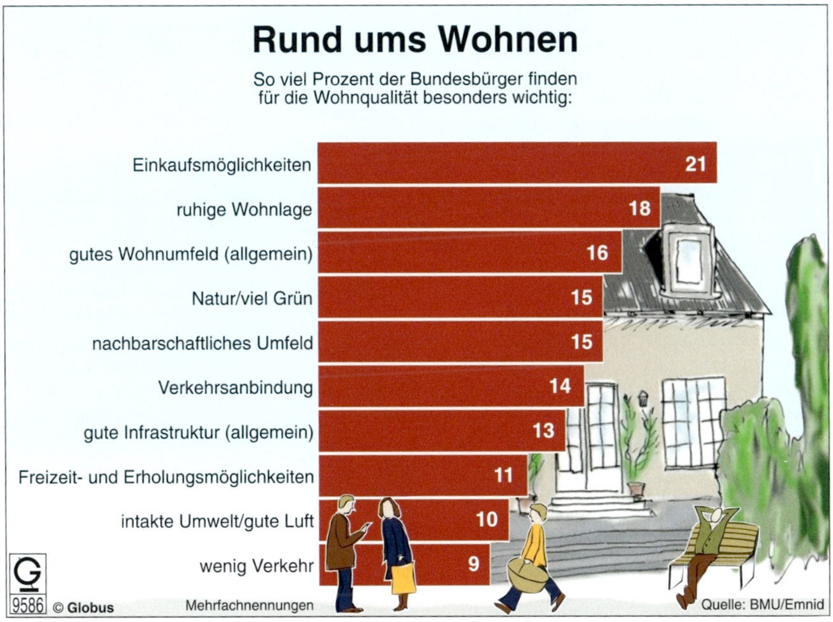

1. Stelle die Standortfaktoren in einer Mindmap dar. Unterlege sie mit 2–3 konkreten Beispielen.

2. Welche Kriterien sind für dich von besonderer Bedeutung? Begründe.

INFO

Kaution
= Hinterlegen einer bestimmten Geldsumme beim Vermieter. Die Höhe beträgt im häufigsten Fall zwei bis drei Kaltmieten. Die Kaution dient der Sicherheit des Vermieters und wird nach der Aufhebung des Mietvertrages zuzüglich der Zinsen zurückgezahlt.

Das Wohnungsinserat

B Du prüfst deine finanzielle Lage und stellst fest, wie viel Geld du monatlich zur Verfügung hast. Dann beschließt du, eine geeignete Mietwohnung zu suchen.
Außer im Internet kann man sich im Kleinanzeigenteil der regionalen Zeitung informieren. Unter der Rubrik „Immobilienmarkt - Wohnungssuche“ findest du entsprechende Anzeigen. Solltest du dabei keinen Erfolg haben, helfen auch Makler bei der Vermittlung.

Das Lesen von Wohnungsinseraten ist wie das Lesen in einem Fremdwörterbuch. Es gibt viele Begriffe, die du nicht auf Anhieb verstehst und es werden viele Abkürzungen verwendet. Die Erläuterung der Abkürzungen findest du rechts.

Bei der engeren Auswahl der Wohnung ist besonders zu beachten, dass neben der Angabe für die Kaltmiete zusätzliche Ausgaben für Heizung, Wasser und Elektroenergie einzuplanen sind. Ebenfalls zu beachten ist, dass für die Vermittlung von Wohnungen vom Immobilienmakler bei Abschluss eines Mietvertrages Provision verlangt wird. Man sollte, um Kosten einzusparen, beim Lesen von Inseraten möglichst beachten, dass der Vermerk prov.-frei (provisionsfrei) in der Anzeige steht.

INFO

DU/WC	Dusche und WC vorhanden
EBK	Einbauküche vorhanden
Balk.	Balkon
Möbl.	Möbel vorhanden
Kaut.	Kaution
3. ETG	3. Etage
4 ZI	4-Zimmer-Wohnung
90 qm Wfl.	Wohnfläche ist 90 m² groß
OH	Ofenheizung
KM	Kaltmiete
NK	Nebenkosten
Hzg.	Heizung
OG	Obergeschoss
MP	Mietpreis
Kpl. San.	Komplette Sanierung
DHH	Doppelhaushälfte
EFH	Einfamilienhaus
ET	Etage

Lehrte, 4 Zi., 82 qm, neues Bad, renov., OH, 285 Euro + NK.

Verm. i. Zentr. BIW, top san., sehr schöne 3-R.-DG-Whg., 87 m², 399 Euro + 70 Euro NK; 2-R.-Whg., 57 m², 283 Euro + 60 Euro NK.

Lehrte, 2 Zi., 52 qm, OH, 145 Euro + NK.

Peine, 3-R.-Whg., Kü., Bad/WC, 63 m², ruhige Lage, zentrumsnah, kpl. san., zu verm., KM 278 Euro.

3-R.-DG-Whg. in Vechelde ab 1.1. zu verm., 2 Pkw-Stellplätze, Keller, Stauraum in der Wohnung, schöne Aussicht, 83 m²–71 m² berechnet, KM 396 Euro inkl. NK.

Verm. in H Whg. für 1 b. 2 Pers., Hzg., Du., IWC, keine Nebenkosten, keine Kaution.

Langenhagen, san. 4-R.-Whg., ca. 75 m², Kü., Bad, Zentr.-Hzg. + Kachelofen, weiß verputzte Wände u. Decke, Laminatboden, Garage mit Stellpl., Dachboden, großer Garten, sofort, KM 380 Euro + NK 110 Euro.

H Innenst. 3-R.-Whg., Küche, Bad/WC, 78 m², 1. OG, Hinterh., inkl. Pkw-Stellplatz, 3,20 Euro/m² KM + NK + Kaut., prov.-frei.

Föhrum, 3-Zi.-Whg. m. Balkon, 67 m², KM 325 Euro, Keller, Bad + WC, Wäscheraum.

Mehrere Wohnungen, 2 b. 3 Zi., Kü., Bad, tlw. Balk., Hannover, Schlossstraße.

Verm. renov. bed. 3-R.-Maisonette-Whg., 72 qm, 2 Mon. nur NK, dann 4,15 Euro KM + NK.

1. Interpretiert die Wohnungsinserate.
a) Welche Wohnung würde euren Wünschen entsprechen?
b) Begründet eure Meinung.

2. Erstelle eine Liste mit den Erfordernissen bzw. Ansprüchen, die deine neue Wohnung erfüllen soll.

3. Erstellt ein Inserat zur Wohnraumsuche für die regionale Tagespresse.

Die Wohnungsbesichtigung

Besichtigung einer Wohnung

Bei der Wohnungsbesichtigung sollte man auf folgende Kriterien achten:

Besichtigungszeitpunkt
- möglichst in der Woche, um den Lärmpegel einschätzen zu können,
- Tageszeitpunkt, damit man rechtzeitig merkt, ob es sich aufgrund des Tageslichtes um eine „dunkle" oder „helle" Wohnung handelt.

Wohnungsgröße
- sollte auch hinsichtlich der Nutzungsfähigkeit beurteilt werden (Schrägen, Fensteranordnung, evtl. Möblierung usw.),
- Anordnung der Räume (z. B. Durchgangszimmer).

Fenster
- Funktionalität und Isolierung,
- evtl. auf gute Lüftungsmöglichkeit des Bades achten,
- große Fenster lassen viel natürliches Licht in die Räume gelangen.

Heizung
- Sparsamkeit der Heizung, evtl. bei Nachbarn erfragen,
- leichte Bedienungsmöglichkeit,
- Die Heizungsart ist entscheidend für weitere Kosten.

Schallschutz und Wärmedämmung
- kontrollieren, ob bei Straßenlage Doppelverglasung vorhanden ist,
- auf „Hellhörigkeit" achten,
- Wärmedämmung ist entscheidend für die späteren Kosten.

Allgemeiner Zustand
- Teppichböden auf „Zeitwert" und auf evtl. Schäden kontrollieren,
- fachgerechte Verlegung des Fußbodenbelages überprüfen,
- auf Feuchtigkeit besonders in den Zimmerecken achten,
- Zustand des Hauses, des Treppenhauses beachten.

Ausstattung der Wohnung
- kontrollieren, ob Telefonanschlüsse usw. vorhanden sind,
- prüfen, ob Steckdosen in ausreichender Anzahl vorhanden sind,
- untersuchen, ob Waschmaschinen- bzw. Geschirrspüleranschlüsse installiert wurden,
- Einbauküche bzw. -geräte, wenn vorhanden, auf sauberen und funktionstüchtigen Zustand überprüfen.

1. Fertige einen Stichpunktzettel an, auf welche Kriterien du bei der Wohnungsbesichtigung achten musst.

Der Mietvertrag

B Nach vielen Besichtigungen und Gesprächen mit Eltern und Freunden glaubst du die richtige Wohnung gefunden zu haben. Nun kommt die letzte Hürde der Wohnungssuche, die Unterschrift unter dem Mietvertrag. Kritisch solltest du vor der Unterzeichnung noch einmal alle Punkte des Vertrages unter die Lupe nehmen, damit du nichts Wichtiges übersiehst.

Es gibt verschiedene Ausfertigungen von Mietverträgen. Sie können handschriftlich, gedruckt oder gedruckt mit handschriftlichen Veränderungen ausgefertigt werden. Wichtig ist dabei, dass beide Seiten (Mieter und Vermieter) mit dem Vertrag einverstanden sind und unterschreiben, damit dieser rechtswirksam ist. Nicht nur die Form der Mietverträge kann verschieden sein, sondern auch deren Inhalte. Das fällt nur dem auf, der sie liest und sie sorgfältig vergleicht.

Mietvertrag

abgeschlossen zwischen ....

als Vermieter einerseits und ....

zurzeit wohnhaft in ....

als Mieter andererseits wie folgt:

I. Mietgegenstand

Zur Benutzung als ....

im Haus .... folgende Räume

vermietet: .... Vorraum, ... Küche, ... Zimmer, ... Kabinett, ... Kammer, Bad/WC im

Gesamtausmaß von .... m²; Zubehör: Keller- und Dachbodenabteil, Balkon, Garage, Pkw-Abstellplatz, Garten, Holzlage, zur Mitbenutzung steht eine Waschküche und ein Wäschetrockenplatz im Freien – Dachboden – zur Verfügung. Vom Vermieter werden dem Mieter für die Dauer des Mietvertrages ausgehändigt:

..... Haustor-, ... Wohnungs-, ... Zimmer-, ... Boden-, ... Garagen-, ... Dachboden-Schlüssel.

II. Vertragsdauer

Das Mietverhältnis beginnt am .... und wird auf die Dauer von .... Jahren – auf unbestimmte Zeit – abgeschlossen. Vom Mieter kann dieser Vertrag auch innerhalb der Vertragsdauer – monatlich – vierteljährlich – zum Ende des Kalendermonats aufgekündigt werden.

III. Mietzins

Der monatliche Mietzins beträgt € .... , welcher im Voraus spätestens bis am fünften Werktag des Monats zu entrichten ist. In diesem Betrag sind die auf das Mietobjekt anteilsmäßig entfallenden Betriebskosten

Bei Abschluss eines Mietvertrags verpflichtet sich der Vermieter, dem Mieter die Wohnräume zur Nutzung zu überlassen und in ordnungsgemäßen Zustand zu erhalten. Als Mieter ist man verpflichtet, die Wohnung nur im festgelegten Rahmen zu benutzen und dafür einen bestimmten Preis, die Miete, zu zahlen. Ein Mietvertrag (BGB §§ 535–580) muss unbedingt schriftlich abgeschlossen werden. Bei Mietverträgen für unbewegliche Sachen, wie Wohnräume und Grundstücke, ist generell auf folgende Dinge zu achten:

Angabe der **Mieträume**: Dazu gehören die Räume der Wohnung sowie alle Nebenräume. Es sollte eindeutig die Nutzung von Kellern, Dachböden, Autostellplätzen usw. ausgewiesen sein.

Der **Mietpreis**: Unter **Miete** versteht man das Überlassen von Wohnraum gegen Entgelt. Der Preis dafür sollte dem ortsüblichen Mietspiegel angepasst sein. Im Vorfeld kann man sich darüber bei den Gemeinden bzw. Stadtverwaltungen informieren. Wichtig sind auch Angaben über Neben- oder Betriebskosten. Vor der Unterschrift des Mietvertrages ist daher gründlich zu prüfen, ob diese Kosten (Heizung usw.) zusätzlich bezahlt werden müssen oder schon im Mietpreis enthalten sind.

Laufzeit und Kündigungsfristen: Hieraus ist ersichtlich, ab wann man Mieter (Einsetzen der Mietzahlungen) der Wohnung oder des Hauses ist. Ebenfalls muss man sich vor der Unterschrift nach den festgelegten Kündigungsfristen erkundigen.

Instandhaltung der Mieträume: Nach einer längeren Nutzung der Räume müssen Schönheitsreparaturen vorgenommen werden, für die im Normalfall der Vermieter zuständig ist. Es ist gut darauf zu achten, dass hierfür keine Zusatzklauseln im Mietvertrag eingebaut worden sind.

Angaben zu Sondervereinbarungen wie „Kaution", „Abstandssumme", „Nachmieter": Auf diese Formulierungen muss sehr genau geachtet werden.

INFO

Eine **Abstandssumme** wird gezahlt, wenn etwas „übernommen" wird. Der neue Mieter kann Einrichtungsgegenstände wie z. B. Lampen, Gardinen oder Möbelstücke käuflich vom Vormieter übernehmen/erwerben.

Sondervereinbarungen können im Mietvertrag festgelegte Dinge, wie z. B. Kautionen, Nachmieter, Abstandssummen sein.

Hausordnung

Wenn man ein Mietverhältnis eingehen möchte, muss man sich darüber im Klaren sein, dass sich aus einem Vertrag auch Pflichten ergeben. So muss der Mieter zum vereinbarten Termin die Miete entrichten, den Vermieter über auftretende Mängel informieren und dem Vermieter und Handwerkern Zugang zur Wohnung zwecks Mängelbeseitigung ermöglichen.

In der Hausordnung werden Regelungen zum Zusammenleben der Mieter festgeschrieben. Diese beinhaltet die Reinigung des Treppenhauses, die Haltung von Haustieren, die Untervermietung der Wohnung, das Abstellen von Gegenständen wie Fahrräder oder Kinderwagen.

INFO

Kommt der Vermieter seiner Verpflichtung, z. B. Beseitigung von Mängeln nicht nach, hat der Mieter das Recht auf Mietminderung, vgl. BGB, § 537.

Wie für den Mieter, so ergeben sich auch für den Vermieter aus dem Mietverhältnis Pflichten, wie die Beseitigung von auftretenden Mängeln, die Information des Mieters über evtl. Gefahren oder Beeinträchtigungen, die sich bei Baumaßnahmen ergeben können. Vor allem aber muss er dem Mieter das ungestörte Wohnen ermöglichen.

Ist man sich vor dem Unterschreiben eines Mietvertrages unsicher, besonders bei langen Kündigungsfristen oder hohen Kautionen, sollte man sich Bedenkzeit ausbitten und den Vertrag prüfen lassen. Mietervereine helfen und beraten gern. Diese Vereine gibt es in jedem größeren Ort. Sie beraten nicht nur bei der Unterzeichnung von Mietverträgen, sondern helfen auch bei der Kontrolle der Abrechnung von Nebenkosten sowie bei eventuellen Rechtsstreitigkeiten zwischen dem Vermieter und dem Mieter.

Problem Miete

Unter Miete versteht man das Entgelt für die Gebrauchsüberlassung von Wohnraum aufgrund von Mietverträgen, Untermietverträgen oder ähnlichen Nutzungsverhältnissen.

Wenn man den Mietverpflichtungen nicht nachkommt, wird nur zwei Mal gemahnt und dann folgt nach einem Monat laut Gesetz die fristlose Kündigung der Wohnung. Zwei Wochen hat der Mieter dann Zeit, die Wohnung zu räumen.
Schon im Vorfeld sollte man genau berechnen, welche Mietbelastungen man im äußersten Fall tragen kann. So kann zur Unterstützung Wohngeld bei der örtlichen Wohngeldbehörde beantragt werden. Für Eigentümer eines Eigenheims oder einer Eigentumswohnung nennt man diese Zahlung Lastenzuschuss. Wohngeld kann jedoch nur gezahlt werden, wenn ein Antrag gestellt wird und die Vorraussetzung (Bedarfsfall) nachgewiesen wird.

Die Höhe der Wohngeldzahlungen bzw. des Lastenzuschusses hängt ab von:
- der Zahl der im Haushalt lebenden Personen,
- der Höhe des Gesamteinkommens,
- der Höhe der zuschussfähigen Miete bzw. Belastung.

Ergeben sich trotz des Wohngeldes Zahlungsschwierigkeiten, sollte man sich umgehend bei der Schuldnerberatung, beim Sozialamt bzw. bei der Wohngeldstelle beraten lassen.

1. Informiert euch im Internet oder in Telefonbüchern, wo sich in eurer Nähe Mietervereine befinden.

2. Erkundigt euch über die Aufgaben und die Arbeitsweise der Vereine.

Der Umzug

Wenn die neue Wohnung gefunden und der Mietvertrag unterschrieben ist, muss der Umzug geplant werden. Es gibt mehrere Möglichkeiten, umzuziehen. Man kann sich um alles selbst kümmern, eine Umzugsfirma engagieren, die alle Arbeiten erledigt oder eine Mischform wählen. Am kostengünstigsten ist es, sich um das meiste selbst zu kümmern.

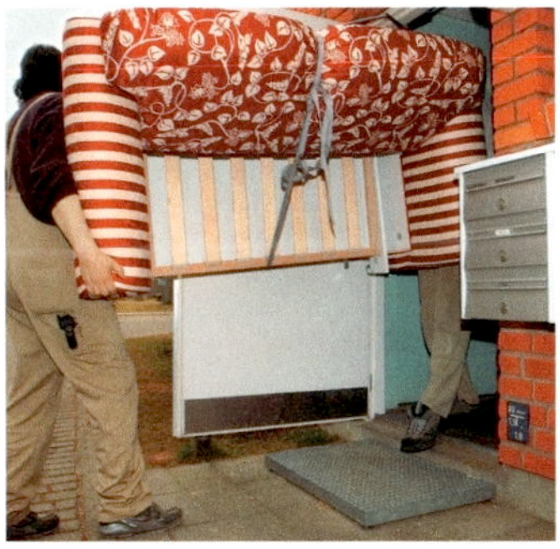

Umzug in eine neue Wohnung

Checkliste für den Umzug:
- Umzugstermin festlegen
- Einzugsfeier planen
- Fahrzeug zum Transport der Möbel besorgen (Bekannte oder Mietfahrzeug?)
- Helfer organisieren (Eltern, Bekannte, Freunde)
- neue Möbel einkaufen/abholen
- Installationsarbeiten in der Wohnung (Lampen, Garderobe...)
- Werkzeug für den Selbstaufbau
- Umzugskartons besorgen
- Verpflegung für die Helfer vorbereiten
- ...

Nachdem nun der Umzug und die Einrichtung der neuen Wohnung erfolgt ist, gibt es noch viele Kleinigkeiten zu erledigen. Nach dem Meldegesetz ist jeder, der sich an einem neuen Wohnort niederlässt, verpflichtet, sich bei der zuständigen Behörde zu melden. Das ist meist das **Einwohnermeldeamt**. Der neue Wohnsitz wird im Personalausweis eingetragen. Des Weiteren solltest du eine genaue Inspektion der Wohnung gleich nach dem Einzug durchführen. Dazu gehört u.a.:
- Zählerstände der anliegenden Medien, wie Gas, Wasser, Strom, notieren,
- erkennbare Mängel aufschreiben, z.B. Beschädigungen an Fenstern und Türen, Fensterbänken und evtl. Tapete und vom Vermieter gegenzeichnen lassen,
- Abflüsse und Armaturen überprüfen.

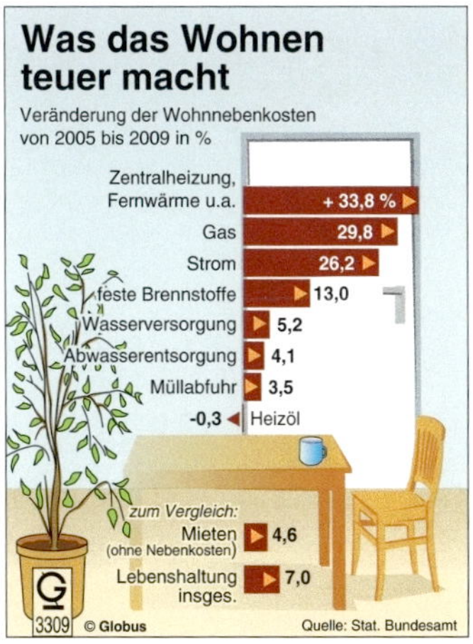

Der Start in die neue Wohnung kostet oft mehr Geld als man zunächst einplant. Deshalb ist es immer sinnvoll, sich eine Übersicht über den Finanzbedarf zu machen. Neben der Miete, den Umzugskosten, den Kosten für Neuanschaffungen von Möbeln sind die Nebenkosten zu berücksichtigen.

1. Erkundigt euch bei verschiedenen Firmen nach den Kosten für einen Umzug.

2. Bringt die Unterpunkte der Checkliste in eine sinnvolle zeitliche Reihenfolge. Findet ihr noch weitere Aspekte, an die man denken sollte?

Der Grundriss

Bei einer Darstellung im **Grundriss** (Horizontalschnitt) entsteht der gedankliche Schnitt durch den Baukörper in der Horizontalen (waagerecht) in etwa 1 m Höhe über dem Fußboden. Es sind die Breite und die Länge des Bauwerkes, die Größe der einzelnen Räume, die Breite der Türen und Fenster sowie die Dicke der Wände zu erkennen. Sind mehrere Etagen in einem Haus, müssen je nach Anzahl mehrere Grundrisse gezeichnet werden. Aus dem Grundriss kann man ebenfalls erfahren, wie die Treppen verlaufen und ob eine Doppel- oder Einfachverglasung bei Fenstern vorhanden ist.

Der Grundriss der Wohnung bietet ideale Möglichkeiten, um die Zimmergestaltung zu planen. Wenn die Möbel erst einmal an einer bestimmten Stelle stehen, ist eine spätere Veränderung ohne große Schwierigkeiten kaum machbar. Ebenfalls ist es äußerst teuer, wenn man sich neue Möbel anschafft, die dann von der Größe her gar nicht in die Wohnung passen. Im Vorfeld kann auf der Grundlage des Grundrisses schon abgeklärt werden:
- in welche Richtungen die Türen zu öffnen sind,
- wie die Verteilung bzw. die Nutzung der Zimmer sein soll,
- wo sich Steckdosen, Wasser- und Medienanschlüsse befinden und
- wie die Abmessungen der Räume, Türen und Fenster sind.

Erdgeschoss

1	Windfang	1,85 m²
2	WC	1,64 m²
3	Diele	14,67 m²
4	Wohnzimmer	25,82 m²
5	Küche	6,70 m²

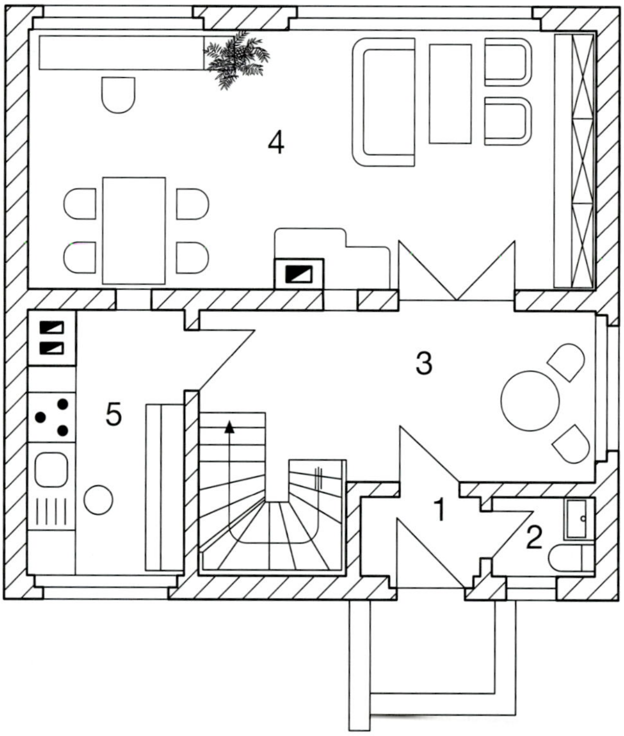

Grundriss einer Etage

Ähnlich einem Planspiel kann im Vorfeld die modellhafte Möblierung der Räume vorgenommen werden. Dafür gibt es standardisierte Sinnbilder (Symbole), die auf Wohnungsgrundrissen gleichen Maßstabs bis zur optimalen Variante hin und her geschoben werden können.

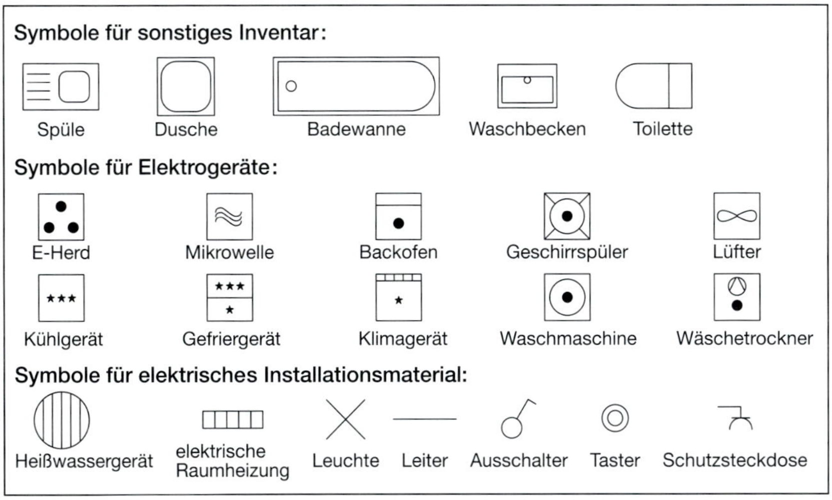

Symbole für Einrichtungsgegenstände

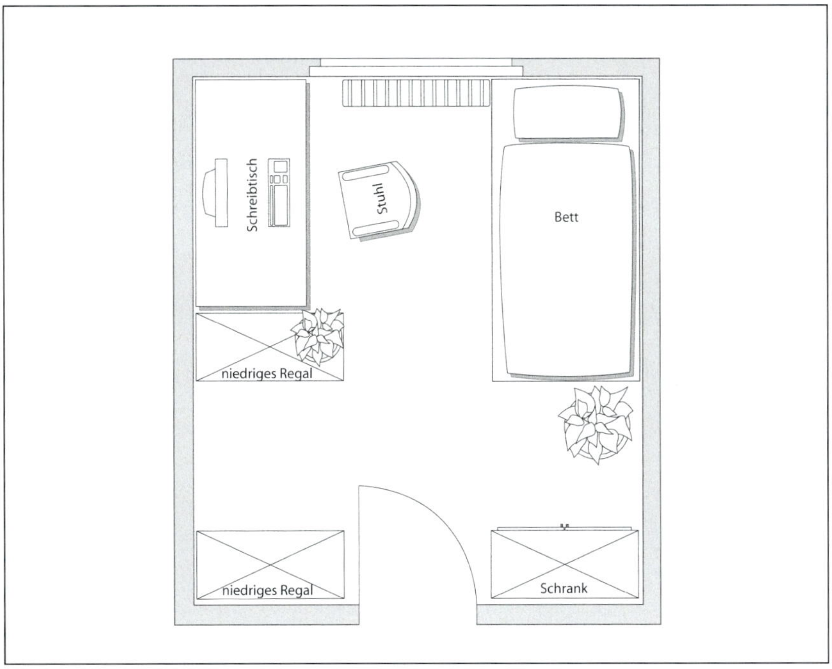

Grundriss eines Jugendzimmers

1. Fertigt einen maßstabsgetreuen Grundriss eures Zimmers an.

2. Zeichnet eure Möbel ebenfalls maßstabsgerecht auf ein separates Blatt, schneidet sie aus und findet durch „Hin- und Herschieben" Möglichkeiten, das Zimmer neu einzurichten.

Am Ende des Kapitels sollst du
- die wirtschaftlichen und sozialen Funktionen des Privathaushalts in der Gesellschaft nennen können,
- die Aufgaben des privaten Haushalts aufzählen und die erforderlichen Tätigkeiten zur Bedürfnisbefriedigung zuordnen können,
- verschiedene Haushaltstypen im Wandel der Zeit beschreiben und Unterschiede in den Versorgungsmöglichkeiten erläutern können,
- die Veränderungen im Ehe- und Familienrecht bezüglich der Haushaltsführung bewerten können,
- Möglichkeiten der Aufgabenbewältigung zur Vereinbarkeit von Familie und Berufstätigkeit entwickeln können,
- Vor- und Nachteile der Nutzung von Eigen- und Fremdleistung zur Bewältigung der Hausarbeit nennen können,
- die Notwendigkeit einer Haushaltsbuchführung zum wirtschaftlichen Umgang mit dem Haushaltsbudget begründen können,
- die Anschaffung eines Haushaltsgroßgerätes unter ökonomischen und ökologischen Aspekten beurteilen können,
- verschiedene kurzfristige Geldanlagen und deren Verfügbarkeit nennen können,
- Kredite und die damit verbundenen Risiken einer Verschuldung und Überschuldung bewerten können,
- verschiedene Wohnbedürfnisse beschreiben können,
- gebräuchliche Abkürzungen bei Wohnungsanzeigen entschlüsseln können,
- Rechten und Pflichten von Mietern und Vermietern nennen können,
- für einen Wohnungsgrundriss ein Einrichtungsbeispiel entwerfen können.

Mit folgenden Aufgaben kannst du überprüfen, ob du diese Kompetenzen erworben hast:

1. Erläutere den Satz: „Wir wirtschaften und leben im Haushalt zusammen.".

2. Ordne den wirtschaftlichen, sozialen und ökologischen Aufgaben des Haushalts die erforderlichen täglich und wöchentlich anfallenden Tätigkeiten zu.

Dienstleistung Fenster putzen

3. Beschreibe die Haushaltstypen Selbstversorgerhaushalt von früher und den Dienstleistungs- und Vergabehaushalt von heute. Nenne die Gründe für den Wandel in der Haushaltsführung und beurteile die Unterschiede der Versorgungsmöglichkeiten.

4. Nenne die Veränderungen im Ehe- und Familienrecht von 1977 und bewerte sie in Bezug auf die Haushaltsführung und Erwerbstätigkeit beider Ehepartner.

5. Stelle einen Tages- und Wochenarbeitsplan mit einer gerechten Aufgabenverteilung und zeitlichen Belastung im Haushalt für folgenden Fall auf: Sabine und Jan sind seit Kurzem verheiratet und beide am Ort berufstätig. Sabine arbeitet im Büro von 8.00 bis 17.00 Uhr mit 1 Stunde Mittagspause (mitgenommene Brote zum Essen), ½ Stunde Weg zur Arbeitsstelle.
Jan arbeitet als Elektroinstallateur von 7.00 bis 16.00 Uhr mit einer Stunde Frühstücks- und Mittagspause (mitgenommene Brote zum Essen), ca. 1/4 Stunde Anfahrt zur Arbeitsstelle.

Fremdleistung: Restaurantbesuch

6. Beschreibe Möglichkeiten der Nutzung von Eigen- und Fremdleistung bei Berufstätigkeit beider Ehepartner und bewerte sie.

7. Begründe, warum zum Auskommen mit dem Einkommen eine Übersicht über Einnahmen und feste und veränderliche Ausgaben im Haushalt wichtig ist.

8. Nenne Beispiele für Fixkosten und variable Kosten im Haushalt.

9. Bewerte mit einem + oder –, welche der folgenden Elektro-Haushaltsgeräte für einen 4-Personen-Haushalt unter ökonomischen und ökologischen Gesichtspunkten sinnvoll bzw. unnötig sind und begründe deine Auswahl:
Kühlgeräte, Bügeleisen, Waschmaschine, Kaffeemaschine, Staubsauger, elektrischer Handrührer, Toaster, Elektroherd/Backofen, Dunstabzugshaube, Mikrowellengerät, Geschirrspüler, elektrischer Allesschneider, Gefriergerät, Wäschetrockner.

10. Beurteile folgende Geldanlagen in Bezug auf Liquidität, Rendite, Risiko: Girokonto-Guthaben, Sparbuch, Termingeld/Festgeld, Sparbrief, Ratensparen. Erkundige dich im Zweifelsfall bei einer Bank oder Sparkasse oder im Internet.

11. Beschreibe die Risiken einer Kreditaufnahme.

12. Nenne private Versicherungen, die du für dich sinnvoll findest. Begründe deine Entscheidungen.

13. Nenne Rechte und Pflichten von Mietern und Vermietern im Hinblick auf Mieträume, Mietpreis, Laufzeit- und Kündigungsfristen, Instandhaltung der Mieträume, Hausordnung und Angaben zu Sondervereinbarungen wie Kaution, Abstandssumme.

14. Entwirf in den vorgegebenen Küchengrundriss ein Einrichtungsbeispiel für einen 2-Personen-Haushalt. Beachte dabei die zweckmäßige Anordnung der Küchenelemente.

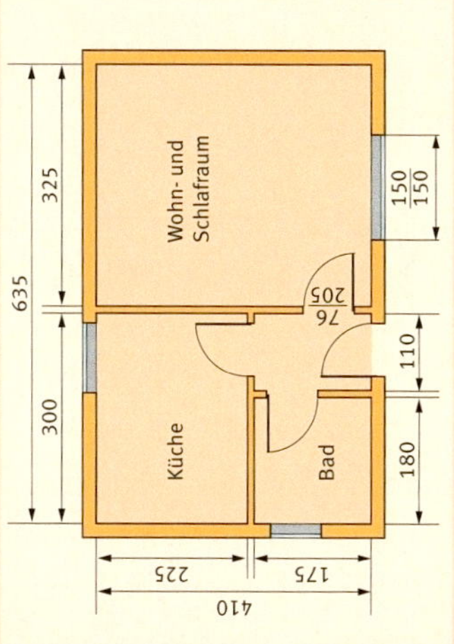

Arbeitsplatzgestaltung: Übersichtliche Anordnung der Zutaten (Arbeitsmittel) und Arbeitsgeräte im inneren und äußeren Greifraum.

Arbeitstechniken: Es sind Techniken der Vor- und Zubereitung von Lebensmitteln mit mechanischen und elektrischen Geräten, die sachgerecht durchgeführt werden müssen.

Aromastoffe: (Aroma, griech.: Gewürz), leicht flüchtige chemische Verbindungen.

Bakterien: Kleinstlebewesen, die überall verbreitet sind. Sie können u. a. Lebensmittel verderben und Krankheiten erregen.

Ballaststoffe: Unverdauliche pflanzliche Faserstoffe. Obst, Gemüse und Getreide enthalten viele Ballaststoffe. Sie machen satt und fördern die Verdauung.

Baustoffe: Sie dienen dem Körper vorwiegend zum Aufbau und zur Erhaltung von Zellen. Zu der Gruppe gehören Eiweiß, Wasser, Mineralstoffe.

Betriebsmittel des privaten Haushalts: Arbeitskraft, Zeit, Waren und Dienstleistungen, Geldeinkommen, aber auch Wissen (Informationen) und die Natur/Umwelt als Produktions- und Konsumgut.

Brennstoffe: Sie liefern dem Körper vorwiegend Energie (Wärme und Kraft). Zu der Gruppe gehören Fett, Kohlenhydrate.

Cholesterin: Ein Fettbestandteil, der sich hauptsächlich in Lebensmitteln tierischer Herkunft befindet. Unser Körper braucht Cholesterin für viele Stoffwechselprozesse, z. B. zum Aufbau von Hormonen.

Convenience-Food: Industriell vorgefertigte Lebensmittel.

Dämpfen: Garen im Wasserdampf mit Siebeinsatz bei einer Temperatur von ca. 100 °C. Geringe Nährstoffverluste, Farbe, Eigengeschmack und Form bleiben weitgehend erhalten.

Einkommen: Geldbeträge (oder Sachgüter und Dienstleistungen), die einer Person zufließen.

Eiweiß: Tierisches Eiweiß ist in Fleisch, Fisch und Milch. Pflanzliches Eiweiß ist z. B. in Nüssen, Kartoffeln und Bohnen. Eiweiß fördert das Wachstum von Körper und Muskeln.

Emulgatoren: Stoffe, mit denen zwei nicht mischbare Phasen zu einer beständigen, einheitlichen Masse vermischt werden können, z. B. Lecithin in Margarine.

Ernährungskreis: Ein Modell, das zeigt, welche Nahrungsmittel wir essen sollen.

Esskultur: Esskultur umfasst alles, was mit dem Essen verbunden wird. Dazu gehören Lebensmittelauswahl, regionale Spezialitäten, Tischsitten, Rituale, Tischdekoration.

Fett: Fett kann in flüssiger, halbfester (streichfähiger) und fester Form auftreten. Es gibt tierische und pflanzliche Fette. Pflanzliche Fette sind gesünder für den Körper. Fett speichert Wärme und Energie. Manche Fette sind nützlich bei der Verarbeitung von Vitaminen.

Garen im Dampfdrucktopf (Schnellkochtopf): Lebensmittel garen im Wasserdampf unter Überdruck und unter Ausschluss von Sauerstoff. Dadurch wird die Temperatur des Wasserdampfes erhöht und das Gargut benötigt nur 1/3 der Garzeit. Nährstoffe, Farbe, Eigengeschmack und Form bleiben erhalten.

Garen im Mikrowellengerät: Mikrowellen sind elektromagnetische Wellen, sie bewegen bestimmte Moleküle. Durch die Reibung entsteht Wärme. Die Erwärmung findet von außen nach innen statt. Mikrowellen können Glas, Porzellan und Kunststoff durchdringen, aber kein Metall.

Gesamtenergiebedarf: Er setzt sich aus dem Grundumsatz und Leistungsumsatz zusammen.

Gesättigte Fettsäuren: Diese kommen vor allem in tierischen Lebensmitteln vor und wirken sich negativ auf bestimmte Blutfettwerte aus.

Grundumsatz: Energiemenge, die ein Mensch bei Raumtemperatur, leicht bekleidet und nüchtern in völliger Ruhe benötigt.

Gütezeichen: Es garantiert die Qualität einer Ware.

Haushaltsproduktion: Güter- und Geldbeschaffung, Hausarbeit, Einkauf, Nahrungszubereitung, Wäschepflege.

Hygiene: Maßnahmen zur Verhütung von Krankheiten und Gesundheitsschäden. Unterschieden werden Arbeitshygiene (Hausarbeit), Betriebshygiene (Arbeitsgeräte, Maschinen und Einrichtungsgegenstände), Personalhygiene (Person).

Infektionskrankheiten: Übertragbare Krankheiten.

Insolvenz: Zahlungsunfähigkeit

Investmentfonds: Fondsgesellschaften kaufen Wertpapiere im großen Umfang und bieten Anteile über Banken und Sparkassen an. Es gibt Aktienfonds, Immobilienfonds und Mischfonds. Das Risiko ist hierbei gering, die Gewinnaussichten sind aber auch niedriger als bei den Aktien.

Kilojoule: Das Tausendfache der Energieeinheit Joule. Einheit für den Energiegehalt der Nahrungsmittel bzw. Energieumsatz des Körpers. Ein Joule ist die Menge, die benötigt wird, um 100 g mit der Kraft von einem Newton um 1 mm hochzuheben.

Kohlenhydrate: Wichtigste Energiequelle, in Brot, Nudeln, Reis, Kartoffeln, Obst und Gemüse enthalten.

Konservierungsstoffe: Stoffe, die Lebensmittel länger haltbar machen.

Lebensform: Art, wie Menschen zusammenleben, z. B.: Ehe, Großfamilie (drei Generationen unter einem Dach), Alleinlebende, unverheiratete Paare, Wohngemeinschaft.

Leistungskurve: An ihr kann man die im Laufe des Tages unterschiedliche Leistungsfähigkeit ablesen.

Leistungsumsatz: Energiemenge, die über den Grundumsatz hinaus benötigt wird, um Leistung (Bewegung, Arbeit) zu erbringen.

Lifestyle: Lebensstil, Art der Lebensführung.

Marketing: Maßnahmen eines Unternehmens, um den Absatz zu fördern.

Markterkundung: Gezielte Beschaffung von Informationen über das Angebot bei einem bestimmten Produkt oder einer bestimmten Produktgruppe.

Mengenangabe: Beschreibung, wie viel in einer Packung enthalten ist, in Gramm, Kilogramm, Millilitern, Litern oder Stückzahl.

Methode: Planmäßiges Vorgehen, um zu Ergebnissen zu gelangen.

Mikroorganismen: Krankheitserreger (Bakterien, Viren), die Krankheiten verursachen können. Je nach Menge und Eigenschaft der Erreger und dem Zustand des Körpers entsteht eine Krankheit oder der Körper kann sich gegen sie zur Wehr setzen.

Mindesthaltbarkeitsdatum: Das Lebensmittel behält bis zu diesem Datum seine Eigenschaften.

Mineralstoffe: Obst, Gemüse und Milch enthalten besonders viele Mineralstoffe, wie z. B. Natrium, Kalium, Calcium, Magnesium, Jod und Eisen. Sie sind für den Aufbau des Körpers notwendig und sorgen dafür, dass z. B. Muskeln und Nerven gut zusammenarbeiten.

Monokultur: So bezeichnet man die langjährige Nutzung einer bestimmten Fläche durch immer dieselbe Kulturpflanze, wie z. B. Baumwolle.

Nährstoffe: Unter ihnen werden die in unserer Nahrung vorkommenden, Energie liefernden Stoffgruppen Kohlenhydrate, Eiweiß, Fett, Vitamine, Mineralstoffe und Wasser zusammengefasst.

Nährwert: Er sagt aus, in welchem Mengenverhältnis die unterschiedlichen Nährstoffe in einem Lebensmittel enthalten sind.

Nährwertkennzeichnung: Bisher freiwillige Angabe der Nährwerte, die durchschnittlich in einem Lebensmittel enthalten sind. Meist werden Kalorien/Joule, Fett-, Eiweiß- und Kohlenhydratgehalt angegeben.

Normalgewicht: Das Normalgewicht wird nach dem Body-Mass-Index (Körpermassenindex) bestimmt. Es wird das Verhältnis von Körpergewicht in kg zu Körpergröße in m zum Quadrat berechnet. Allgemein:

$\text{BMI} = \frac{\text{Körpergewicht in kg}}{\text{(Körpergröße in m)2}}$

Beispiel: $\frac{64 \text{ kg}}{(1{,}70 \text{ m})2} = 22{,}1$

Bewertung: Unter 18: Untergewicht, 18–25: Normalgewicht, 26–30: Übergewicht

Öko-Landwirtschaft: Art der Landwirtschaft, bei der auf die Verwendung von Mineraldünger und chemischen Pflanzenschutzmitteln verzichtet wird. Sie soll die Umwelt schonen und unbelastete Lebensmittel erzeugen.

Ökologie: Lehre von den Wechselbeziehungen zwischen den Organismen untereinander und mit ihrer unbelebten und belebten Umgebung.

Produkt: Erzeugnis, Ergebnis. In der Wirtschaft meint man damit die hergestellten Waren, die gekauft werden können.

Schutz- und Reglerstoffe (Wirkstoffe): Sie schützen vor Krankheiten und regeln Vorgänge im Körper. Zu der Gruppe gehören Vitamine und Mineralstoffe.

Sekundäre Pflanzenstoffe: Gruppe von rund 100.000 Inhaltsstoffen aus pflanzlichen Lebensmitteln, von denen bisher erst wenige erforscht sind.

Sparbuch: Man kann kurzfristig über sein Vermögen verfügen, geht kein Risiko ein. Ein- und Auszahlungen sind gebührenfrei. Die Rendite ist gering (2–3 %).

Stiftung Warentest: Eine von der Bundesregierung geförderte Einrichtung, die Käufer über die Qualität von Produkten informiert.

Tabellenkalkulationsprogramm: Programm, das Tabellen zum Berechnen und Darstellen von Zahlen verwendet.

Ungesättigte Fettsäuren: Sie sind wichtig, da sie z. B. das Risiko von Herzkrankheiten senken können. Da der Körper sie teilweise nicht selbst herstellen kann, müssen sie über die Nahrung, z. B. durch hochwertige Pflanzenöle, zugeführt werden.

Verbraucherzentrale: Einrichtung in jedem Bundesland, die die Interessen der Verbraucher vertritt, sie informiert und bei Problemen hilft.

Verkaufsstrategie: Überlegung, wie man etwas am besten verkaufen kann.

Verkehrsbezeichnung: Name, unter dem ein Produkt auf den Markt kommt.

Vitamine: Sie schützen unsere Gesundheit und sind für unsere Leistungsfähigkeit unbedingt notwendig.

Vollwertige Ernährung: Sie richtet sich nach den Empfehlungen des Lebensmittelkreises bzw. der -pyramide und den Regeln der Deutschen Gesellschaft für Ernährung.

Vorratswirtschaft: Bevorratung von Lebensmitteln im Keller, Kühlschrank, Gefriergerät. Vorratshaltung spart Zeit, Arbeitskraft, Geld, bringt Abwechslung.

Werbung: Alle Maßnahmen, die dazu dienen, die Bekanntheit und damit den Absatz einer Ware zu erhöhen.

Wirtschaftliche Aufgaben: Versorgung der Haushaltsmitglieder mit Gütern für die Lebenshaltung. Ziel: Eigenbedarfsdeckung.

Zinsen: Preis für geliehenes Geld. Ein Sparer leiht sein Geld der Bank und erhält dafür Zinsen. Ein Kreditnehmer leiht sich Geld und zahlt dafür Zinsen.

Zusatzstoffe: Alle Stoffe, die nicht normale Lebensmittelrohstoffe oder deren Inhaltsstoffe sind und die bei der Herstellung von Lebensmitteln eingesetzt werden. Sie dürfen nur nach amtlicher Zulassung verwendet werden und müssen gesundheitlich unbedenklich sein.

Zutatenliste: Bei verpackten Lebensmitteln vorgeschriebene Aufzählung aller Bestandteile.

adpic Bildagentur, Bonn: 24/M4(R. Haid)
agenda, Hamburg: 34/M1 (Karin Desmarowitz)
alamyimages, Abingdon/Oxfordshire: 36/2 klein (Janine WiedelPhotolibrary)
alimdi.net, Deisenhofen: 85/M2 (H. Schmidt)
ALNO AG, Phullendorf: 23/M1
AndersARTig Werbung + Verlag GmbH, Braunschweig: 63/M1, 94/M1
Anton, T., St. Goar: 11/M1, 19/M1, 20/2, 30/M1
Berger, A., Braunschweig: 65/M2
Bergmoser + Höller Verlag AG, Aachen: 143/1
Bettermann, A., Wendhausen: 86/klein 3, 4/M1
Bilderberg, Hamburg: 105/M1 (Berthold Steinhilber)
BilderBox Bildagentur GmbH, Thening: 15/M3, 138/M1
Buck, A., Dortmund: 137/M2
Bundesanstalt für Landwirtschaft und Ernährung, Bonn: 67/M5
Bundesministerium für Ernährung, Landwirtschaft und Verbraucherschutz (BMELV), Bonn: 67/M6
Caro Fotoagentur GmbH, Berlin: 78/M1 (Riedmiller), 116 groß (Kaiser)
ddpimages GmbH, Hamburg: 80 (a-life/fit forfun/Rolf Seiffe)
Deutsche Gesellschaft für Ernährung e. V., Bonn: 39
dpa Infografik GmbH, Frankfurt: 137/1+M1, 145/1
Druwe & Polastri, Cremlingen/Weddel: 10, 13, 14/M2, 16, 20/1, 24/M3, 63/M3, 64/M1, 71/M2, 79, 115/1, 116/klein 2, 147
ecopix-Fotoagentur, Berlin: 60/klein 2 (Gebert)
F1online digitale Bildagentur GmbH, Frankfurt am Main: 3/M3 (Juice Images), 86/groß (Johnér), 91 (Aflo)
Fabian, M., Hannover: 9/M1, 50, 115/M2
Fahle, Jutta, Dortmund: 33
Fochler, D., Wendhausen: 59/M1
Focus Photo- u. Presseagentur GmbH, Hamburg: 106/M1
Fotex Medien Agentur GmbH, Hamburg: 60/groß (Lechner)
fotolia.com, New York: Umschlag/groß (Sergej Goruppa), Umschlag/klein 1 (corepics), Umschlag/klein 2 (Kevin Eaves), 5, 6/groß, 7/1, 21/M1, 24/M1 (Carmen Steiner), 24/M5 (Joerg Mikus), 26, 27/M1 (Digitalpress), 27/M2 (Barbara Pheby), 30/M2, 31, 35/M1 (Bogdanski), 35/M2, 55/M1, 55/M2, 56/M2, 57/M1, 57/M2, 71/M1, 78/M2 (Andrea Wilhelm), 81, 82/M2, 83/M1, 111/M2, 122, 123
Frister, T., Tirschenreuth: 136
FRoSTA AG, Bremerhaven: 65/M3
Geis, G., Köln: 145/M1
Getty Images, München: 3, 6/klein 2 (BambuProductions)
Griese, D., Laatzen/Hannover: 12/M2, 18, 34
Hilbers, M., Hamburg: 63/M2
Hoffmann, K., Hannover: 116/klein 1
Huwer, Christine, Frankfurt a. M.: 155/M1
Image & Design, Braunschweig: 8, 9/M2-M5, 11/M2 12/M1, 14/M1, 15/M1, 29, 48/M1-M3, 49, 92; 94/M2, 96, 98, 100, 102, 121/M1, 126
Imhof, U., Buxtehude: 112/M1, 113/M2
InGestalt, Leipzig: 124
iStockphoto, Calgary: 110/M1
Jahreszeiten Verlag GmbH, Hamburg: 106/M2
Jochen Tack Fotografie, Essen: 6/klein 3, 154 (Tack)
Jöhle-Gutmacher, Freiburg: 111/M1
Keystone Pressedienst, Hamburg: 143/M1 (Jochen Zick)
Kohl, Bernd: 24/M2
Kohn, K. G., Braunschweig: 6/klein 1, 28/M2, 36/klein 3, 42, 46, 71/M5, 114/M1, 118
Kraußmann, K., Gifhorn: 53/M2, 54
Köcher, U., Hannover: 19/M2, 19/M3, 83/M2, 84/M2, 110/M2, 120/M3
laif, Köln: 142 (Huber)
Lindner, A., Cremlingen: 17, 25, 47, 48/1, 58, 75, 99, 112/M2, 113/M1 + M3 + M4, 132, 133
Masterfile Deutschland GmbH, Düsseldorf: 86/klein 2 (M. Burkhart)
Mauritius images GmbH, Mittenwald: 3/M3, 36/1 klein (Matthias Schlief), 36/groß (Steve Vidler), 60/groß (photononstop), 105/M2 (JIRI), 115/M1 (Foodpix), 138/1 (imagebroker)
Miele & Cie. KG, Gütersloh: 24/M6
Minkus IMAGES Fotodesignagentur, Isernhagen: 28/M1, 52/M2, 55/M3, 67/M1, 88/M2, 89, 90 M1
Natterer, Freiburg: 95
Panther Media GmbH, München: 85/M1
photothek.net GbR, Radevormwald: 21/2 (Thomas Trutschel)
Picture Press Bild- und Textagentur GmbH, Hamburg: 140/M1
Picture-Alliance GmbH, Frankfurt am Main: 4/M2, 15/M2, 32 (ZB/J. Büttner), 52/M1 (F. Mächler), 56/M1, 59/M2 (dpa), 60/klein 1, 67/M4, 70/M1 (Haid), 71/M4 (dpa/LandovHuffaker), 84/M3 (ZB/Jens Büttner), 104/M1 (dpa), 104/M2 (Karl-Josef Hildenbrand), 86/klein 1, 108, 116/klein 3 (Jens Schierenbeck/dpa Themendienst), 119 (dpa-infografik), 120/M2, 127 (picture-alliance/dpa-infografik), 137/1 + M1 (dpa-infografik), 140/1 (dpa), 140/2 (dpa/I. Wagner), 141 (dpa/M. Führer), 151/M1 (ZB/Jens Büttner), 151/M2 (dpa-infografik)
Rixe, Dieter, Braunschweig: 65/M1
Scotti-Rosin, Sandra, Frankfurt/Main: 71/M3
Stiftung Warentest, Berlin: 66/M2, 134/1
Stills-Online Bildagentur, Hamburg: 64/1
StockFood GmbH, München: 20/M1 (Maximilian Stock Ltd.), 38, 53/M1 (Stock), 80/M2 (Susie M. Eising), 107/M1 (Uwe Bender), 107/M2 + M3 (Peter Rees), 114/M2 (Roland Krieg
TransFair, Köln: 67/M3, 85/4
ullsteinbild, Berlin: 60/klein 3
Umweltbundesamt, Dessau: 85/3
Verbraucherzentrale Bayern e.V., München: 66/M1 + M3
Verbraucherzentrale Nordrhein-Westfalen e.V., Düsseldorf: 130, 139
Wartberg Verlag, Gudensberg-Gleichen: 120 (Eurich)
Wedekind, Hamburg: 88/M3
Westend 61 GmbH, München: 88/M1 (© Christian Kargl/Westend61);
Westermann-Archiv, Braunschweig: 22 (Tegra), 23/1 (Tegra), 23/2 (Tegra), 40 (Tegra), 51 (Archiv), 68/M1 + M2 (Tegra), 97 (Tegra), 101 (Tegra)
Wolf, H.-U., Steinheim: 84/M1
Zähringer, A., Hannover: Umschlag/klein 3

Falls eine Abbildung nicht richtig oder gar nicht im Verzeichnis erscheint, bitten wir nachdrücklich um Entschuldigung. Bitte setzen Sie den Verlag darüber in Kenntnis.